INCIDENTES DA VIDA DE UMA ESCRAVA

Escritos por ela mesma

copyright Hedra
edição brasileira© Hedra 2020
tradução© Francisco Araújo da Costa
organização da coleção© Tâmis Parron
prefácio© Kellie Carter Jackson

primeira edição Primeira edição

edição Jorge Sallum
coedição Felipe Musetti
assistência editorial Luca Jinkings e Paulo H. Pompermaier
revisão técnica Tâmis Parron
capa Lucas Kröeff

ISBN 978-85-7715-617-7
corpo editorial   Adriano Scatolin,
Antonio Valverde,
Caio Gagliardi,
Jorge Sallum,
Oliver Tolle,
Renato Ambrosio,
Ricardo Musse,
Ricardo Valle,
Silvio Rosa Filho,
Tales Ab'Saber,
Tâmis Parron

Grafia atualizada segundo o Acordo Ortográfico da Língua Portuguesa de 1990, em vigor no Brasil desde 2009.

Direitos reservados em língua portuguesa somente para o Brasil

EDITORA HEDRA LTDA.
R. Fradique Coutinho, 1139 (subsolo)
05416–011 São Paulo SP Brasil
Telefone/Fax +55 11 3097 8304

editora@hedra.com.br
www.hedra.com.br

Foi feito o depósito legal.

INCIDENTES DA VIDA DE UMA ESCRAVA
Escritos por ela mesma

Harriet Jacobs

Tâmis Parron (*organização*)
Kellie Carter Jackson (*prefácio*)
Francisco Araújo da Costa (*tradução*)

1ª edição

hedra

São Paulo   2020

Sumário

Introdução, *por Kellie Carter Jackson* 7

INCIDENTES DA VIDA DE UMA ESCRAVA ... 30

Prefácio da autora............................. 35
Introdução à primeira edição 37
Infância 39
O novo senhor e a nova senhora 45
O dia de ano novo dos escravos................. 55
O escravo que ousou se sentir como um homem 59
As provações da mocidade 77
A senhora ciumenta 83
O amado 93
O que ensinam os escravos sobre o norte............ 105
Retratos de escravistas da vizinhança 109
Uma passagem perigosa na vida da jovem escrava 123
O novo laço com a vida........................ 133
O medo de uma insurreição..................... 141
A igreja e a escravidão 151
Outro laço com a vida......................... 165
A perseguição continua 171
Cenas na fazenda 183

A fuga 199
Meses de perigo 205
Os filhos são vendidos 217
Novos perigos 225
A brecha do refúgio 233
Celebração de Natal 241
Ainda na prisão 245
O candidato ao Congresso. 253
Competição de esperteza. 259
Uma era importante na vida do meu irmão 267
Um novo destino para os filhos 275
Tia Nancy 287
Preparações para a fuga 295
A caminho do norte 309
Incidentes na Filadélfia 315
A reunião entre mãe e filha. 323
Um novo lar 329
O antigo inimigo de volta 335
Preconceito de cor 341
A fuga por um triz 347
Visita à Inglaterra. 355
Novos convites para voltar ao sul 361
A confissão 365
A Lei do Escravo Fugitivo 369
Livre afinal 379

Apêndice 391

Introdução

KELLIE CARTER JACKSON
WELLESLEY COLLEGE

A história da escravidão quase sempre é apresentada por uma ótica masculina que enfatiza os senhores e os homens escravizados.[1] Nos filmes e romances, os homens aparecem fazendo o trabalho pesado na lavoura ou sendo submetidos aos golpes mais pesados do chicote, sempre sob o jugo de outro homem. Infelizmente, os registros históricos não são diferentes, e algumas das mais populares narrativas de escravos foram contadas da perspectiva masculina. A mais famosa, a *Narrativa da vida de Frederick Douglass, um escravo americano*, tornou-se um bestseller

---

1. No aparato crítico dessa edição empregou-se a palavra "escravizado" no lugar de "escravo". Essa mudança lexical desnaturaliza o processo de escravização e a existência social do escravismo, pois a alteração do sufixo transforma o substantivo "escravo", que conota *status* ou condição permanente, no verbo "escravizar", evidenciando o dinamismo da construção social da pessoa em situação de escravidão. Em inglês, o particípio e a função adjetiva do particípio se distinguem pela posição do termo em relação ao nome (*"enslaved person"*, *"person enslaved"*). Em português, o valor posicional do termo não produz distinção semântica com a mesma clareza que o inglês. Nos casos em que o emprego da forma nominal "escravizado" gerasse ambiguidade, esta edição optou excepcionalmente pelo uso vernacular dos vocábulos. [N. O.]

imediato. Publicado em 1845, o livro vendeu mais de onze mil exemplares nos três primeiros anos após seu lançamento, sendo reimpresso nove vezes e traduzido para o francês e o holandês para circular na Europa. As críticas positivas da narrativa também transformaram Douglass em uma celebridade do dia para a noite. Em 1847, foi a vez de *A narrativa de William Wells Brown, escravo fugitivo. Escrita por ele mesmo*. A narrativa de Brown também se transformou em bestseller, perdendo apenas para Douglass em termos de vendas. Em 1853, Solomon Northrup publicou sua autobiografia, *Doze anos de escravidão*, sobre suas experiências como homem livre que foi sequestrado, vendido como escravo e forçado a viver em cativeiro por doze anos. Juntas, essas narrativas moldaram a forma pela qual os Estados Unidos entendiam a escravidão durante o século XIX.

No século XX, as narrativas que continuaram a moldar as ideias sobre a escravidão e a masculinidade americana foram reforçadas com o cinema e a ficção. Em 1976, o romance *Negras raízes: A saga de uma família*, de Alex Haley, teve vendagens altíssimas, e gerou uma minissérie popular para a televisão. Até hoje, o épico de Haley sobre Kunta Kinte continua a ser uma das minisséries de maior audiência da história da televisão, enquanto Haley ainda é o único autor afro-americano a ter vendido mais de um milhão de exemplares. Na mesma veia, Hollywood apresentou diversas histórias sobre a luta contra a escravidão de uma perspectiva masculina: *Tempo de glória*, o filme

INTRODUÇÃO

de Edward Zwick de 1989, por exemplo, examina os feitos extraordinários de um regimento negro durante a Guerra Civil. Outros filmes incluem *Django livre*, de Quentin Tarantino, e o oscarizado *12 anos de escravidão*, do diretor Steve McQueen. Seja nas autobiografias, na ficção ou no cinema, os homens dominaram as experiências narrativas da escravidão.

Contudo, as mulheres foram essenciais para a sobrevivência da escravidão, especialmente depois que o Congresso Federal encerrou o tráfico negreiro transatlântico para os Estados Unidos em 1808. A condição escrava dos filhos seguia a das mães. Os corpos das mulheres foram usados para produção e reprodução. De acordo com Ned e Constance Sublette, os corpos das mulheres escravizadas eram o motor da escravocultura e moviam uma economia global de consumo de algodão nos Estados Unidos.[2] As mulheres trabalhavam em casa e no campo, e estavam sujeitas à violência física e sexual. Nem mesmo a gravidez protegia as mulheres do trabalho árduo, dos castigos, das agressões ou dos leilões.

Quando a produção de algodão aumentou exponencialmente com os novos territórios adquiridos pela Compra da Luisiana, pessoas cativas foram forçadas a migrar dos estados superiores do Sul, como a Virgínia e Maryland, para o Extremo Sul, ou os "Estados Algodoeiros", como Geórgia, Alabama, Carolina do Sul, Mississippi, Luisiana

---

2. Ned and Constance Sublette, *The American Slave Coast: A History of the Slave-Breeding Industry* (Chicago: Lawrence Hill books, 2016), 24.

e Texas.³ Durante esse movimento em massa de pessoas, turmas de escravos foram agrilhoadas e mandadas, a pé ou por vapores, para cultivar algodão. Meninas de doze a quinze anos foram o único grupo demográfico mais comum do que os homens negros migrando para o Sul, pois tinham a dupla capacidade de trabalhar na lavoura e ter filhos. Em muitos sentidos, a história da escravidão americana é a história das mulheres escravizadas.

Estima-se que 12 milhões de africanos tenham sido levados para o Novo Mundo, sendo que quase metade da carga humana importada para o oeste tenha sido recebida pelo Brasil. As mulheres compunham uma parcela significativa das pessoas roubadas para o Novo Mundo pela sua mão de obra, e, no Brasil, mulheres escravizadas representavam pouco menos de metade da população escrava entre 1825 e 1885.⁴ Assim, as histórias das mulheres cativas são essenciais para entender as experiências das pessoas escravizadas. Harriet Jacobs foi uma das primeiras autoras a ilustrar as diferenças salientes da escravatura feminina:⁵ "A escravidão é terrível para os homens", escreveu, "mas é muito mais terrível para as mulheres".

---

3. A Compra da Luisiana foi a aquisição do território francês da Luisiana pelos Estados Unidos em 1803. Os EUA pagaram 50 milhões de francos por terras que hoje incluem quinze estados americanos e duas províncias canadenses.
4. Mary Karasch, "Slave Women on the Brazilian Frontier in the Nineteenth Century" in More Than Chattel: Black Women and Slavery in the Americas, ed. David Barry Gaspar and Darlene Clark Hine (Bloomington: University of Indiana, 1996), 81.
5. Ver Mary Prince, *The History of Mary Prince: A West Indian Slave* (London: F. Westley and A. H. Davis, 1831); Prince foi a primeira

INTRODUÇÃO

As histórias das mulheres escravizadas passaram tempo demais na periferia dos estudos acadêmicos e do engajamento social. Reenfocar suas experiências de vida é fundamental, pois, nas palavras da historiadora Stephanie Camp, "a história das mulheres não apenas agrega ao que sabemos, ela muda o que sabemos e como o sabemos".[6]

É minha grande honra apresentar a história de Harriet Jacobs para os leitores brasileiros. Sua narrativa clássica, *Incidentes da vida de uma escrava*, é um testemunho da violência emocional, física e sexual à qual as mulheres eram sujeitadas nas mãos dos seus escravizadores. A narrativa de Jacobs revela um dos aspectos mais íntimos da vida em cativeiro: a violência sexual e a maternidade. Suas palavras assombrosas nos oferecem um retrato austero e chocante do que significa ser uma mulher e uma mãe escravizada, tornando *Incidentes da vida de uma escrava*, de longe, a autobiografia mais importante do gênero. Além disso, a narrativa é total e completamente sua. Os cativos eram proibidos de ler e escrever, mas a alfabetização de Jacobs permitiu que ela redigisse sua própria história de forma autêntica, sem precisar fazer concessões. Isso é importante, especialmente porque os ex-escravizados que permaneceram analfabetos tiveram suas histórias contadas por terceiros ou filtradas por propagandistas aboli-

---

narrativa da vida de uma mulher negra a ser publicada no Reino Unido.
6. Stephanie M. H. Camp, Closer to Freedom: Enslaved Women and Everyday Resistance in the Plantation South (Chapel Hill: University of North Carolina Press, 2004), 3.

cionistas brancos, que tinham suas próprias motivações políticas sobre como transmitir uma história para leitores receptivos. Os críticos passaram décadas acreditando que a autobiografia de Jacobs era uma obra de ficção, ou, pelo menos, não suas próprias palavras. Foi só em 1987 que a historiadora Jean Fagen Yellin provou a autenticidade do livro. Jacobs foi a primeira escrava fugitiva a escrever sua própria narrativa nos Estados Unidos.

UMA MULHER ESCRAVIZADA EM UMA SOCIEDADE ESCRAVISTA PATRIARCAL

Harriet Ann Brent Jacobs nasceu em torno do outono de 1813, em Edenton, Carolina do Norte. Como os senhores de escravos muitas vezes não registravam as datas de nascimento das suas propriedades, a grande maioria das pessoas escravizadas não sabia quando havia nascido. Para muitas, os aniversários só podiam ser identificados pela estação, como o inverno ou o verão. Os cativos — era o que se tentava inculcar neles — tinham de se considerar, antes de mais nada, propriedade dos seus senhores. É interessante que, quando jovem, Jacobs não estava ciente de que não pertencia a si mesma ou aos seus pais. Quando eram pequenos, Jacobs e John, seu irmão mais novo (chamado de William na narrativa), foram protegidos do sistema complexo e violento tanto quanto seus pais conseguiam. Elijah Jacobs, seu pai, era um carpinteiro, da propriedade do Dr. Andrew Knox, e era um homem altamente inteligente e habilidoso que tinha permissão para que "exercesse sua profissão e administrasse sua própria vida", mas, apesar de poupar dinheiro, nunca conseguiu comprar seus próprios filhos. Os pais de Jacobs pertenciam a senhores diferentes: sua mãe Delilah e sua avó Molly pertenciam ambas a Margaret Hornbilow. Molly, também conhecida por Tia Martha, era muito querida na comunidade, especialmente pelas suas habilidades de cozinheira. Ela conseguiu obter sua alforria e morava na própria casa, ganhando a vida como padeira.

Quando tinha cerca de seis anos, Delilah, mãe de Jacobs, morreu, deixando-a arrasada, e igualmente incerta sobre qual seria seu destino. Margaret, sua senhora, prometera a Delilah no seu leito de morte que cuidaria e protegeria seus dois filhos, e, apesar de não libertá-los da escravidão, ela se esforçou para protegê-los do trabalho pesado. Margaret cumpriu sua palavra, cuidando de Jacobs e William e até ensinando-a a ler, escrever e costurar. Contudo, meros seis anos depois, quando Jacobs tinha doze anos, Margaret adoeceu e morreu. Jacobs perdeu sua senhora protetora no início da sua puberdade. Foi nesse momento que a vida de Jacobs mudou drasticamente, e é assim que descobrimos o terror que é, para uma menina escravizada, transformar-se em mulher.

Em 1825, Margaret legou "minha negra Harriet" e "minha escrivaninha & mesa de trabalho & seu conteúdo" para sua sobrinha de três anos, Mary Matilda Norcom (conhecida como "Srta. Emily Flint" no texto). A partir de então, Harriet e seu irmão foram mandados para a residência dos Norcom. Como Mary era uma criança pequena, seu pai, o Dr. James Norcom, foi colocado como tutor de todas as suas propriedades. Norcom (chamado de "Dr. Flint") era um cidadão muito respeitado na comunidade, mas a portas fechadas pretendia abusar de Jacobs e ter relações sexuais com ela.

À medida que foi se tornando adulta, a vida de Jacobs mudou. Ela passou a ser assolada pelas tentativas do seu senhor de explorá-la sexualmente. Norcom era manipulador e tirânico, e atormentava Jacobs constantemente. A narrativa de Jacobs é a primeira a ilustrar como as mulheres cativas eram suscetíveis à violência sexual e o quão pouco podiam se defender. Em um dos exemplos mais descritivos do tormento sexual, Jacobs analisa como as escravas não tinham proteções para impedir que fossem violadas. Além disso, na fazenda, não havia solidariedade alguma entre as mulheres brancas e as escravizadas. Jacobs explica como a senhora tinha apenas sentimentos de ciúme equivocado e raiva contra a vítima. Não importava se as mulheres escravizadas tinham poder para recusar os desejos dos seus senhores.

No início da história, na tentativa de rechaçar as ameaças sexuais de Norcom, Jacobs tem um relacionamento com Samuel Tredwell Sawyer (chamado de "Sr. Sands"), um advogado branco. Jacobs tinha apenas quatorze anos de idade quando conscientemente deu início a uma relação sexual para obter um mínimo de proteção contra os avanços de Norcom. Não foi uma solução perfeita, apenas uma tentativa de dissuasão, e um mal menor. Aos vinte anos, Jacobs era a mãe de dois filhos com Sawyer, Joseph e Louisa. Implacável, Norcom ameaçou vender os filhos de Jacobs para uma fazenda vizinha, famosa pela sua brutalidade. Para Jacobs, Norcom sabia expressar apenas luxúria, dominação e desdém, especialmente quando rejeitado. A ameaça aos filhos de Jacobs fez com que ela chegasse ao seu limite. Sua esperança era que, se ela fugisse, Sawyer, o pai dos seus filhos, conseguiria comprar as duas crianças de Norcom. Jacobs acreditava que se Sawyer fosse o proprietário dos seus filhos, o relacionamento entre os dois poderia levá-lo a conceder aos dois a sua alforria.

Em 1835, Jacobs foge da fazenda, mas em vez de se dirigir para o Norte, esconde-se no sótão minúsculo da avó. Por quase sete anos, Jacobs ocupou um quartinho pequeno onde não podia se colocar de pé ou se esticar completamente. O espaço tinha menos de três metros de comprimento, cerca de dois metros de largura e um metro de altura, e era completamente escuro. Ratos e camundongos corriam sobre a cama improvisada, na qual ela só podia dormir de lado. Com cada nova estação, ela se perguntava por quanto tempo ainda permaneceria prisioneira naquele sótão, incapaz de sentir uma brisa refrescante ou abraçar seus filhos. Jacobs escreveu cartas para a sua avó nas quais fingia estar no Norte, na tentativa de convencer Norcom de que estava realmente além do seu alcance.

Em 1837, Sawyer conquistou maior proeminência e foi eleito para o Congresso dos EUA. De acordo com os desejos de Jacobs, ele comprou seus filhos. Contudo, quando Sawyer se mudou para Washington D.C., ele não alforriou Joseph ou Louisa. Foi só em 1842 que Jacobs finalmente fugiu para o Norte. Ela conseguiu se reunir com os filhos e se estabeleceu em Boston, um bastião abolicionista. Ela continuou a ser fugitiva, no entanto, pois Norcom tentou recapturá-la diversas vezes. Finalmente, em 1852, Jacobs foi comprada e libertada por Corneilia Grinnell Willis, sua ex-empregadora. Livre, ela finalmente pôde contar a própria história. Após o sucesso de *A Cabana do Pai Tomás*, de Harriet Beecher Stowe (1852), Jacobs entendeu que contar sua própria história seria mais poderoso do que qualquer obra de ficção.

Em cada capítulo, Jacobs guia seus leitores pela estrada perigosa que é a escravidão. Boa parte da narrativa de Jacobs é dedicada a detalhar as crueldades dessa instituição. O chicote e a violência são constantes, infligidos por praticamente qualquer motivo, ou sem motivo nenhum, mas era o leilão a arma mais poderosa contra as famílias escravas. Durante o período pré-Guerra Civil, quase um terço das famílias escravas foi separado por vendas, seja por dívidas, mortes, dificuldades econômicas ou despeito. Jacobs descreve uma mãe cujos sete filhos foram vendidos e mandados para longe, todos no mesmo dia. "Para a mãe escrava o dia de Ano Novo chega carregado de tristezas especiais. Ela se senta no chão frio da cabana, cuidando dos filhos que poderão ser todos arrancados de si na manhã seguinte, e muitas vezes anseia que ela e eles morram antes de o dia nascer", Jacobs escreve. A autora oferece aos seus leitores uma descrição dramática do seu cativeiro físico e psicológico, ao mesmo tempo que aprende sobre a cultura política e social dessa cidadezinha da Carolina do Norte e como o mundo ao seu redor estava mudando.

Jacobs escreveu *Incidentes da vida de uma escrava* entre 1853 e 1858. Foi um período turbulento na história americana, e um dos mais violentos em termos de disputas políticas e jurídicas em torno da escravidão. No início da década, os Estados Unidos reformularam a infame Lei do Escravo Fugitivo, que exigia a devolução de todos os fugitivos aos seus senhores, independentemente de quanto tempo haviam vivido em liberdade. Ela incentivava os caçadores de escravos, oferecendo recompensas por capturas, e permitia que os caçadores de recompensas e os delegados federais entrassem no Norte e até mesmo recrutassem cidadãos do norte para recuperar "propriedade roubada". Desobedecer a nova lei poderia levar a seis meses de prisão ou uma multa de 1000 dólares (cerca de 30000 dólares, corrigindo para a inflação). Em 1857, a Suprema Corte dos EUA decidiu o caso Dred Scott, um marco na história da escravidão, recusando-se a reconhecer os americanos negros como cidadãos do país. Roger Taney, Chefe de Justiça da Suprema Corte, emitiu a declaração infame de que os negros "não tinham direitos que o homem branco deveria respeitar; e que o homem negro era justo e legalmente reduzido à posição de escravo em seu benefício". Jacobs estava ciente de que a Lei do Escravo Fugitivo garantiria a legalidade da sua reescravização após a fuga. Ela também escreveu sabendo que sua liberdade recém-adquirida não lhe garantia seus direitos ou cidadania. Com a eleição de Abraham Lincoln para a presidência, a Carolina do Sul declarou sua secessão da União, com o intuito de preservar a escravidão, e até fevereiro de 1861 os estados do Mississippi, Flórida, Alabama, Geórgia, Luisiana e Texas fizeram o mesmo. Quando *Incidentes da vida de uma escrava* foi lançado em 1861, as tensões em torno da escravidão estavam no auge; o país estava em guerra. Apesar de livre, Jacobs publicou sob o pseudônimo "Linda Brent", pois não desejava incriminar seus amigos e familiares.

A HISTORIOGRAFIA DE HARRIET JACOBS

Sem dúvida alguma, o trabalho da incansável Jean Fagan Yellin sobre abolicionistas negras faz dela a maior a autoridade sobre a vida de Jacobs. *Harriet Jacobs: A Life*, a premiada primeira biografia extensa de Jacobs, junto com a coleção dos documentos da família Jacobs que editou, oferecem aos leitores uma perspectiva detalhada sobre a vida da autora durante e após a escravidão. A edição revolucionária de Yellin de *Incidentes da vida de uma escrava* também acabou com as suspeitas de que a obra de "Linda Brent" seria fruto da abolicionista branca Lydia Maria Child, sua editora. É graças ao trabalho de Yellin

INTRODUÇÃO

que os estudiosos sobre o tema concordam e reconhecem que Jacobs foi a única autora da sua narrativa. Além disso, Yellin enfatiza a agência, força de vontade, coragem e honestidade de Jacobs. Assim, Jacobs não deve ser lida como um complemento para Frederick Douglass, e sim como um par à sua altura.

As memórias de Jacobs foram apenas o início dos seus esforços em prol dos afro-americanos. Durante toda a Guerra Civil, ela defendeu os interesses de homens, mulheres e crianças cativos e recém-emancipados. Em 1863, ela fundou uma escola livre administrada por negros, a Jacobs School, em Alexandria, Virgínia. Dois anos depois, Jacobs se mudou para Savannah, Geórgia, com sua filha Louisa, onde seriam representantes da Sociedade Auxiliadora dos Libertos da Nova Inglaterra. Lá, as duas ensinaram ex-cativos, e se recusaram a ir embora quando ameaçadas por sulistas brancos. Jacobs acreditava na liberdade coletiva e nos direitos de todos os americanos negros. Até sua morte, em 1897, ela continuou a trabalhar em associações beneficentes e movimentos de reforma pela educação dos afro-americanos. Yellin leva seus leitores além da narrativa, apresentando uma vida de luta política e serviço à comunidade.

Além disso, a respeitada estudiosa da história das mulheres negras Nell Irvin Painter argumenta que *Incidentes da vida de uma escrava* ilustra três ideias fundamentais. Primeiro, o livro mostra como a violência e o trauma atingiam os escravizados. A violência era a gravidade para as pessoas em cativeiro, pois mantinha as famílias negras presas sob o jugo dos seus donos. Da separação ao abuso sexual, todas as armas possíveis foram empregadas para manter homens, mulheres e crianças em estado constante de medo, exploração e humilhação. Os efeitos da escravidão não foram apenas físicos, foram emocionais e psicológicos também. Jacobs escreve frequentemente sobre os ataques verbais que sofreu. A violência e a ameaça da violência cercavam e prendiam todas as pessoas que trabalhavam na fazenda. Segundo, Painter afirma que a obra de Jacobs tenta fazer com que o leitor abandone a ideia do "negrinho feliz". Os fazendeiros adoravam promover mitos de que os escravizados estavam todos contentes com a sua sina na vida. Jacobs nos garante que nada poderia estar mais distante da verdade, e que a escravidão também não era uma instituição civilizadora. Ela dedica parte do seu livro ao esforço de desmentir esse mito para os nortistas e de ilustrar que a escravidão roubava dos escravizados sua felicidade e sua humanidade. Terceiro, Painter acredita que Jacobs oferece aos seus leitores uma de suas afirmações mais importantes, a saber, que as mulheres negras em cativeiro não podem ser comparadas ou "julgada[s] pelos mesmos padrões" que as livres, especialmente as brancas.[7] Em termos de abuso sexual, a crítica Saidiya Hartman argumenta que o consentimento era impossível para as mulheres escravas. Era impossí-

---

7. Nell Irvin Painter, "Introduction," *Incidents in the Life of a Slave Girl by Harriet Jacobs*, (London: Penguin Books, 2000), ix–x.

vel se defender da violência sexual cometida contra elas. Tanto legal quanto socialmente, Hartman afirma que as mulheres negras eram consideradas inestupráveis. Assim, a virtude e a castidade eram características que jamais poderiam ser associadas às mulheres negras.

Painter também afirma que a "narrativa tem uma perspectiva de gênero consciente, é totalmente feminista e critica a escravidão por corromper a moral e as famílias de todos que entravam em contato com ela, fossem eles ricos ou pobres, negros ou brancos". Durante o livro, vemos como Jacobs não consegue realizar os ideais morais e vitorianos de feminidade e pureza. Contudo, nem Jacobs nem qualquer mulher negra da sua época teria sido capaz de viver esses ideais impossíveis em cativeiro. Painter afirma corretamente que a autobiografia de Jacobs "alicerça a análise da feminidade negra" como algo independente e incomparável àquela das mulheres brancas.[8]

Mais recentemente, Tera Hunter argumenta em *Bound in Wedlock: Slave and Free Black Marriage in the Nineteenth Century* que ninguém fala com mais eloquência sobre a antítese entre escravidão, casamento e paternidade do que os próprios escravizados. Hunter afirma que mesmo para fugitivos famosos, como William e Ellen Craft, o

---

8. Nell Irvin Painter, "Introduction," *Incidents in the Life of a Slave Girl by Harriet Jacobs*, (London: Penguin Books, 2000), ix; Ver também Hazel Carby, *Reconstructing Womanhood: The Emergence of the Afro-American Woman Novelist* (New York: Oxford University Press, 1987), 39,45–61.

casamento e a paternidade não existiam sem liberdade.[9] Em outras palavras, a liberdade era essencial para viver esses relacionamentos, algo que o leitor também pode compreender ao ler algumas das entrevistas da WPA com ex-escravizados, publicadas nesta série Narrativas da Escravião da Editora Hedra. Na escravidão, os votos de casamento muitas vezes eram recitados na forma "até que sejamos separados". Jacobs nunca casou com o Sr. Sands, mas o arranjo entre os dois não era incomum. Na verdade, Hunter afirma que, enquanto muitos casamentos entre brancos não eram sancionados por autoridades civis ou religiosas, essas uniões eram amplamente reconhecidas pela sociedade e não estavam sujeitas a "forças externas de destruição", um fato amplamente ignorado pelos estudiosos sob o discurso falacioso de que os casamentos dos escravizados podem ser comparados com os da elite branca. Hunter também afirma que um dos maiores obstáculos emocionais que os escravizados enfrentavam eram as "iliberdades da escravidão e dos casamentos". Perante a insegurança esmagadora da sua situação, alguns casais de cativos não conseguiam reconciliar o ato de "casar-se" ou de ter filhos em cativeiro. A fuga era a única solução

---

9. William e Ellen Craft foram escravos em Macon, Geórgia, e fugiram para a liberdade em 1848. Ellen se disfarçou de senhora de escravos branca, graças ao seu tom de pele claro, enquanto William, seu marido, fingiu ser seu escravo. Eles escreveram sua própria narrativa de fuga, publicada sob o título *Running a Thousand Miles for Freedom: The Escape of William and Ellen Craft from Slavery*.

para criar e proteger a unidade familiar negra.[10] Foi por isso que lutaram Elijah e Delilah, sem nunca conquistar, em vida, para seus próprios filhos.

Além das vidas dos escravizados, os estudiosos também estudam sua linguagem.[11] Durante toda a narrativa, Jacobs é cuidadosa com o uso da linguagem. Ela recorre a eufemismos para disfarçar ou neutralizar suas experiências. Dado seu senso de decoro, Jacobs queria que os leitores lessem nas entrelinhas. Até mesmo o título, *Incidentes*, sugere experiências cotidianas inofensivas. Sem dúvida alguma, Jacobs está dividindo com os leitores seus traumas, mas ela não se prende aos momentos mais violentos. Nada em sua narrativa é hiperbólico ou exagerado. Culturalmente, teria sido vergonhoso para uma mulher divulgar essas experiências. Lydia Maria Child escreveu que "a própria Jacobs admitiu que determinados detalhes de sua vida deveriam ser sussurrados 'ao pé do ouvido de uma amiga muito querida'".[12] Ainda assim, Jacobs apresenta uma expressão ao mesmo tempo ponderada e poderosa do feminismo perante o abuso sexual.

Não é por falta de confiança que Jacobs camufla suas palavras; ela estava tentando evitar a crença negativa e generalizada de que as mulheres negras demonstravam

---

10. Tera Hunter, *Bound in Wedlock: Slave and Free Black Marriage in the Nineteenth Century* (Cambridge: Belknap, a division of Harvard University Press, 2017), 12–13.
11. Ver Margaret Washington, "From Motives of Delicacy": Sexuality and Morality in the Narratives of Sojourner Truth and Harriet Jacobs."*The Journal of African American History* 92, no. 1 (2007): 57–73.
12. Ibid., 57.

comportamentos ilícitos de natureza sexual. Amigos avisaram Jacobs que o excesso de candura sobre sua vida poderia levá-la a ser desprezada e rejeitada em público. A historiadora Margaret Washington argumenta que "enquanto não temos motivo algum para duvidar de Jacobs... ter *dois* relacionamentos com *dois* homens brancos estava *longe* de ser uma imagem neutra para o público nortista", algo que até poucos círculos abolicionistas estariam dispostos a aceitar.[13] Jacobs não queria causar escândalo. Ela estava trabalhando na missão difícil de revelar sua vida e, simultaneamente, manter sua própria respeitabilidade.

MENINICE E MATERNIDADE DA PERSPECTIVA ESCRAVA

Dois temas se destacam durante a narrativa: meninice e maternidade. A meninice negra é um campo emergente no qual estudiosos examinam a representação histórica e literária das meninas negras e dos seus papéis em suas comunidades.[14] O próprio título do livro de Jacobs no original, *Incidents in the Life of Slave Girl* ("incidentes na vida de uma menina escrava"), informa ao leitor que a narrativa coloca a meninice no centro. Para as meninas escravizadas, a inocência esmorece rápido, quando não é

---

13. Ibid., 67.
14. Para mais sobre a juventude de mulheres negras, ver: Nazera Sadiq Wright, *Black Girlhood in the Nineteenth Century* (Urbana: University of Illinois Press, 2016); Marcia Chatelain, *South Side Girls: Growing Up in the Great Migration* (Durham: Duke University Press, 2015); e Ruth Nicole Brown, *Hear Our Truths: The Creative Potential of Black Girlhood* (Urbana: University of Illinois Press, 2013).

completamente erradicada. "A moça escrava é criada em uma atmosfera de medo e libidinosidade", escreve Jacobs. Em uma de suas passagens mais descritivas, ela discute o que significa para uma menina ter sua inocência arrancada: "Mesmo a criancinha, acostumada a atender sua senhora e os filhos, aprende antes dos doze anos de idade por que sua senhora odeia esse escravo ou aquele". Ela reconhece que as meninas escravizadas entendiam até quando suas mães eram o motivo para a fúria e o ciúme das senhoras. As meninas se tornam "conhecedora[s] precoce[s] da maldade". Jacobs escreveu que para elas o som dos passos do senhor provoca tremores. No instante em que o senhor se interessa por elas sexualmente, entendem que não são mais crianças, e certamente não aos olhos dele. Para as meninas escravizadas, Jacobs defende que a beleza é a pior das maldições. Não havia momentos em que alguém como Jacobs sequer era capaz de valorizar sua própria beleza. Apesar de escrever suas memórias e ter uma longa vida adulta, lamenta: "Não consigo expressar tudo o que sofri na presença desses agravos, nem o quanto eles ainda me ferem em retrospecto". Os conceitos de inocência e virtude nunca eram estendidos a crianças ou mulheres cativas. É importante observar que Norcom tinha 52 anos quando começou a perseguir Jacobs, então com 13 anos. Ainda muito jovens, meninas negras eram forçadas a se tornarem adultas, até mães. Jacobs afirma que seus quinze anos foram um período muito triste na sua vida. Norcom sussurrava obscenidades no seu ouvido. Ele era implacável; ela, indefesa. Esse é o terror da escravidão para as mulheres.

Além da violência sexual havia a incapacidade de poder oferecer cuidado e proteção aos próprios filhos. A maternidade foi uma das maiores batalhas da vida de Jacobs, e seria impossível ignorar o amor pelos seus filhos dentro da narrativa. Os filhos foram a razão para Jacobs ter sobrevivido. As vozes dos seus filhos e até conseguir vê-los enquanto estava escondida eram uma fonte de vida para ela.

Diversas vezes, Jacobs escreve que desejou a morte em muitas e muitas ocasiões até seus filhos nascerem. Quando deu à luz o seu filho, suas motivações para viver mudaram. Pessoas diziam que seu filho era lindo e, como qualquer mãe, ela adorava observar os filhos dormindo. "Ele estava plantando suas raízes no fundo da minha existência", ela escreve. Com o amor pelos filhos, porém, veio a dor: a escravidão era uma nuvem negra que pairava sobre a maternidade. Legalmente, Norcom lembrava, seu filho não pertencia a ela. Para as mulheres escravizadas, a maternidade era uma chacota. As mães não podiam negar seu sentimento inato de amor, mas, ao mesmo tempo, viam a morte como uma forma de salvação. Jacobs desejava desesperadamente que seus filhos se libertassem do cativeiro e da dor que ela sofria, mesmo que isso significasse sua morte.

Basicamente, o que Jacobs queria para sua família era um lar, um espaço onde pudesse ser provedora, protetora

INTRODUÇÃO

e progenitora. Como a sua própria mãe morrera jovem, a relação maternal mais forte que Jacobs tinha era com a sua avó. Tia Martha era a única pessoa em quem podia confiar e a única que buscou protegê-la a qualquer custo. Sua liberdade e independência literal e figurativamente criaram um espaço para Jacobs escapar do cerco de Norcom. A ironia é que o único lar onde Jacobs teria a própria proteção e poderia cuidar dos filhos (ainda que à distância) era o sótão da avó. O lar serve ao mesmo tempo como refúgio e como prisão.

A meninice e a maternidade são histórias que Frederick Douglass, William Wells Brown e Solomon Northup podiam testemunhar, mas nunca viver. *Incidentes da Vida de uma Escrava* é uma obra especial e uma perspectiva séria sobre o terror da escravidão. Douglass pode usar sua narrativa para recontar a famosa briga com o Sr. Covey, na qual derrota fisicamente o homem que tentava domá-lo, mas Jacobs não tem essa opção. Simplesmente rechaçar a raiva de Norcom a coloca sob um perigo terrível. Ainda assim, a obra de Jacobs é corajosa. Durante toda a narrativa, ela resiste ativamente ao poder de Norcom de transformar sua feminidade e sua maternidade em arma contra ela mesma.

ENTENDENDO HARRIET JACOBS HOJE

Jacobs foi a primeira mulher negra a escrever sobre suas experiências na escravidão, mas não a última. Sua obra convenceu outras a contar suas histórias, que por sua vez levaram os estudiosos a escrever sobre as inúmeras experiências de mulheres escravizadas. O cânone das narrativas das mulheres cativas inclui, hoje, a obra de Louisa Piquet, que sofreu por anos como concubina do seu senhor, com quem teve quatro filhos. Também conhecemos Bethany Veney, que viveu até os 103 anos e escreveu sobre sua vida como escrava no Vale do Shenandoah, no estado da Virgínia. Também somos gratos aos historiadores que recuperaram as histórias traumáticas de mulheres como Celia, que matou seu senhor após sofrer abusos sexuais constantes, ou de Margaret Garner, que matou uma filha e tentou matar os outros três para impedir que fossem reescravizados.

No mundo dos movimentos Black Lives Matter e #Metoo nos Estados Unidos, ou da Lei Maria da Penha no Brasil, a obra de Jacobs jamais foi tão relevante. Ela dá voz àquelas que foram vitimizadas e silenciadas. Seu livro é um apelo à humanidade, a reconhecer o poder inegável das mulheres negras na escravidão e na liberdade. A obra de Jacobs estabelece um precedente para como as mulheres negras de toda a história podem resistir e reagir a assédio sexual, ataques verbais e violência. As mulheres negras têm uma rica tradição de protesto contra os seus opressores. De Jacobs a Ida B. Wells, Rosa Parks, Anita Hill e Tarana Burke, as mulheres negras usaram coletivamente suas vozes para falar sobre seus "incidentes" traumáticos.[15] Não é surpresa que as fundadoras do mo-

---

15. Ida B. Wells foi uma ativista e jornalista, líder intrépida e de uma cruzada nacional contra os linchamentos. Rosa Parks foi uma

INTRODUÇÃO

vimento Black Lives Matter sejam três mulheres negras jovens: Alicia Garza, Patrisse Cullors e Opal Tometi.

A obra de Jacobs é ao mesmo tempo pessoal e política. Ela ilumina o que significa ser mulher e mãe na escravidão. Encorajo os leitores a pensarem criticamente sobre os perigos e as experiências que as jovens negras enfrentavam no cativeiro. Como é ser uma mãe escravizada? Como devemos entender o custo físico e emocional de ser uma mulher escravizada? Como a resistência à opressão se manifesta nesta narrativa? São todas questões que merecem ser investigadas. Encorajo meus leitores a refletirem profundamente sobre o retrato da comunidade de Jacobs e sobre o que estava em jogo. Encorajo meus leitores a pensarem sobre os limites do cativeiro. Por fim, encorajo os leitores a pensarem sobre sua própria capacidade de produzir mudanças, mesmo que em espaços pequenos e isolados. Todos temos algo a aprender. E todos podemos levar a sério os incidentes nas vidas das meninas negras; não apenas pelo que é terrível, mas para mudar o que sabemos e como o sabemos.

---

ativista que começou sua carreira investigando casos de abuso sexual no sul dos EUA. Sua história, e a de muitas outras mulheres corajosas, é discutida em *At the Dark End of the Street: Black Women, Rape, and Resistance — A New History of the Civil Rights Movement from Rosa Parks to the Rise of Black Power* (New York: Vintage Press, 2010), de Danielle McGuire. Anita Hill é a professora universitária e advogada que acusou Clarence Thomas, juiz da Suprema Corte dos EUA, de assédio sexual. Tarana Burke é a fundadora do *#metoo*, um movimento internacional contra o abuso e o assédio sexual.

INCIDENTS

IN THE

LIFE OF A SLAVE GIRL.

WRITTEN BY HERSELF.

"Northerners know nothing at all about Slavery. They think it is perpetual bondage only. They have no conception of the depth of *degradation* involved in that word, SLAVERY; if they had, they would never cease their efforts until so horrible a system was overthrown."

A WOMAN OF NORTH CAROLINA.

"Rise up, ye women that are at ease! Hear my voice, ye careless daughters! Give ear unto my speech."

ISAIAH xxxii. 9.

EDITED BY L. MARIA CHILD.

BOSTON:
PUBLISHED FOR THE AUTHOR.
1861.

Frontispício da primeira edição da autobiografia de Harriet Jacobs, publicada em Boston em 1861.

Incidentes da vida de uma escrava,
escritos por ela mesma

Os nortistas não sabem nada sobre a Escravidão. Eles imaginam que é apenas uma servidão perpétua. Eles não fazem ideia da degradação abismal que envolve essa palavra, escravidão. Se tivessem, nunca cessariam seus esforços até a derrocada de um sistema tão horrível.
UMA MULHER DA CAROLINA DO NORTE

Levantai-vos, mulheres, que estais sossegadas, e ouvi a minha voz; e vós, filhas, que estais tão seguras, inclinai os ouvidos às minhas palavras.
ISAÍAS 32:9

Prefácio da autora

A leitora pode ficar segura de que esta narrativa não é ficcional. Estou ciente de que algumas de minhas aventuras podem parecer incríveis; ainda assim, elas são estritamente verdadeiras. Não exagerei os males infligidos pela Escravidão; pelo contrário, minhas descrições não estão à altura dos fatos. Ocultei os nomes dos lugares e dei às personagens nomes fictícios. Não tenho por que fazer segredo em benefício próprio, mas considerei que esse modo de agir seria uma bondade e uma consideração para com outros.

Gostaria de ser mais competente na tarefa que assumi, mas confio que minhas leitoras escusarão minhas deficiências à luz das circunstâncias. Nasci e fui criada na Escravidão e morei em um Estado Escravista por vinte e sete anos. Desde que cheguei ao norte, me foi necessário trabalhar arduamente para o meu próprio sustento e para a educação dos meus filhos. Isso não me deixou tempo livre para compensar a perda das primeiras oportunidades de educação, e também me forçou a escrever estas páginas em intervalos irregulares, sempre que conseguia achar uma hora entre os deveres domésticos.

Quando cheguei à Filadélfia, o Bispo Paine me aconselhou a publicar um breve relato da minha vida, mas minha resposta foi que eu não teria a competência necessária para esse empreendimento. Embora minha mente tenha aperfeiçoado desde então, minha opinião continua a mesma; ainda assim, confio que meus motivos compensarão o que poderia parecer presunção de minha parte. Não escrevi minhas experiências para chamar a atenção para mim mesma; pelo contrário, teria sido mais agradável continuar em silêncio sobre minha própria história. Também não pretendo fazer com que a leitora simpatize comigo por causa do que sofri. Desejo apenas e ardentemente fazer com que as mulheres do norte entendam a condição de dois milhões de mulheres do sul que ainda estão em ferros, sofrendo o que sofri, e a maioria delas muito mais. Quero agregar meu testemunho às penas mais capazes e ajudar a convencer o povo dos Estados Livres do que é a Escravidão de fato. É apenas por experiência que se entende as profundezas, o negrume, a podridão desse poço de abominações. Que a bênção de Deus caia sobre esse esforço imperfeito em nome do meu povo perseguido!

Introdução à primeira edição

L. MARIA CHILD

Conheço pessoalmente a autora da autobiografia a seguir e sua conversa e seus modos me inspiram confiança. Ela passou boa parte dos últimos dezessete anos morando com uma família distinta de Nova York e se comportou de tal forma a conquistar o mais alto grau da sua estima. Esse fato é o bastante, sem mais credenciais sobre a sua índole. Creio que aqueles que a conhecem não ficarão predispostos a duvidar da sua veracidade, apesar de alguns incidentes da sua história serem mais românticos do que os de uma obra de ficção.

Revisei o manuscrito a seu pedido, mas minhas alterações foram realizadas principalmente para fins de condensação e organização. Não adicionei nada aos incidentes nem alterei o significado de suas observações extremamente pertinentes. Com raras exceções, tanto as ideias quanto o linguajar são dela. Podei alguns excessos, mas além disso não tive nenhum motivo para alterar o modo vívido e dramático como ela conta a própria história. Os nomes das pessoas e dos lugares me são conhecidos, mas os oculto com bons motivos.

Naturalmente, provocará surpresa que uma mulher criada no seio da Escravidão saiba escrever tão bem, mas as circunstâncias explicam o fato. Em primeiro lugar, a natureza a dotou de grande perspicácia. Segundo, a senhora com a qual ela morou até os doze anos de idade era uma pessoa bondosa, tendo ensinado a autora a ler e a escrever. Terceiro, ela encontrou circunstâncias favoráveis após chegar ao norte, travando contato frequente com pessoas inteligentes que se interessavam pelo seu bem-estar e estavam dispostas a lhe oferecer oportunidades para o autoaperfeiçoamento.

Sei muito bem que muitos me acusarão de falta de decoro por apresentar estas páginas ao público, pois as experiências dessa mulher inteligente e sofredora pertencem a uma categoria que alguns chamariam de assuntos delicados, e outros de indelicados. Essa fase peculiar da Escravidão normalmente se mantém oculta, mas o público merece conhecer esses traços monstruosos, então assumo a responsabilidade de desvelá-la. Faço isso pelo bem das minhas irmãs cativas, que sofrem males tão terríveis que nossas orelhas são delicadas demais para escutar. Assim ajo na esperança de inspirar nas mulheres conscientes e escrupulosas do norte o senso do seu dever no exercício da influência moral na questão da Escravidão em todas as ocasiões possíveis. Tomo essa decisão na esperança de que todos os homens que lerem esta narrativa jurarão solenemente perante a Deus que, na medida que tiverem o poder de impedi-lo, nenhum fugitivo da Escravidão jamais será enviado de volta para padecer naquele antro abominável de corrupção e crueldade.

Infância

Nasci escrava, mas nunca soube disso até passarem seis anos de uma infância feliz. Meu pai era um carpinteiro, considerado tão inteligente e habilidoso nessa profissão que, quando edifícios fora do comum precisavam ser construídos, ele era chamado de pontos distantes para ser o líder dos trabalhadores. Sob a condição de pagar à sua senhora duzentos dólares ao ano e sustentar a si mesmo, ela permitia que ele exercesse sua profissão e administrasse sua própria vida. Seu grande desejo era comprar os filhos, mas apesar de ter diversas oferecido seu dinheiro suado para tanto, ele nunca teve sucesso. A tez dos meus pais era um tom claro de amarelo-acastanhado e os dois eram chamados de mulatos. Eles moravam juntos em um lar confortável e, apesar de sermos todos escravos, eu era tão carinhosamente protegida que jamais sonhava ser uma peça de mercadoria, confiada a eles para proteção, sujeita a ser pedida de volta a qualquer momento. Eu tinha um irmão dois anos mais novo, William, uma criança inteligente e afetuosa. Meu outro grande tesouro era minha avó materna, uma mulher incrível em diversos aspectos. Ela era filha de um fazendeiro da Carolina do Sul que, ao morrer, libertara a mãe dela e os três filhos, dando-lhes dinheiro suficiente para ir a St. Augustine, onde tinham parentes. Isso ocorreu durante a Guerra Revolucionária; eles foram capturados no caminho, levados de volta e vendidos a compradores diferentes. Essa era a história que minha avó costumava contar, mas não lembro de todos os detalhes. Ela era muito menina quando foi capturada e vendida para o gerente de um grande hotel. Muito ouvi ela contar sobre as dificuldades que sofreu na infância. Contudo, à medida que foi crescendo, ela demonstrou tamanha inteligência e tamanha fidelidade que seu senhor e senhora foram forçados a perceber que seria do seu interesse tomar muito cuidado de uma propriedade tão valiosa quanto ela. Minha avó se tornou indispensável na residência, atuando em todas as funções, de cozinheira e costureira até a ama de leite. Ela recebia muitos elogios pelos pratos que preparava, e seus biscoitos ficaram tão famosos na vizinhança que muita gente os cobiçava. Em consequência dessa busca constante, ela pediu à sua senhora permissão para assar biscoitos à noite, depois que todo o serviço da casa estivesse pronto; e ela obteve a permissão, desde que usasse o lucro para vestir a si mesma e aos filhos. Sob essas condições, após trabalhar duro o dia inteiro para a senhora, ela começou a preparar suas fornadas da meia-noite, auxiliada pelos dois filhos mais velhos. O negócio foi rentável; a cada ano ela poupava um pouco, sempre economizando em um fundo para a compra dos filhos. Quando seu senhor morreu, a propriedade foi dividida entre seus herdeiros. O dote da viúva era o hotel, que ela continuou a administrar. Minha avó continuou a ser escrava a seu serviço, mas seus filhos foram divididos entre os filhos do senhor. Como ela tinha cinco, Benjamin, o mais jovem, foi vendido para que cada um dos herdeiros recebesse uma porção igual de cada dólar e cada centavo. A diferença entre as nossas idades era tão pouca que ele mais parecia meu irmão do que meu tio. Benjamin era um rapaz bonito e inteligente, e quase branco, pois herdara a tez que derivava dos ancestrais anglo-saxões de minha avó. Apesar de ter apenas dez anos, ele obteve o preço de 720 dólares. Sua venda foi um golpe terrível para a minha avó, mas ela era uma mulher naturalmente cheia de esperança e passou a trabalhar com energia redobrada, confiando que um dia seria capaz de comprar alguns dos filhos. Ela havia guardado 300 dólares, que sua senhora um dia pediu de empréstimo, prometendo devolver em breve. O leitor provavelmente sabe que nenhuma promessa ou palavra escrita dada um escravo é vinculante. De acordo com as leis sulistas, o escravo, por *ser* propriedade, não pode *ter* propriedades. Quando minha avó emprestou seu dinheiro suado à senhora, ela estava confiando unicamente na honra desta. A honra de um escravista perante uma escrava!

 A essa avó devo inúmeros confortos. Meu irmão Willie e eu sempre recebíamos porções dos biscoitos, bolos e compotas que ela fazia para vender. Quando deixamos de ser crianças, passamos a dever a ela por serviços muito mais importantes.

Essas foram as circunstâncias anormalmente fortuitas da minha primeira infância. Quando tinha seis anos, minha mãe morreu; foi então que descobri, pelas conversas ao meu redor, que era escrava. A senhora da minha mãe era a filha da senhora da minha avó. Ela era irmã de criação da minha mãe; ambas foram alimentadas no seio da minha avó. Na verdade, minha mãe fora desmamada aos três meses de idade para que a filha da senhora pudesse se alimentar o suficiente. Elas brincavam juntas quando crianças e, depois de adultas, minha mãe se tornou a criada fiel da irmã de criação mais branca. No leito de morte, ela ouviu da senhora a promessa de que seus filhos nunca passariam necessidade; enquanto viveu, ela cumpriu sua palavra. Todos falavam com afeto da minha falecida mãe, que fora escrava apenas em nome, mas que tinha natureza nobre e feminina. Eu chorei por ela, e minha mente infantil se preocupava com a ideia de quem passaria a cuidar de mim e do meu irmãozinho. Fui informada que moraria com a senhora, e o que encontrei foi um lar feliz. Nenhum dever trabalhoso ou desagradável me era imposto. Minha senhora era tão bondosa comigo que sempre ficava contente em atender seus pedidos e orgulhosa em trabalhar por ela tanto quanto minha juventude permitia. Eu passava horas sentada ao seu lado, costurando incansavelmente, com meu coração tão livre de preocupações quanto qualquer criança branca que nascera livre. Quando ela achava que eu estava cansada, me mandava sair para correr e pular; e assim eu ia, para colher flores ou frutinhas para decorar a sala. Foram dias felizes, felizes demais para durar. A criança escrava não pensava no amanhã, mas logo surgiu a desgraça que sempre aguarda todo o ser humano nascido para ser propriedade alheia.

Quando eu tinha quase doze anos de idade, minha boa senhora adoeceu e morreu. Enquanto assistia seu rosto empalidecer e seus olhos nublarem, como eu rezava no fundo do coração para que ela sobrevivesse! Eu a amava, pois ela fora quase uma mãe para mim. Minhas orações não foram atendidas. Ela morreu e foi enterrada no adro da igreja, onde todos os dias minhas lágrimas caíam sobre o seu túmulo.

Fui mandada para a casa da minha avó para passar uma semana. Agora eu já tinha idade o suficiente para começar a pensar no futuro, e me perguntava constantemente o que fariam comigo. Tinha certeza de que nunca encontraria outra senhora tão bondosa quanto a que morrera. Ela prometera à minha mãe no leito de morte que nada nunca faltaria aos filhos; quando me lembrava disso, e das muitas demonstrações do afeto que ela tinha por mim, era inevitável nutrir a esperança de que ela teria me libertado. Meus amigos tinham quase certeza de que seria assim. Eles achavam que ela deveria ter me libertado, considerando o amor e o serviço fiel de minha mãe. Mas, ah! Todos sabemos que a memória de uma escrava fiel nada vale para salvar seus filhos do leiloeiro.

Após um breve período de suspense, o testamento da minha senhora foi aberto e então descobrimos que ela havia me deixado para a filha da irmã, uma menina de cinco anos. Assim desapareceram nossas esperanças. Minha senhora me ensinara os preceitos da Palavra de Deus: "Amarás o teu próximo como a ti mesmo". "Assim, em tudo, façam aos outros o que vocês querem que eles lhes façam". Mas eu era sua escrava, imagino que ela não reconhecia em mim um próximo. Eu daria tudo para apagar da minha memória essa grande ofensa. Quando criança, eu amava minha senhora; e agora, rememorando os dias felizes que passei com ela, tento pensar com menos amargura sobre esse ato de injustiça. Enquanto estava com ela, ela me ensinou a ler e a escrever; e por esse privilégio, tão raramente concedido a um escravo, eu abençoo sua memória.

Ela possuía poucos escravos e, ao morrer, estes foram todos distribuídos entre seus parentes. Cinco deles eram filhos da minha avó e haviam compartilhado do mesmo leite que nutrira os filhos da sua mãe. Apesar dos longos anos de serviço fiel prestado pela minha avó para seus proprietários, nenhum dos seus filhos escapou do leilão. Nenhuma dessas máquinas que respiram o sopro de Deus vale mais, aos olhos de seus senhores, do que o algodão no campo ou os cavalos no estábulo.

O novo senhor e a nova senhora

O Dr. Flint, um médico da vizinhança, havia casado com a irmã da minha senhora, e agora eu era propriedade da sua filhinha. Não foi sem queixumes que me preparei para meu novo lar; e o que aumentava minha infelicidade era o fato de que meu irmão William fora comprado pela mesma família. Meu pai, pela sua natureza e também pelo hábito de realizar negócios como um mecânico de grande habilidade, tinha mais sentimentos de homem livre do que era comum entre os escravos. Meu irmão era um menino orgulhoso e, sendo criado sob tais influências, odiava continuamente o nome de senhor e de senhora. Um dia, quando seu pai e sua senhora o chamaram ao mesmo tempo, ele hesitou entre os dois, confuso sobre qual dos dois tinha o direito maior à sua obediência. Ele finalmente concluiu que deveria ir para a sua senhora. Quando meu pai o repreendeu por isso, ele respondeu:

— Vocês dois me chamaram e eu não sabia quem eu devia procurar primeiro.

— Você é *meu* filho — nosso pai respondeu. — Quando eu chamo, você deve vir imediatamente, mesmo que tenha que cruzar fogo e água.

Pobre Willie! Ele estava prestes a aprender sua primeira lição de obediência a um senhor. Nossa avó tentou nos animar com palavras otimistas, e estas encontraram eco nos corações crédulos da juventude.

Quando entramos em nosso novo lar, fomos recebidos por olhares frios, palavras frias e modos frios. Ficamos felizes quando a noite chegou. Deitada em minha cama estreita, eu chorei e gemi, me sentindo sozinha e desconsolada.

Eu estava lá havia quase um ano quando uma amiga muito querida foi enterrada. Enquanto a terra caía sobre o caixão da única filha, ouvi sua mãe soluçar e comecei a me afastar da cova, sentindo gratidão para ainda ter quem amar. Foi quando encontrei minha avó.

— Vem comigo, Linda.

Pelo tom de voz, eu sabia que algo triste acontecera. Ela me afastou do resto das pessoas e anunciou:

— Minha filha, seu pai está morto.

Morto! Era inacreditável. Ele morrera tão de repente, eu nem sabia que ele estava doente. Fui para a casa com a minha avó. Meu coração se rebelou contra Deus, que havia me tirado mãe, pai, senhora e amiga. A boa avó tentou me confortar.

— Quem sabe os planos de Deus? Talvez tenha sido bondade poupá-los do tempo ruim que está por vir.

Anos depois, ainda penso muito nisso. Ela prometera ser mãe para os netos, enquanto lhe fosse permitido; fortalecida pelo seu amor, voltei para a casa do meu senhor.

Achei que teria permissão de ir até a casa do meu pai na manhã seguinte, mas recebi a ordem de buscar flores para decorar a casa da minha senhora para uma festa naquela noite. Passei o dia colhendo e engrinaldando flores enquanto o cadáver do meu pai descansava a menos de uma milha de distância. E meus donos lá se importavam com isso? Ele era uma reles propriedade. Além do mais, eles achavam que ele havia mimado os filhos, ensinando-os a achar que eram seres humanos. Era uma doutrina blasfema para um escravo ensinar, presunçosa da parte dele e perigosa para os senhores de escravos.

No dia seguinte, acompanhei seus restos até a cova humilde ao lado daquela onde repousava minha mãe querida. Havia quem conhecesse o valor de meu pai e respeitasse sua memória.

Agora meu novo lar parecia mais melancólico do que nunca. As risadas dos escravinhos eram ríspidas e cruéis. Era egoísmo meu sentir isso da alegria alheia. Meu irmão andava com uma cara fechada e séria.

— Coragem, Willie — tentei confortá-lo. — Dias melhores virão.

— Você não sabe de nada, Linda — ele respondeu. — Vamos ter que ficar aqui pelo resto da vida. Nunca vamos ser livres.

Argumentei que estávamos ficando mais velhos e mais fortes, e que talvez não demorasse para que pudéssemos alugar nosso próprio tempo. Desse jeito, ganharíamos dinheiro para comprar nossa liberdade. William declarou que falar era muito mais fácil do que fazer; além do mais, ele não tinha a intenção de *comprar* a sua liberdade. O assunto era tema de controvérsia diária entre nós.

As refeições dos escravos recebiam pouca atenção na casa do Dr. Flint. Se eles conseguiam arranjar alguma comida enquanto havia, muito bem. Eu não me incomodava em nada nesse quesito, pois em minhas diversas tarefas eu costumava passar pela casa da minha avó, onde sempre havia algo de sobra para mim. Frequentemente, ameaçavam me punir quando parava lá; e minha vó, para evitar que eu me demorasse, ficava me esperando junto ao portão com algo para me servir de desjejum ou jantar. É a *ela* que devo todos os meus confortos, tantos espirituais quanto temporais. Era o trabalho *dela* que fornecia meu parco guarda-roupas. Lembro claramente do vestido de baetilha que a Sra. Flint me dava todos os invernos. Como eu odiava aquilo! Era uma das marcas da escravidão.

Enquanto minha vó ajudava a me sustentar usando seu dinheiro suado, os trezentos dólares que emprestara à sua senhora nunca foram devolvidos. Quando a senhora morreu, seu genro, o Dr. Flint, foi escolhido executor do espólio. Quando minha avó foi solicitar o pagamento do empréstimo, ele respondeu que o espólio estava insolvente e que a lei proibia o pagamento. Mas a lei não proibia que ele ficasse com os candelabros de prata que foram comprados com o dinheiro. Imagino que serão uma herança de família, passados de geração em geração.

A senhora de minha avó sempre prometera que, quando morresse, ela seria libertada, e supostamente seu testamento cumpria tal promessa. Quando o espólio foi executado, entretanto, o Dr. Flint disse àquela criada fiel e idosa que, sob as circunstâncias atuais, seria necessário que ela fosse vendida.

No dia indicado, o anúncio costumeiro foi postado, proclamando que ocorreria uma "venda pública de negros, cavalos, &c." O Dr. Flint visitou minha avó para informá-la que não queria ferir seus sentimentos colocando-a a leilão, que preferia liquidá-la em uma venda privada. Minha avó não se deixou enganar por essa hipocrisia; ela entendia muito bem que ele estava envergonhado do que estava fazendo. Ela era uma mulher muito cheia de energia, e se ele seria vil o suficiente para vendê-la quando a intenção da sua senhora era que ela fosse libertada, minha avó estava decidida a deixar isso claro para o público. Há anos que ela fornecia biscoitos e compotas para diversas famílias; por consequência, "Tia Marthy", como ela era chamada, era conhecida por todos, e todos que a conheciam respeitavam sua inteligência e sua índole. Seus longos anos de serviço fiel na família também eram bem conhecidos, assim como a intenção da sua senhora de libertá-la. Quando o dia da venda chegou, ela assumiu seu lugar entre os escravos, e ao primeiro chamado correu para o palco do leiloeiro.

— Que vergonha! — diversas vozes gritaram. — Quem é que vai vender *você*, Tia Marthy? Não fique aí! Não é lugar para *você*.

Sem dizer uma palavra, ela ficou onde estava, aguardando seu destino. Ninguém deu um lance que fosse por ela. Finalmente, uma voz fraquinha anunciou:

— Cinquenta dólares.

Era uma senhora solteira de setenta anos, irmã da falecida senhora da minha avó. Ela havia morado quarenta anos com minha vó sob o mesmo teto, então sabia a fidelidade com a qual havia servido seus donos e a crueldade com a qual fora privada de seus direitos e estava decidida a protegê-la. O leiloeiro ficou aguardando um lance maior, mas seus desejos foram respeitados e ninguém deu um segundo lance. Ela não sabia ler nem escrever e assinou seu nome com uma cruz quando a escritura de venda foi preparada. Mas de que isso importa, quando o coração dela transbordava de humanidade? Ela deu à velha criada sua liberdade.

Na época, minha avó tinha apenas cinquenta anos. Anos trabalhosos haviam corrido desde então, e agora meu irmão e eu éramos escravos do homem que havia roubado seu dinheiro e que tentara roubar sua liberdade. Uma das irmãs de minha mãe, chamada de Tia Nancy, também era escrava na sua família. Ela era uma boa tia, muito carinhosa, e servia de governanta e camareira para sua senhora. Na verdade, ela era o começo e o fim de tudo na casa.

A Sra. Flint, como muitas mulheres sulistas, era absolutamente deficiente em termos de energia. Ela não tinha as forças necessárias para supervisionar a administração da sua residência; mas seus nervos eram tão fortes que ela conseguia se sentar na poltrona e assistir uma mulher ser açoitada até o sangue pingar com cada chicotada. Ela pertencia à igreja, mas aceitar o pão do Senhor não criava nela uma mentalidade cristã. Se o jantar não era servido no horário exato no domingo, ela se posicionava na cozinha, esperava até tudo estar nas travessas e então cuspia nas panelas que haviam sido usadas para cozinhar. Ela fazia isso para impedir que a cozinheira e os filhos engrossassem seu jantar com o que sobrara do molho e outros restos. Os escravos não podiam comer nada além do que ela escolhesse fornecer. As provisões eram pesadas até o último grama, três vezes ao dia. Dou minha palavra que ela nunca dava a oportunidade de eles comerem pão feito da sua farinha. Ela sabia quantos biscoitos se fazia com um quilo de farinha e exatamente qual deveria ser o tamanho deles.

O Dr. Flint era um epicurista. A cozinheira nunca mandava o jantar para sua mesa sem tremer de medo. Se algum prato não fosse do seu gosto, ele ordenava que ela fosse açoitada, ou então a forçava a comer toda a travessa na sua presença. A pobre criatura faminta não reclamaria de comer, mas não gostava quando seu senhor enfiava tudo pela sua garganta até engasgar.

Eles tinham um cachorro de estimação que era um estorvo dentro de casa. A cozinheira recebeu a ordem de fazer um mingau para a criatura. Ele se recusou a comer e, quando sua cabeça foi segurada sobre o mingau, a baba caía da sua boca para a bacia. Ele morreu poucos minutos depois. Quando o Dr. Flint chegou, ele disse que o mingau fora mal preparado e que foi por isso que o animal se recusou a comer. Ele chamou a cozinheira e forçou-a a comer o prato. Ele achou que o estômago da mulher era mais forte do que o do cachorro, mas seu sofrimento posterior provou que ele estava enganado. Essa pobre mulher sofria inúmeras crueldades do seu senhor e senhora; às vezes, ela ficava trancada, longe do seu bebê de colo, por todo o dia e a noite.

Algumas semanas depois que me juntei à família, um dos escravos da fazenda foi levado à cidade por ordem do seu senhor. Era quase noite quando ele chegou e o Dr. Flint ordenou que ele fosse levado para a oficina e amarrado ao barrote, de modo que seus pés mal conseguissem encostar no chão. Ele ficou nessa situação até o doutor tomar o seu chá. Nunca vou esquecer daquela noite. Nunca na minha vida eu havia escutado centenas de golpes serem desferidos, em sucessão, sobre um ser humano. Seus gemidos patéticos, seus gritos de "ai, sinhô, não, por favor", ecoaram nos meus ouvidos por meses. Havia muitas conjecturas sobre qual teria sido a causa para essa punição tão terrível. Alguns diziam que o senhor o acusava de roubar milho; outros, que o escravo brigara com a esposa, na presença do feitor, e acusara o senhor de ser o pai do seu filho. Ambos tinham tez escura, mas a criança era bastante alva.

Entrei na oficina na manhã seguinte e vi que o chicote ainda estava úmido de sangue, assim como a madeira por todo o chão. O pobre homem sobreviveu, e continuou a brigar com a mulher. Alguns meses depois, o Dr. Flint entregou ambos a um traficante de escravos. O homem culpado embolsou o valor de ambos e teve a satisfação de saber que ficariam longe da sua vista. Quando a mãe foi entregue ao traficante, ela exclamou:?

— Você *prometeu* me tratar bem.

— Você deu com a língua nos dentes, sua maldita! — foi a resposta.

Ela esquecera que era crime para uma escrava contar quem era o pai dos seus filhos.

A perseguição nesse caso não vem apenas do senhor. Uma vez, vi uma moça escrava morrer logo após dar à luz uma criança praticamente branca.

— Oh, Senhor, me leve! — ela gritou enquanto agonizava.

Sua senhora estava ao seu lado e se escarneceu dela como um demônio.

— Está sofrendo, é? — ela exclamou. — Que bom. Você merece tudo, e mais também.

— O bebê morreu, graças a Deus — a mãe da menina disse. — E espero que minha pobrezinha não demore para chegar ao Paraíso também.

— Paraíso! — a senhora retrucou. — Não há lugar por lá para esse tipo ou do bastardo dela.

A pobre mãe se virou, soluçando, então a filha moribunda a chamou baixinho. Quando ela se inclinou ouvi a menina dizer:

— Não chore assim, mamãe. Deus sabe de tudo, e ELE vai ter piedade de mim.

Depois disso, seu sofrimento se intensificou tanto que a senhora não conseguiu mais permanecer ao seu lado, mas quando saiu do quarto, o sorriso zombeteiro ainda estava em seus lábios. Sete filhos a chamavam de mãe. A pobre negra tinha uma só, cujos olhos ela viu se fecharem na morte, agradecendo a Deus por lhe salvar da grande amargura que era a vida.

O dia de ano novo dos escravos

O Dr. Flint possuía uma bela residência na cidade, diversas fazendas e cerca de cinquenta escravos, além de alugar vários outros todos os anos.

No sul, o dia do contrato é 1º de janeiro. No dia 2, espera-se que os escravos se dirijam para seus novos senhores. Em uma fazenda, eles trabalham até o milho e o algodão estarem na terra, depois têm dois dias de folga. Alguns senhores oferecem um bom jantar sob as árvores. Isso feito, eles trabalham até a véspera de Natal. Se nenhuma acusação mais grave é feita contra eles até lá, eles recebem mais quatro ou cinco dias de folga, dependendo do que o senhor ou o feitor achar apropriado. Depois vem a véspera de Ano Novo, quando os escravos reúnem tudo o que têm, ou melhor, o nada que têm, e esperam ansiosamente a aurora. Na hora marcada, o campo se enche de homens, mulheres e crianças, aguardando seu destino ser anunciado como se fossem criminosos. Todo escravo sabe quem é o senhor mais benevolente, ou o mais cruel, em um raio de 60 quilômetros.

Nesse dia, é fácil descobrir quem veste bem e alimenta bem os seus escravos, pois este fica cercado por uma multidão.

— Por favor, sinhô, me contrata este ano — eles imploram. — Vou trabalhar *bastante*, sinhô.

Se um escravo não aceita se dirigir até seu novo senhor, ele é açoitado, ou atirado na cadeia, até consentir em ir e prometer não fugir durante o ano. Se por acaso mudar de ideia, acreditando que estaria justificado em violar uma promessa extorquida, pobre dele se for pego! O açoite é usado até o sangue escorrer aos seus pés e então os membros enrijecidos são acorrentados, para serem arrastados pelo campo por dias a fio!

Se sobrevive até o ano seguinte, é possível que o mesmo homem o alugue novamente, sem mesmo lhe dar a oportunidade de procurar um novo senhor. Depois que a situação dos escravos para alugar está resolvida, é a vez daqueles que estão à venda.

Ah, mulheres livres, como vocês são felizes. Comparem o *seu* dia de Ano Novo com o da pobre escrava! Para vocês, é uma época agradável, a luz do dia é abençoada. Palavras amigas são ouvidas onde quer que vá e presentes são trocados em abundância. Até corações que antes estavam frios se requentam nessa temporada, lábios antes silenciosos ecoam de volta o "Feliz Ano Novo". Os filhos trazem suas oferendas e erguem os lábios rosados para dar beijinhos. Eles são seus, e a única mão que poderia roubá-los de você é a da morte.

Mas para a mãe escrava o dia de Ano Novo chega carregado de tristezas especiais. Ela se senta no chão frio da cabana, cuidando dos filhos que poderão ser todos arrancados de si na manhã seguinte, e muitas vezes anseia que ela e eles morram antes de o dia nascer. Ela pode ser uma criatura ignorante, degradada pelo sistema que a brutalizou desde a infância, mas ainda tem o instinto maternal e ainda é capaz de sentir as agonias de uma mãe.

Em um desses dias de venda, vi uma mãe levar sete filhos até o leilão. Ela sabia que *alguns* deles seriam tirados dela, mas *todos* foram. As crianças foram vendidas a um traficante negreiro, enquanto a mãe foi comprada por um homem da sua cidade. Antes da noite cair, todos os filhos estavam longe. Ela implorou ao traficante que dissesse aonde pretendia levá-los, mas ele se recusou a responder. *Como* ele responderia, afinal, quando sabia que iria vendê-los um a um, onde quer que obtivesse o melhor preço? Encontrei essa mãe na rua, e seu rosto cansado e embrutecido ainda vive na minha mente.

— Eles se foram! Todos, todos! — ela contorcia as mãos, agoniada. — Por que Deus *não* me mata?

Eu não tinha palavras para confortá-la. Casos como esse são uma ocorrência diária, até horária.

Os senhores de escravo têm um método, peculiar à instituição, de se livrarem dos escravos *velhos*, aqueles cujas vidas se gastaram sob o seu serviço. Conheço uma velha que serviu seu senhor fielmente por setenta anos. O trabalho árduo e a doença a deixaram praticamente indefesa e impotente. Seus donos se mudaram para o Alabama e a velha negra foi deixada para trás, para ser vendida a qualquer um que desse vinte dólares por ela.

O escravo que ousou se sentir como um homem

Dois anos haviam se passado desde que eu chegara à família do Dr. Flint, e esses anos haviam me ensinado muito do conhecimento que vem da experiência, apesar de quase não me darem a oportunidade de adquirir qualquer outro tipo de conhecimento.

Tanto quanto possível, minha avó fora uma mãe para seus netos órfãos. Com sua perseverança e dedicação constante, ela se tornara senhora de um lar acolhedor, onde ficava cercada de todas as coisas necessárias da vida. Ela teria sido feliz se os filhos pudessem ter compartilhado desse resultado. Ela ainda tinha três filhos e dois netos, todos escravos, e se esforçava ao máximo para nos fazer acreditar que esta era a vontade de Deus: que Ele havia considerado correto nos colocar sob tais circunstâncias e que, apesar de elas parecerem difíceis, nós deveríamos rezar para nos contentarmos com nossa sina.

Era uma bela fé, vinda de uma mãe que não podia chamar os filhos de seus. Mas eu e Benjamin, seu mais jovem, a condenávamos. Nosso raciocínio era que a vontade de Deus seria muito mais que nossa situação se aproximasse da dela. Nós ansiávamos por um lar como o dela, onde sempre encontrávamos um bálsamo para aplacar nossas dores. Ela era tão carinhosa, tão solidária! Minha avó sempre nos recebia com um sorriso e escutava pacientemente enquanto recontávamos nossas tristezas. Ela falava com tanta esperança que as nuvens se abriam para o raiar do sol. A casinha tinha um forno enorme para assar pães e guloseimas para a cidade, e sabíamos que sempre havia uma gostosura especial guardada para nós.

Mas, ah! Até os encantos do velho forno não conseguiam nos reconciliar com nosso destino sofrido. Benjamin se tornara um rapaz alto e bonito, um tipo forte e de movimentos graciosos, com um espírito muito cheio de coragem e ousadia para um escravo. William, meu irmão, agora tinha doze anos de idade, mas a mesma aversão à palavra "senhor" que demonstrara quando moleque de sete. Eu era sua confidente. Ele me procurava com todos os seus problemas. Lembro de um caso específico. Era uma linda manhã de primavera, e quando observei a luz do sol dançando à minha frente, sua beleza parecia estar se escarnecendo da minha tristeza. Meu senhor, cuja natureza agitada, insaciável e degenerada rondava dia e noite em busca de alguém por devorar, havia acabado de me deixar. Ele havia proferido palavras amargas e cruéis, palavras que ardiam como fogo nos ouvidos e no cérebro. Como eu o desprezava! Como ficaria feliz, pensei, se um dia a terra se abrisse sob seus pés e o engolisse, livrando o mundo daquela praga.

Quando ele me disse que eu existia para que ele me usasse, para obedecer a seus comandos em *tudo*, que eu não passava de uma escrava cujas vontades deviam se submeter às suas, meu bracinho nunca se sentiu tão forte quanto naquele momento.

Eu estava tão profundamente absorta nessa reflexão dolorosa que não vi nem ouvi ninguém entrar até a voz de William aparecer ao meu lado.

— Linda, o que te deixa tão triste? Eu te amo. Ah, Linda, como é ruim esse mundo, não? Todos parecem tão zangados e tão infelizes. Eu queria ter morrido junto com o nosso pobre pai.

Respondi que nem *todo* mundo estava zangado ou infeliz, que quem tinha um lar agradável, e amigos bondosos a quem não tinha medo de amar era feliz. Mas nós, que éramos escravinhos sem pai nem mãe não tínhamos por que ser felizes. Era preciso ser bom, talvez isso nos desse algum contentamento.

— Sim, eu tento ser bom, mas de que adianta? Estão sempre me incomodando.

A seguir, ele recontou a dificuldade que tivera com o jovem senhor Nicholas naquela tarde. Ao que parece, o irmão do senhor Nicholas havia se divertido inventando histórias sobre William. O senhor Nicholas disse que meu irmão deveria se açoitado, e que era isso o que faria. Ele tentou, mas William resistiu bravamente. O jovem senhor de escravos, ao ver que estava sendo derrotado, tentou amarrar as mãos de William atrás das costas, no que também fracassou. À força de muitos socos e chutes, William conseguiu escapar com uns meros arranhões.

William continuou seu discurso sobre a *malvadeza* do jovem senhor; como ele batia nos *pequenos*, mas era um covarde absoluto quando brigava com meninos brancos do próprio tamanho. Nessas ocasiões, ele sempre saía chispando. William tinha outras acusações. Uma era que ele esfregava mercúrio nas moedas de um centavo e mentia que eram de um quarto de dólar para o velho que cuidava da fruteira. William costumava ser mandado para comprar frutas e me perguntou seriamente o que deveria fazer nessas circunstâncias. Respondi que certamente seria errado enganar o velho e que era seu dever contar sobre as trapaças praticadas pelo jovem senhor. Garanti a ele que o velho não demoraria a entender tudo e que a história acabaria por ali. William disse que terminaria com o velho, mas não *consigo*. Ele disse que não se importava com a dor do açoite, mas odiava a *ideia* de ser açoitado.

Enquanto o aconselhava a ser bom e misericordioso, ainda não estava consciente do brilho nos meus próprios olhos. Era a consciência de minhas próprias falhas que me forçava a preservar, se possível, alguma centelha que fosse da natureza bondosa que Deus concedera a meu irmão. Eu não passara quatorze anos vivendo sob a escravidão por nada. Eu havia sentido, visto e ouvido o suficiente para ler os caráteres e questionar os motivos de quem me cercava. A guerra da minha vida começara e, apesar de ser uma das criaturas mais indefesas jamais criadas, decidi que nunca seria derrotada. Pobre de mim!

Se havia algo de puro e iluminado no mundo para mim, era no coração de Benjamin, mas também em outro, a quem amava com todo o ardor do primeiro amor de uma menina. Meu dono sabia disso, e estava sempre em busca de uma nova maneira de me deixar desolada. Ele não recorria às punições corporais, mas ainda se valia de toda a tirania e mesquinharia que a engenhosidade humana era capaz de produzir.

Lembro da primeira vez que fui punida. Era o mês de fevereiro. Minha avó havia recolhido meus sapatos velhos e os substituído por um novo par. Eu estava precisando, pois havia nevado bastante e a neve ainda continuava a cair. Quando atravessei o quarto da Sra. Flint, o rangido dos meus calçados atormentaram seus nervos refinados. Ela me chamou e perguntou o que eu tinha que fazia um barulho tão horrendo. Respondi que eram meus sapatos novos.

— Pois tire-os — ela mandou. — E se botar de novo, vou atirá-los na lareira.

Eu retirei os sapatos, e as meias também, e então ela deu a ordem que eu fosse até um lugar bem distante para cumprir uma missão. Enquanto andava pela neve, meus pés descalços formigavam. Naquela noite, fiquei bastante rouca, e fui para a cama pensando que no dia seguinte estaria doente, talvez até morta. Que tristeza não tive quando acordei em excelente estado!

Eu imaginei que se morresse, ou ficasse acamada por algum tempo, minha senhora sentiria uma pontada de remorso por ter odiado tanto a "diabinha", como ela me chamava. Foi a minha ignorância sobre essa senhora que produzia esses devaneios extravagantes.

Ocasionalmente, alguém oferecia ao Dr. Flint um alto preço por mim, mas ele sempre dava a mesma resposta:

— Ela não me pertence. É propriedade da minha filha, eu não tenho a direito de vendê-la.

Que homem honesto! Minha jovem senhora ainda era uma criança e eu não tinha como buscar sua proteção. Eu a amava, e meu afeto era correspondido. Uma vez ouvi seu pai mencionar o carinho que ela tinha por mim, então sua esposa respondeu imediatamente que era fruto do medo. Isso criou uma dúvida desagradável em mim. A criança estava fingindo algo que não sentia? Ou a mãe tinha ciúmes do bocadinho de amor que ela me dava. Concluí que a segunda alternativa devia estar correta.

— Não pode ser, criancinhas são sempre honestas — disse para mim mesma.

Uma tarde, enquanto costurava, senti uma depressão profunda. Minha senhora andava me acusando de um agravo, algo do qual jurava ser absolutamente inocente, mas a expressão de desprezo nos seus lábios deixava evidente que ela me considerava uma mentirosa.

Tentei imaginar para que fim Deus me levava por aquele caminho de espinhos e se dias ainda mais sombrios ainda não estavam no porvir. Enquanto me perguntava essas coisas, a porta se abriu lentamente e William entrou no quarto.

— O que houve desta vez, meu irmão? — perguntei.

— Ai, Linda, o Ben e o dono dele se desentenderam. Foi horrível!

Minha primeira ideia é que Benjamin estava morto.

— Não se assuste, Linda — William disse. — Vou contar tudo.

Pelo que William contou, o senhor de Benjamin havia chamado, mas ele não respondera imediatamente à convocação. Quando chegou, seu senhor estava furioso e começou a açoitá-lo. Ele resistiu. Escravo e senhor brigaram até que finalmente o senhor caiu. Benjamin tinha motivo para ficar com medo, pois havia atirado ao chão seu próprio senhor, um dos homens mais ricos da cidade. Fiquei aguardando o resultado ansiosamente.

Naquela noite, eu fui às escondidas para a casa da minha avó, e Benjamin também fugiu da casa do seu senhor. Minha avó havia viajado para passar um dia ou dois com uma velha amiga que morava no interior.

— Vim para me despedir de você — Benjamin disse. — Estou indo embora.

Perguntei para onde.

— Para o norte — ele respondeu.

Olhei para ele, tentando decidir se estava falando sério. Vi a verdade na sua boca decidida. Implorei que não fosse, mas ele não deu bola para as minhas palavras. Ele disse que não era mais menino, que os grilhões ficavam cada dia mais penosos. Ele levantara a mão contra seu senhor e seria açoitado publicamente por aquele delito. Adverti que entre estranhos ele enfrentaria a pobreza e muitas dificuldades. Disse que ele poderia ser pego e trazido de volta, algo terrível de se imaginar.

Contrariado, ele perguntou se uma vida livre com pobreza e dificuldades não seria preferível ao nosso tratamento sob a escravidão.

— Linda, nós somos cachorros aqui, somos uma bola para chutar, gado, tudo que há de ruim. Não, eu não vou ficar. Que me peguem. Só se morre uma vez.

Ele estava certo, mas era difícil abrir mão dele.

— Vai — respondi. — Vai e parte o coração da sua mãe.

Arrependi-me das minhas palavras antes mesmo de dizê-las.

— Linda — ele respondeu, falando em um tom que eu não havia escutado dele naquela noite. — *Como* você diz uma coisa dessas? Pobre mãe! Seja boa para ela Linda. Você também, prima Fanny.

Prima Fanny era uma amiga que havia morado alguns anos conosco.

Despedimo-nos, e aquele meninos bondoso e inteligente, que havia nos conquistado com tantos atos de amor, desapareceu da nossa vista.

Não é necessário contar como ele efetuou sua fuga. Basta dizer que ele estava a caminho de Nova York quando uma tempestade violenta atacou seu navio. O capitão disse que seria preciso ancorar no porto mais próximo.

Isso deixou Benjamin apavorado, pois ele sabia que sua fuga estaria sendo anunciada em todos os portos nos arredores da sua cidade. O capitão percebeu seu embaraço. O navio atracou, os anúncios chamaram a atenção do capitão. Benjamin se encaixava tão perfeitamente na descrição que o capitão o prendeu e acorrentou. A tempestade passou e o navio seguiu em direção a Nova York. Antes de chegar ao porto, Benjamin conseguiu se livrar das correntes e atirá-las ao mar. Ele fugiu do navio, mas foi perseguido, capturado e levado de volta para o seu senhor.

Quando minha avó voltou para casa e descobriu que seu filho mais novo havia fugido, sua tristeza foi enorme, mas tudo o que disse, com a sua piedade característica, foi:

— Seja feita a vontade de Deus.

Todas as manhãs ela perguntava se alguém tinha notícias sobre o seu menino. Sim, alguém *tinha*. O dono de Benjamin estava se regozijando com uma carta que anunciava a captura da sua propriedade humana.

Aquele dia parece ontem, de tão bem que lembro. Eu vi ele acorrentado, sendo levado pelas ruas até a cadeia. Seu rosto estava pálido, mas determinado. Ele implorara a um dos marinheiros para ir até a casa da mãe e pedir que ela não o visitasse. Ele disse que se visse a tristeza dela, perderia todo o autocontrole. Ela ansiava por vê-lo, então foi, mas se escondeu entre a multidão para atender o pedido do filho.

Não tínhamos permissão para visitá-lo, mas conhecíamos o carcereiro havia anos, e ele era um homem de bom coração. À meia-noite, ele abriu a porta da cadeia para que minha avó e eu entrássemos disfarçadas. Quando entramos na cela, som algum interrompeu o silêncio.

— Benjamin, Benjamin! — minha avó sussurrou.

Sem resposta.

— Benjamin! — ela balbuciou mais uma vez.

Correntes retiniram. A Lua havia acabado de se erguer no céu, lançando uma luz incerta entre as grades da janela. Nós duas nos ajoelhamos e tomamos as mãos frias de Benjamin nas nossas. Não falamos. Soluços foram ouvidos e os lábios de Benjamin se repartiram, pois sua mãe chorava sobre o seu pescoço. Como é clara minha memória daquela noite triste! Mãe e filho conversaram. Ele pediu perdão pelo sofrimento que causara nela. Ela respondeu que não tinha o que perdoar, que não podia culpá-lo por desejar a liberdade. Ele contou que quando foi capturado, saiu correndo e estava prestes a se atirar no rio quando lembrou *dela* e desistiu. Ela perguntou se ele não pensou em Deus também. Creio que vi o rosto dele se enfurecer sob o Luar.

— Não, não pensei nele. Quando um homem é caçado feito uma fera, ele esquece que existe Deus, que existe Céu. Ele esquece tudo na luta para fugir dos cães.

— Não fale assim, Benjamin — ela disse. — Confie em Deus. Seja humilde, meu filho, e seu senhor vai perdoá-lo.

— Vai me perdoar pelo *quê*, mãe? Por não deixar que ele me trate feito um cachorro? Não! Eu nunca vou me humilhar para ele. Trabalhei para ele a vida toda em troca de nada e agora sou pago com açoites e com prisão. Vou ficar aqui até morrer, ou até ele me vender.

A pobre mãe tremeu ao ouvir aquelas palavras. Creio que ele percebeu, pois sua voz estava mais calma quando voltou a falar.

— Não se preocupe comigo, mãe. Eu não valho a pena — ele disse. — Eu queria ter um pouco da sua bondade. Você aguenta tudo com tanta paciência, como se achasse que está tudo bem. Eu queria fazer o mesmo.

Ela respondeu que não fora sempre assim, que um dia fora como ele. Quando os problemas da vida foram grandes e ela não tinha um braço amigo para apoiar, no entanto, ela aprendeu a orar a Deus, e ele aliviou seus fardos. Ela implorou que ele fizesse o mesmo.

Nós ficamos na cadeia do tempo além do tempo e fomos obrigada a sair às pressas.

Benjamin era prisioneiro havia três semanas quando minha avó foi interceder por ele junto ao seu senhor. Ele permanecia inabalável. Benjamin deveria servir de exemplo para o resto dos seus escravos. Ele ficaria na cadeia até ser domado, ou então seria vendido, mesmo que por um dólar que fosse. Mais tarde, no entanto, ele cedeu um pouco. As correntes foram retiradas e nós recebemos permissão de visitá-lo.

A comida que ele recebia era extremamente grosseira, então levávamos uma janta quente para a cadeia sempre que possível, acompanhada de algum pequeno luxo para o carcereiro.

Três meses se passaram, sem nenhuma oportunidade de soltura ou de venda. Um dia, alguém ouviu ele rindo e cantando. Essa atitude indecorosa foi informada ao seu senhor e o feitor recebeu a ordem de acorrentá-lo de volta. Agora ele estava confinado em um apartamento com outros prisioneiros, todos cobertos em trapos imundos. Benjamin foi acorrentado junto a eles e logo estava coberto de insetos. Ele mexeu nas correntes até conseguir se livrar delas, então atirou-as pelas grades da janela, pedindo que fossem levadas para o seu senhor e que este fosse informado que ele estava coberto de bichos.

Essa audácia foi punida com correntes mais pesadas e a proibição das nossas visitas.

Minha avó continuou a mandar mudas de roupas limpas. As velhas foram queimadas. Na última noite que o vimos na cadeia, sua mãe ainda implorou que ele chamasse seu senhor e pedisse perdão. Não havia persuasão ou argumento que o convencesse a mudar de ideia.

— Estou esperando por ele — Benjamin respondeu calmamente.

O som daquelas correntes nos enchia de tristeza.

Outros três meses se passaram até Benjamin sair da prisão. Nós que o amávamos ficamos esperando para dar um último adeus. Um traficante de escravos o comprara. Você deve se lembrar do preço pelo qual ele foi vendido quando tinha dez anos. Agora ele estava com mais de vinte, mas foi vendido por 300 dólares. O senhor não fora capaz de enxergar seus próprios interesses. O confinamento prolongado deixara seu rosto pálido demais, seu corpo magro demais; além disso, o traficante ouvira histórias sobre a sua natureza, que não considerou apropriada para um escravo. Ele disse que pagaria qualquer preço se aquele belo rapaz fosse uma moça. Agradecemos a Deus que ele não era.

Se tivesse visto aquela mãe agarrada ao filho quando prenderam os ferros em torno dos seus braços, se tivesse escutado os gemidos desesperadores e visto os olhos vermelhos que vagavam de rosto em rosto, implorando em vão por misericórdia, se tivesse testemunhado a mesma cena que eu, você exclamaria *Maldita seja a Escravidão!* Benjamin, o caçula, o queridinho, se fora para sempre! Ela não conseguia aceitar. Ela conversara com o traficante para descobrir se Benjamin não poderia ser comprado. A resposta é que isso seria impossível, pois ele dera sua palavra de que não o venderia até sair do estado. Ele prometera não vendê-lo até chegar a Nova Orleans.

Com o braço forte e a confiança firme, minha avó começou sua labuta de amor. Benjamin precisava ser libertado. Se tivesse sucesso, ela sabia que ainda assim eles não ficariam juntos, mas não havia sacrifício grande demais para ela. Dia e noite ela trabalhou. O preço do traficante triplicou, mas ela não se desencorajou.

Minha avó contratou um advogado para escrever para um cavalheiro que ela conhecia em Nova Orleans. Ela implorou que ele se interessasse por Benjamin, e ele atendeu a seu pedido de bom grado. Quando ele viu Benjamin e declarou suas intenções, ele agradeceu, mas disse que preferia esperar um pouco antes de fazer uma oferta ao traficante. Ele sabia que o homem tentara obter um preço alto por ele e fracassara todas as vezes. Isso o encorajou a fazer mais uma tentativa de conquistar sua liberdade. Foi assim que um dia, muito antes de o sol nascer, Benjamin desapareceu. Ele estava no mar azul, em um navio com destino a Baltimore.

Dessa vez, seu rosto branco foi uma vantagem abençoada. Ninguém suspeitava que era o rosto de um escravo; do contrário, a letra da lei teria sido cumprida e a *coisa* seria devolvida à escravidão. Mas os céus mais claros são sempre cobertos pelas nuvens mais negras. Benjamin adoeceu e foi forçado a permanecer três semanas em Baltimore. Suas forças demoravam para voltar e seu desejo de continuar a viagem parecia retardar a recuperação. Como recuperar suas forças sem ar fresco e exercício? Ele decidiu arriscar uma caminhada. Uma rua lateral foi escolhida, onde ele imaginava que não encontraria ninguém conhecido.

— Olá, Ben, meu rapaz! — uma voz chamou. — O que você está fazendo *aqui*?!

Seu primeiro impulso foi correr, mas suas pernas tremiam tanto que ele não conseguiu se mexer. Ele se virou para o confrontar o antagonista e encontrou, veja só, o vizinho do seu antigo senhor! Ele achou que estava tudo acabado, mas não foi isso o que aconteceu. Aquele homem era um milagre. Ele possuía uma boa quantidade de escravos, mas não era totalmente surdo àquele relógio místico cujo tique-taque raramente se escuta no peito do escravista.

— Ben, você está doente. Ora, mas mais parece um fantasma. Acho que lhe dei um susto. Está tudo bem, eu não vou encostar em você. Você passou por uma grande dificuldade, Ben, mas pode continuar sua vida sem se preocupar comigo. Meu conselho é ir embora desse lugar rapidinho, no entanto, pois vários cavalheiros da nossa cidade estão por aqui.

O vizinho então descreveu o caminho mais próximo e mais seguro até Nova York e completou:

— Ficarei feliz em contar para a sua mãe que nos vimos. Adeus, Ben.

Benjamin se afastou, seu coração cheio de gratidão, surpreso que a cidade que tanto odiava guardasse aquela joia, uma joia que merecia um seio mais puro para decorar.

Esse cavalheiro nascera no norte, mas havia se casado com uma dama sulista. Quando voltou, ele disse à minha avó que havia visto seu filho e contou sobre o serviço que prestara.

Benjamin chegou a Nova York com segurança e decidiu parar por ali até recuperar suas forças o suficiente para seguir em frente. Por acaso, o único filho que sobrara para minha avó viajara até a cidade a negócios para sua senhora. Graças à providência divina, os irmãos se encontraram. Foi um momento feliz.

— Ah, Phil! — Benjamin exclamou. — Cheguei, finalmente.

Benjamin contou como havia quase morrido tão perto do solo livre e como rezara para que sobrevivesse o suficiente para respirar o ar da liberdade por um minuto que fosse. Ele disse que agora a vida valia alguma coisa e que não queria morrer. Na cadeia, ele não dera valor à vida e ficara tentado a dar cabo dela, mas algo, ele não sabia o que, o impedira. Talvez tenha sido o medo. Ele ouvira aqueles que professam a religião declarar que quem mata a si mesmo não alcança o Paraíso; como a vida fora muito quente na terra, ele não desejava dar continuidade a essa situação na outra vida.

— Se eu morrer agora, graças a Deus, morrerei um homem livre! — ele exclamou.

Benjamin implorou a tio Phillip que não voltasse para o sul, que ficasse e trabalhasse com ele até terem dinheiro o suficiente para comprar quem ficara para trás. Seu irmão disse que a mãe morreria se ele a desertasse naquele momento difícil. Ela havia empenhado sua casa e, com muita dificuldade, juntado dinheiro para comprá-lo. Ele aceitaria ser comprado?

— Não, nunca! — ele respondeu. — Você acha, Phil, que agora que estou tão longe das garras deles eu vou dar um centavo que seja para aquela gente? Não! E você acha que eu vou expulsar nossa mãe de casa na velhice? Que eu deixaria ela pagar todo aquele dinheiro suado por mim e nunca mais me ver? Você sabe que ela vai ficar no sul enquanto os outros filhos forem escravos. É uma mãe tão boa! Diga para ela comprar *você*, Phil. Você é um conforto para ela, eu sou só um problema. E Linda, pobre Linda, o que vai ser dela? Phil, você não sabe o que é a vida dela. Ela me contou um pouco, e como eu queria que o velho Flint morresse, ou fosse um homem melhor. Quando eu estava na cadeia, ele perguntou se ela não queria que *ele* pedisse que meu senhor me perdoasse e me levasse para casa de volta. Ela disse que não, que eu não queria voltar. Ele ficou brabo e disse que nós somos todos iguais. Nunca odiei meu próprio senhor a metade do que odeio aquele homem. Existem muitos senhores de escravos piores do que o meu, mas nem por isso eu vou ser escravo dele.

Enquanto estava doente, Benjamin precisara vender quase todas as roupas que tinha para pagar suas despesas, mas nunca se desfez do brochezinho que prendi no seu peito quando nos despedimos. Era o objeto mais valioso que eu possuía, e não imaginava ninguém mais digno de vesti-lo. Ele ainda o usava.

Seu irmão arranjou roupas e lhe deu todo o dinheiro que tinha.

Eles se despediram com os olhos cheios de lágrimas.

— Phil, estou me despedindo de toda a minha família — Benjamin disse, virando-se para trás.

E ele estava certo. Nunca mais o vimos.

Tio Phillip voltou, e suas primeiras palavras quando entrou em casa foram:

— Mãe, Ben está livre! Eu vi ele em Nova York.

Ela olhou para ele com um ar de espanto.

— Mãe, você não acredita em mim? — ele disse, colocando a mão sobre os ombros dela.

— Deus seja louvado! — ela exclamou, erguendo os braços para o alto. — Graças a Deus!

Ela caiu de joelhos e se pôs a rezar, emocionada, depois fez com que Phillip se sentasse e repetisse cada palavra que havia trocado com Benjamin. Ele contou tudo, ocultando apenas o quanto o caçula parecera pálido e doente. Por que incomodá-la quando ela não poderia fazer nada pelo filho?

A velha corajosa seguiu trabalhando, na esperança de salvar os outros filhos. Após algum tempo, ela conseguiu comprar Phillip. Ela pagou 800 dólares e voltou para casa com o documento precioso que garantia sua liberdade. Felizes, mãe e filho sentaram-se junto à lareira naquela noite, contando como estavam orgulhosos um do outro e como provariam para o mundo que sabiam cuidar de si mesmos, pois sempre haviam cuidado dos outros. Todos concluímos dizendo:

— Quem está *disposto* a ser escravo, que seja escravo.

As provações da mocidade

Durante os meus primeiros anos de serviço na família do Dr. Flint, me acostumei a compartilhar alguns dos pequenos prazeres concedidos aos filhos da minha senhora. Isso me parecia apenas certo, mas eu ficava grata, e tentava fazer por merecer essa bondade cumprindo fielmente meus deveres. Mas agora eu entrava no meu décimo-quinto ano, uma época triste na vida de uma escrava. Meu senhor começou a sussurrar palavras perversas no meu ouvido. Por mais jovem que fosse, eu não tinha como permanecer ignorante sobre o seu significado. Eu tentei tratá-las com indiferença ou desprezo. A idade do meu senhor, minha extrema juventude e o medo de que sua conduta fosse relatada para minha avó fez com que continuasse esse tratamento por muitos meses. Ele era um homem astuto e recorria a inúmeros estratagemas para atingir seus objetivos. Às vezes, ele tinha um comportamento tempestuoso e aterrorador que fazia suas vítimas tremer; em outras, assumia uma gentileza que devia considerar convincente. Dos dois, eu preferia os humores tempestuosos, por mais trêmulas que me deixassem. Ele tentava de tudo para corromper os princípios de pureza que minha avó inculcara. Ele povoava minha jovem mente com imagens impuras, coisas que apenas um monstro vil seria capaz de imaginar. Eu fugia dele cheia de ódio e nojo. Mas ele era meu senhor. Eu era forçada a morar com ele sob o mesmo teto, onde via um homem quarenta anos mais velho violando os mandamentos mais sagrados da natureza. Ele me dizia que eu era propriedade sua, que devia me submeter a ele em tudo. Minha alma se revoltava contra essa tirania. Mas onde eu poderia buscar proteção? Não importa se a jovem escrava é negra como ébano ou alva como sua senhora. Em ambos os casos, não há um pingo de lei para protegê-la de insultos, de violência, até da morte, todos infligidos por demônios em forma de homem. A senhora, que deveria proteger a vítima indefesa, tem apenas dois sentimentos para ela, o ciúme e a fúria. A degradação, os agravos, os vícios que nascem da escravidão são maiores do que a minha capacidade de descrevê-los. Eles são maiores do que você gostaria de acreditar. Se dessem ouvidos a metade das verdades que contam sobre os milhões de indefesos que sofrem sob a servidão cruel, vocês no norte não ajudariam a forjar os grilhões. Vocês se recusariam a fazer para o senhor de escravos, no próprio solo, o trabalho cruel que os cães treinados e os brancos servis fazem por ele no sul.

Os anos sempre trazem pecado e tristeza o bastante para todos; na escravidão, entretanto, a aurora da vida é enegrecida por essas sombras. Mesmo a criancinha, acostumada a atender sua senhora e os filhos, aprende antes dos doze anos de idade por que sua senhora odeia esse escravo ou aquele. Talvez a mãe da própria criança seja uma das odiadas. Ela escuta os furiosos ataques de ciúmes e acaba por entender qual é a causa. Ela se torna uma conhecedora precoce da maldade e logo aprende a temer quando escuta os passos do seu senhor. Ela é forçada a entender que não é mais uma criança. Se Deus lhe concedeu o dom da beleza, esta será sua grande maldição. O que provoca admiração na mulher branca apenas acelera a degradação da escrava. Eu sei que muitas são tão brutalizadas pela escravidão que sequer sentem a humilhação da sua posição, mas muitas escravas o sentem vivamente e tremem com a lembrança. Não consigo expressar tudo o que sofri na presença desses agravos, nem o quanto eles ainda me ferem em retrospecto. Meu senhor me procurava a todo momento, me lembrando que eu pertencia a ele e jurando pelo céu e pela terra que me forçaria a me submeter. Se eu saía para respirar um pouco de ar fresco após um dia de trabalho incessante, seus passos me perseguiam. Se me ajoelhava perante o túmulo da minha mãe, sua sombra caía sobre mim mesmo ali. O coração leve que a natureza me dera ficara pesado com maus augúrios. Os outros escravos na casa do meu senhor perceberam a mudança. Muito tinham pena de mim, mas nenhum ousava indagar o motivo. Eles não precisavam perguntar. Todos conheciam muito bem as práticas pecaminosas que ocorriam sob aquele teto, e estavam cientes de que falar delas era uma ofensa que nunca deixava de ser punida.

Eu ansiava por um confidente. Eu teria dado tudo para descansar a cabeça no seio fiel da minha avó e confessar a ela todos os meus problemas, mas o Dr. Flint jurou que me mataria se não preservasse o silêncio do túmulo. Além do mais, apesar da minha avó ser tudo para mim, eu tinha por ela um certo medo, não apenas amor. Eu me acostumara a olhar para ela com um respeito que beirava a reverência. Eu era muito jovem e sentia vergonha de contar a ela coisas tão impuras, especialmente por saber que ela era muito severa nesses assuntos. Para completar, ela era mulher muito energética. Seu comportamento era estranhamente calmo, mas quando sua indignação se inflamava, não era fácil acalmá-la de volta. Segundo me contaram, uma vez ela correu atrás de um cavalheiro branco brandindo uma pistola carregada depois que ele insultou uma das suas filhas. Eu morria de medo das consequências de uma explosão dessas; tanto o orgulho quanto o medo me mantinham em silêncio. Apesar de não confessar nada para minha avó, e até mesmo fugir das suas perguntas e da sua atenção vigilante, sua presença na vizinhança me oferecia alguma proteção. Apesar de ela ter sido escrava, o Dr. Flint tinha medo dela. Ele temia suas reprimendas ferozes. Além do mais, ela era conhecida de muita gente e tinha muitos clientes, então ele não queria revelar sua vilania para o público. Era sorte minha não morar em uma fazenda distante, mas sim em uma cidade pequena o suficiente para todos os habitantes conhecerem as vidas uns dos outros. Por piores que fossem as leis e os costumes da sociedade escravista, o doutor, por ser um profissional, considerava prudente preservar uma imagem pública de decência.

Ah, quantas noites e dias de medo e tristeza aquele homem me causou! Leitora, não é para provocar simpatia por mim mesma que conto honestamente tudo o que sofri na escravidão. Conto minha história para inflamar a compaixão nos seus corações pelas minhas irmãs que ainda estão no cativeiro, sofrendo como um dia eu sofri.

Uma vez, vi duas lindas criancinhas brincando. Uma era branca e muito alva; a outra era sua escrava, e também sua irmã. Quando vi as duas se abraçando e escutei seus risos de alegria, virei o rosto entristecida para fugir daquela imagem bonita. Eu previa a desgraça inevitável que cairia sobre o coração da escravinha. Eu sabia que logo suas risadas se transformariam em suspiros. A criança branca cresceu e se tornou uma mulher ainda mais bela. De menina a mulher, seu caminho foi ladeado de flores e coberto de um sol ensolarado. Sequer um dia de sua vida fora nublado quando o sol se ergueu na sua manhã de núpcias.

Como aqueles anos trataram sua irmã escrava, a amiguinha da infância? Ela também era linda, mas as flores e o sol do amor não se abriram para ela. Seu destino foi o pecado, a vergonha e a miséria, a taça que sua raça perseguida é forçada a beber.

Em vista disso, por que vocês se calam, ó homens e mulheres livres do norte? Por que suas línguas travam na defesa do que é certo? Como eu queria ser mais capaz! Mas meu coração é pesado e minha pena é fraca! Há homens e mulheres nobres que clamam por nós, que lutam para ajudar aqueles que não podem fazer nada por si mesmos. Deus os abençoe! Deus lhes dê força e coragem para continuar! Deus abençoe a todos que batalham em prol da causa da humanidade!

A senhora ciumenta

Eu preferia dez mil vezes que meus filhos fossem os miseráveis famintos da Irlanda do que os escravos mais mimados da América. Eu preferia gastar minha vida trabalhando nos algodoais até a cova se abrir para o meu descanso do que morar com um senhor sem princípios e uma senhora ciumenta. O lar do criminoso na penitenciária seria preferível. Ele ainda pode se arrepender e rejeitar os erros do passado para encontrar a paz, mas a escrava favorita não tem como fazer o mesmo. A ela não é permitido defender suas qualidades. Tentar ser virtuosa é considerado um crime.

A Sra. Flint conhecia a natureza do marido desde antes de eu nascer. Ela poderia ter usado esse conhecimento para aconselhar e proteger as jovens e as inocentes entre as suas escravas, mas para estas ela não tinha simpatia alguma. Eram todas objetos da sua malevolência e suspeita constante. Ela vigiava o marido com vigilância incessante, mas ele sabia muito bem como se evadir. O que não encontrava oportunidade para colocar em palavras, ele expressava em sinais. Ele inventou muito mais do que se ensina nos asilos para surdos-mudos. Eu os deixava passar, como se não entendesse o que significavam, e muitos foram os xingamentos e ameaças que recebi pela minha estupidez. Um dia, ele me pegou tentando aprender a escrever. Ele franziu o cenho, como estivesse descontente, mas creio que chegou à conclusão de que essa conquista poderia ajudá-lo em seu esquema favorito. Não demorou para que bilhetes começassem a ser colocados na minha mão.

— Eu não consigo lê-los, senhor — eu respondia quando os devolvia.

— Não consegue? Então é melhor eu ler para você — ele retrucava.

Ele sempre terminava a leitura perguntando se eu entendia. Às vezes, ele reclamava do calor na sala de chá e nos mandava servir seu jantar em uma mesinha na varanda. Ele se sentava com um sorriso de satisfação e me mandava ficar parada ao seu lado para espantar as moscas, depois começava a comer lentamente, pausando entre cada bocada. Esses intervalos eram utilizados para descrever a felicidade que eu estava sendo tola em desperdiçar e para me ameaçar com as penas que resultariam da minha desobediência obstinada. Ele se gabava da tolerância que exercia comigo e me lembrava que sua paciência tinha limites. Quando eu conseguia evitar as oportunidades para essas conversas em casa, ele me chamava ao seu escritório com alguma missão. Quando chegava lá, eu era obrigada a escutar o linguajar que ele considerava apropriado usar comigo. Às vezes, eu expressava meu desprezo tão abertamente que ele ficava violentamente furioso e eu não entendia por que ele não me batia. Situado como estava, ele provavelmente acreditava que a paciência seria a melhor política, mas a coisa foi piorando mais e mais a cada dia. Desesperada, eu disse a ele que pediria a minha avó que me protegesse. Ele me ameaçou de morte, e de coisas piores que a morte, se eu reclamasse para ela. Por mais estranho que pareça, não me desesperei. Minha personalidade era naturalmente animada e eu sempre tinha a esperança de encontrar algum jeito de escapar das suas garras. Como muitas pobres escravas antes de mim, eu confiava que alguns fios de alegria ainda seriam tecidos na trama negra do meu destino.

Eu entrara no meu décimo-sexto ano, e a cada dia ficava mais evidente que a minha presença era intolerável para a Sra. Flint. Ela e o marido trocavam farpas com frequência. Ele nunca me punira pessoalmente e não permitia que ninguém mais me punisse. Nesse aspecto, ela nunca se satisfez, mas quando ficava enfurecida, não havia palavra vil demais para lançar contra mim. E eu, a quem ela detestava com tanta amargura, tinha muito mais piedade por ela do que ele, cujo dever era lhe dar uma vida feliz. Nunca fiz nada contra ela, nem desejei fazer nenhum mal para ela, e uma única palavra bondosa que ela me oferecesse teria me colocado de joelhos aos seus pés.

Após diversas brigas entre o doutor e sua esposa, ele anunciou sua intenção de levar a filha mais jovem, então com quatro anos de idade, para dormir nos seus aposentos. Seria necessário que uma criada dormisse no mesmo quarto, para estar por perto caso a criança acordasse. Eu fui selecionada para essa função e informada por que motivo a mudança fora realizada. Mantendo-me sempre à vista de outras pessoas tanto quanto possível durante o dia, eu havia conseguido escapar do meu senhor, apesar de uma lâmina ser sempre colocada contra minha garganta para me forçar a alterar essa política. À noite, eu dormia ao lado da minha tia-avó, onde me sentia segura. Ele era prudente demais para entrar no quarto dela, uma velha senhora que estava na família havia muitos anos. Além disso, por ser um homem casado e um profissional, ele considerava necessário manter as aparências até certo ponto. Mas ele decidira remover o obstáculo que atrapalhava seus esquemas e achava que o planejamento tivera sucesso em evitar qualquer suspeita. Ele sabia muito bem o valor que eu dava para o refúgio ao lado da minha velha tia e estava decidido a me roubá-lo. Na primeira noite, o doutor ficou sozinho com a menina no quarto. Na manhã seguinte, me mandaram assumir meu posto de ama na noite seguinte. A Providência intercedeu em meu favor. Durante o dia, a Sra. Flint ouviu falar sobre a nova situação. O resultado foi uma explosão, e eu muito me alegrei ao escutar sua fúria.

Após algum tempo, minha senhora mandou que eu fosse até o seu quarto.

— Você sabia que vai ter que dormir no quarto do doutor? — foi a primeira pergunta que ela me fez.

— Sim, senhora.

— Quem lhe disse?
— Meu senhor.
— Vai falar a verdade em todas as suas respostas?
— Sim, senhora.
— Então me diga, para que possa ser perdoada: é inocente do que eu lhe acusei?
— Sim, eu sou.
Ela me entregou uma Bíblia.
— Coloque a mão no coração, beije este livro sagrado e jure perante a Deus que está falando a verdade.
Fiz o juramento exigido de consciência limpa.
— Você tomou a palavra sagrada de Deus para professar inocência. Se me enganou com isso, cuidado! Agora pegue esse banquinho, sente-se, olhe diretamente nos meus olhos e me conte tudo o que aconteceu entre você e o senhor.
Fiz como ela mandou. Enquanto prosseguia com a minha narrativa, ela mudava de cor com frequência, chorava, às vezes gemia. Ela falava em tons tão tristes que eu me comovia com o seu pesar. Meus olhos se encheram de lágrima, mas logo me convenci de que suas emoções nasciam da raiva e do orgulho ferido. Ela sentia que seus votos de casamento haviam sido profanados, que sua dignidade fora insultada, mas não tinha compaixão alguma pela pobre vítima da perfídia do marido. Ela se lamuriava e se considerava uma mártir, mas era incapaz de se solidarizar com a condição de vergonha e miséria da escrava indefesa e infeliz à sua frente. Mas talvez ela ainda tivesse

algum sentimento por mim, pois quando a conferência terminou, ela falou com bondade e prometeu me proteger. Essas garantias teriam me reconfortado muito mais se eu pudesse depositar alguma confiança nelas, mas minhas experiências com a escravidão haviam me deixado cheia de desconfiança. Ela não era uma mulher muito refinada e tinha pouco controle sobre suas paixões. Eu era alvo do seu ciúme e, por consequência, do seu ódio, e sabia que não podia esperar bondade ou confiança dela nas circunstâncias em que me encontrava. Eu não tinha como culpá-la. As esposas dos escravistas têm os mesmos sentimentos que qualquer outra mulher na mesma situação. O fogo dentro dela fora aceso com meras fagulhas, mas agora a chama era tão intensa que o doutor foi obrigado a abandonar seus planos.

Eu sabia que acendera a tocha e esperava sofrer por isso depois, mas também me sentia grata demais à minha senhora pelo auxílio que me prestara para me importar com isso. A partir de então, ela fez com que eu dormisse no quarto ao lado do seu. Lá eu seria objeto da sua atenção especial, ainda que não do seu conforto especial, pois ela passou muitas noites insones em vigília. Às vezes, quando acordava, eu a via inclinada sobre mim. Em outras, ela cochichava no meu ouvido, como se fosse o marido falando comigo, e tentava escutar qual seria a minha resposta. Nessas ocasiões, se me acordava, ela fugia discretamente, mas na manhã seguinte dizia que eu estava falando dormindo e perguntava com quem era a conversa.

Finalmente, comecei a temer pela minha vida. Ela fora muito ameaçada; a leitora pode imaginar, melhor do que eu posso descrever, a sensação desagradável produzida quando alguém acorda no meio da madrugada e descobre uma mulher ciumenta pairando sobre si. A experiência era terrível, mas meu medo é que ela seria substituída por outra pior ainda.

Minha senhora foi se cansando das vigílias, que não se provaram satisfatórias. Ela decidiu mudar de tática. Agora ela tentava o truque de acusar meu senhor do crime, na minha presença, e dar meu nome como autora da acusação.

— Não acredito — ele respondeu, o que me deixou espantada. — Mas se ela disse isso, foi porque você a torturou para me atacar.

Torturada para atacá-lo! Ora, Satã não teria dificuldade alguma para determinar a cor da alma desse homem! Eu sabia o que ele queria com essa falsidade: me mostrar que eu não teria nada a ganhar buscando a proteção da minha senhora, que todo o poder ainda estava nas suas mãos. Eu tinha pena da Sra. Flint. Ela era uma segunda esposa, muitos anos mais jovem que o marido, e o facínora grisalho testaria a paciência de mulher muito melhores e mais sábias. Ela estava completamente derrotada e não sabia como proceder. Ela não hesitaria em me castigar pelo meu suposto falso testemunho, mas, como já expliquei, o doutor nunca permitia que ninguém me açoitasse. O velho pecador era um homem político. A aplicação da chibata poderia levar a gritos que o deixariam exposto aos olhos dos filhos e dos netos. Ah, como eu me alegrava de morar em uma cidade onde todos os habitantes se conheciam! Se morasse em uma fazenda remota, ou estivesse perdida entre a multidão de uma cidade grande, eu não estaria mais viva hoje.

Os segredos da escravidão são ocultados como os da Inquisição. Meu senhor era, até onde sei, pai de onze escravos e escravas. Mas as mães por acaso ousavam dizer quem era o pai dos seus filhos? Os outros escravos ousavam mencionar o fato, exceto aos sussurros e apenas entre si? Jamais! Todos sabiam muito bem qual seria a consequência terrível dessas ações.

Minha avó não conseguia ignorar coisas que provocavam suas suspeitas. Ela estava preocupada comigo e tentou me comprar de diversas maneiras diferentes, mas a mesma resposta imutável era sempre repetida: "Linda não *me* pertence. Ela é propriedade da minha filha e eu não tenho o direito legal de vendê-la". Que homem escrupuloso! Ele tinha escrúpulos demais para me *vender*, mas não tinha escrúpulo nenhum para cometer um agravo muito maior contra a menina indefesa, propriedade de sua filhinha, que fora colocada sob a sua proteção. Às vezes, meu algoz perguntava se eu gostaria de ser vendida. Eu respondia que preferia ser vendida a qualquer um do que levar a vida que levava. Nessas ocasiões, ele assumia ares de estar extremamente ofendido e me admoestava por ser tão ingrata.

— Eu não a trouxe para dentro de casa, não fiz de você companheira dos meus próprios filhos? — ele dizia. — *Eu* já lhe tratei feito uma crioula? Nunca deixei que ninguém lhe punisse, nem mesmo para agradar sua senhora. E essa é a recompensa que eu mereço, sua ingrata?!

Eu respondia que ele tinha seus próprios motivos para me salvar dos castigos e que o comportamento que ele adotara fazia com que minha senhora me odiasse e me perseguisse.

— Pobrezinha! Não chore, não chore! — ele dizia quando eu chorava. — Vou fazer as pazes entre você e a senhora, me deixe apenas organizar tudo ao meu próprio jeito. Pobrezinha! Que bobinha, não sabe o que é para o seu próprio bem. Eu trataria você tão bem, você seria uma dama. Agora vai, vai e pensa em tudo o que prometi.

Eu pensei mesmo.

Leitora, eu não estou pintando retratos imaginários dos lares sulistas, estou contando a mais pura verdade. Mas quando as vítimas fogem da fera selvagem chamada Escravidão, os nortistas consentem em atuar como cães de caça e arrastam a pobre fugitiva de volta para o seu covil, "cheios de ossos e de todo tipo de imundície". Não, mais do que isso, eles não apenas consentem, eles se orgulham de dar as mãos de suas filhas em casamento para os escravistas. As pobres meninas têm ideias românticas sobre um clima ensolarado e árvores em flor que protegem a casa feliz durante todo o ano. Que decepção elas estão fadadas a ter! A jovem esposa logo aprende que o marido em cujas mãos ela colocou sua felicidade não tem nenhuma consideração pelos votos de casamento. Crianças de toda e qualquer tez brincam com seus próprios bebês brancos e ela sabe muito bem qual é a sua origem. Os ciúmes e o ódio adentram o lar florido e o despojam da ternura.

Muitas mulheres sulistas casam sabendo que o marido é pai de diversos escravinhos. Elas não se incomodam com isso. Para elas, essas crianças são propriedade, a serem vendidas e compradas como os porcos da fazenda, e é raro que não os informem desse fato assim que possível, colocando-os nas mãos de um traficante e tirando-os de vista. Fico feliz em dizer que existem, contudo, algumas exceções honrosas.

Eu mesma conheço duas espoas sulistas que exortaram seus maridos a libertar os escravos com os quais tinham algum "parentesco", pedido este que foi concedido. Esses maridos coraram perante a nobreza superior da índole de suas esposas. Elas apenas os aconselharam a fazer aquilo que era seu dever, mas o fato conquistou seu respeito e tornou sua conduta mais exemplar. O segredo se acabou e a confiança tomou o lugar da suspeita.

Ainda que essa instituição maléfica embote o senso moral, mesmo nas mulheres brancas, a níveis aterroradores, este não está totalmente extinto. Muito ouvi senhoras sulistas dizerem desses senhores: "Não só ele não vê que é uma desgraça ser pai desses crioulinhos, ele não tem vergonha de se dizer donos deles. Ora, essas coisas não deviam ser toleradas em uma sociedade decente!"

O amado

Por que algum escravo ama? Por que permitir que o coração se entrelace com objetos que podem ser arrancados a qualquer momento pela mão da violência? Quando as separações ocorrem pela mão da morte, o fiel pode se resignar e dizer "Seja feita a vossa vontade, ó Senhor!" Mas quando é a mão impiedosa do homem que dá o golpe, independente da miséria que causa, é difícil se manter submisso. Não era assim que eu raciocinava quando era menina. A juventude é como é. Eu amei e me entreguei à esperança de que as nuvens negras ao meu redor deixariam passar um raio de sol. Eu esquecera que na minha terra natal, as sombras são densas demais para que a luz consiga penetrar. É uma terra:

> Where laughter is not mirth, nor thought the
> [mind,
> Nor words a language, nor e'en men
> [mankind;
> Where cries reply to curses, shrieks to blows.
> And each is tortured in his separate hell.[1]

---

1. Tradução: "Onde o riso não é felicidade, nem as ideias, a mente,/ Nem palavras, um idioma, nem mesmo homens, humanidade;/ Onde

Na nossa vizinhança morava um jovem carpinteiro de cor, nascido de mãe livre. Quando criança, éramos amigos, e nos encontrávamos com frequência depois disso. Desenvolvemos um afeto mútuo e ele me propôs em casamento. Eu o amava com toda a paixão do primeiro amor de uma menina. Mas quando refletia que era escrava e que as leis não sancionariam tal casamento, meu coração se partia no meu peito. Meu amado queria me comprar, mas eu sabia que o Dr. Flint era obstinado demais e arbitrário demais para consentir com esse plano. Dele, com certeza podia esperar uma oposição ferrenha, enquanto minha senhora não teria nenhuma esperança para me oferecer. Ela ficaria felicíssima de se livrar de mim, mas não desse modo. O fardo que pesava sobre si seria aliviado se ela pudesse me vender para algum estado distante, mas se me casasse perto de casa, continuaria igualmente nas mãos do seu marido, pois o marido de uma escrava não tem como protegê-la. Além do mais, minha senhora, como muitas outras, parecia acreditar que os escravos não têm direito a formar seus próprios laços familiares, que foram criados meramente para atender à família da senhora. Uma vez, ouvi ela xingar uma jovem escrava que contara que um homem de cor queria tomá-la como esposa.

— Eu vou esfolar você de cima a baixo se ouvir menção a esse assunto de novo — ela disse. — Você imagina que

---

gritos respondem a maldições, gritos a golpes./ E cada um é torturado no seu próprio inferno." De *The Lament of Tasso*, parte IV, do poeta inglês Lord Byron.

vou deixá-la cuidar dos *meus* filhos junto com os filhos daquele crioulo.

A menina a quem ela disse isso tinha um filho mulato, obviamente não reconhecido pelo pai. O pobre negro que a amava teria tido orgulho em reconhecer seus filhos indefesos.

Um turbilhão de ideias e ansiedades ocupava minha cabeça. Eu não sabia o que fazer. Acima de tudo, eu desejava poupar meu amado dos insultos que lancinavam minha própria alma. Conversei sobre o assunto com minha avó e contei a ela parte dos meus medos. Não ousei contar sobre os piores. Ela suspeitava fazia muito tempo que havia algo de errado, mas eu sabia que se confirmasse suas suspeitas, o resultado seria uma tempestade que destruiria todas as minhas esperanças.

Esse sonho de amor fora meu grande apoio durante muitas provações, eu não podia correr o risco de ele se dissipar de repente. Na nossa vizinhança morava uma senhora, grande amiga do Dr. Flint, que visitava a casa com frequência. Eu tinha muito respeito por ela, que por sua vez sempre manifestara simpatia por mim. Minha avó achava que ela teria bastante influência junto ao doutor. Eu procurei essa senhora e contei minha história. Disse a ela que sabia que o fato de meu amado ser um homem livre representaria uma forte objeção, mas ele queria me comprar; se o Dr. Flint consentisse com esse acordo, eu tinha certeza de que ele estaria disposto a pagar qualquer preço razoável por mim. Ela sabia que a Sra. Flint não gostava de mim, então tentei sugerir que minha senhora talvez gostasse da ideia da venda, pois isso a livraria de mim. A senhora foi bondosa e solidária e prometeu fazer todo o possível para promover meus desejos. Ela teve uma conversa com o doutor e creio que defendeu minha causa com veemência, mas sem nenhum resultado.

Como eu temia meu senhor agora! Eu esperava ser chamada por ele a cada minuto, mas o dia passou e eu não ouvi nada dele. Na manhã seguinte, recebi uma mensagem: "O senhor quer vê-la no escritório". A porta estava aberta, então fiquei por um instante observando aquele homem odioso que dizia ter o direito de me governar em corpo e alma. Entrei, tentando parecer calma. Não queria que ele percebesse como meu coração estava apertado. Ele me encarou com uma expressão que parecia dizer "eu podia matar essa menina aqui e agora". Quando ele finalmente rompeu o silêncio, foi um alívio para nós dois.

— Então você quer casar, é? E com um crioulo livre.

— Sim, senhor.

— Bem, então eu já vou convencê-la de que eu é que sou o seu senhor, não esse crioulo de quem gosta tanto. Se você *precisa* de um marido, pode escolher um dos meus escravos.

Que bela situação seria essa, ser esposa de um dos escravos *dele*, mesmo que meu coração tivesse algum interesse!

— O senhor não supõe que uma escrava pode ter alguma preferência na hora de escolher um marido? — respondi. — Todos os homens são iguais para ela?

— Você ama esse crioulo? — ele perguntou abruptamente.

— Sim, senhor.

— Que ousadia! — ele exclamou, enfurecido, e então fez uma pausa. — Eu imaginava que você tinha mais apreço por si mesma, que estava acima dos insultos desses filhotinhos.

— Se ele é um filhotinho, então eu sou uma filhotinha, pois nós dois somos da raça negra. É correto e honroso que nós dois nos amemos. O homem que o senhor chama de filhotinho nunca me insultou, e ele não me amaria se não acreditasse que sou uma mulher virtuosa.

Ele saltou sobre mim como um tigre e desferiu um golpe que me deixou atordoada. Era a primeira vez que ele me batia e o medo não permitiu que eu controlasse minha raiva. Quando me recuperei um pouco dos seus efeitos, exclamei:

— Você me bateu por responder honestamente. Eu te odeio!

Ficamos em silêncio por alguns minutos. Talvez ele estivesse decidindo qual seria minha punição, talvez quisesse me dar tempo para refletir sobre o que eu tinha dito e a quem tinha dito.

— Você sabe o que acabou de dizer? — ele perguntou afinal.

— Sim, senhor, mas o seu tratamento me levou a isso.

— Você não sabe que eu tenho o direito de fazer com você o que bem entender? Até matar, se quiser?

— O senhor tentou me matar, e eu queria que tivesse conseguido, mas não tem o direito de fazer o que bem entender comigo.

— Silêncio! — ele exclamou, ribombante. — Céus, menina, você está esquecendo quem é! Está louca? Se está, então vou fazer recobrar os sentidos. Você acha que algum outro dono toleraria o que eu tolerei esta manhã? Muitos senhores teriam matado você na mesma hora. Está querendo ser mandada para a cadeia com essa insolência.

— Eu sei que fui desrespeitosa, senhor — respondi. — Mas foi o senhor que me levou a isso, não tive como evitar. Quanto à cadeia, lá eu teria mais paz do que aqui.

— Você merece ir para lá e ser tratada de tal forma a esquecer o que significa a palavra *paz*. Faria bem para você, arrancaria um pouco dessas suas presunções. Mas ainda não estou preparado para mandá-la para lá, apesar de toda a ingratidão com minha bondade e a minha paciência. Você é uma peste na minha vida. Eu quis fazer você feliz, mas fui pago com a ingratidão mais baixa. Apesar de demonstrar que não sabe valorizar a minha bondade, ainda vou ser leniente com você, Linda. Vou dar mais uma chance de se redimir. Se você se comportar e fizer o que eu mando, vou perdoá-la e tratá-la como sempre tratei. Se me desobedecer, no entanto, vou dar o castigo que daria ao pior escravo da fazenda. Nunca mencione o nome desse rapaz na minha frente de novo. Se eu descobrir que está falando com ele, vou açoitar os dois, e se pegá-lo nas minhas propriedades, vou pegar uma espingarda e atirar nele como faria com qualquer cachorro. Está ouvindo o que eu digo? Vou lhe dar uma lição sobre casamento e crioulos livres! Agora vá, vá e que essa seja a última vez que conversamos sobre esse assunto.

Leitora, você já odiou? Espero que não. Eu odiei apenas uma vez, e espero nunca odiar de novo. Alguém disse que é "a atmosfera do inferno", e creio que é verdade.

O doutor passou uma quinzena sem falar comigo. Ele pretendia me humilhar, fazer com que me sentisse desgraçada por receber um tratamento honroso vindo de um homem de cor respeitável, dando preferência a ele e não às baixezas de um homem branco. Seus lábios podiam se recusar, mas seus olhos eram loquazes. Nenhum animal jamais vigiou sua presa com mais afinco do que ele me vigiava. Ele sabia que eu escrevia, apesar de não conseguir me forçar a ler suas cartas, então agora o preocupava a ideia de que eu podia estar trocando mensagens com outro homem. Após algum tempo, ele se cansou do silêncio, para o meu desgosto. Uma manhã, enquanto atravessava o salão para sair de casa, ele deu um jeito de colocar um bilhete na minha mão. Achei melhor ler o que dizia e me poupar o tormento de ele ler para mim. O bilhete expressava arrependimento pelo golpe que ele me dera e me lembrava que a culpa pelo acontecido era totalmente minha. Ele esperava que eu estivesse convencida do mal que fazia a mim mesma ao incorrer no seu desgosto. Ele escreveu que havia decidido ir à Louisiana, que levaria diversos escravos consigo e que pretendia me incluir entre eles. Minha senhora permaneceria onde estava, de modo que eu não teria nada a temer nesse sentido. Se eu fizesse por merecer as suas bondades, ele me garantia que elas seriam abundantes. Por fim, ele me implorava para refletir sobre a questão e dar minha resposta no dia seguinte.

Na manhã seguinte, fui chamada para levar uma tesoura até o seu quarto. Coloquei-a sobre a mesa, junto com a carta. Ele achou que era a minha resposta e não me chamou de volta. Segui meu dia como sempre, acompanhando minha jovem senhora até a escola. Ele me encontrou no caminho e mandou que passasse no seu escritório no caminho de volta. Quando entrei, ele me mostrou a carta e perguntou por que eu não respondera.

— Eu sou propriedade da sua filha, então estou no seu poder para ser mandada ou levada onde o senhor bem entender — respondi.

Ele disse que estava muito contente em me encontrar tão disposta a partir e que a viagem ocorreria no começo do outono. Ele tinha uma clientela considerável na cidade e eu achava que ele havia inventado a história só para me assustar. Fosse como fosse, eu estava decidida a nunca ir com ele para a Louisiana.

O verão passou e, no começo do outono, o filho mais velho do Dr. Flint foi enviado à Louisiana para analisar a região, com a ideia de emigrar. A notícia não me perturbou. Eu sabia muito bem que não seria mandada com *ele*. Que eu não fora enviada para a fazenda até então se devia ao fato de o filho estar lá. Ele tinha ciúmes do filho, e os ciúmes do feitor o impediram de me mandar de castigo para o campo. É tão estranho que eu não tivesse orgulho desses protetores? Quanto ao feitor, eu tinha menos respeito pelo homem do que teria por um cão de caça.

O jovem Sr. Flint não voltou com uma impressão favorável sobre a Louisiana, então nunca mais ouvi falar sobre o plano. Logo depois, meu amado me encontrou na esquina e eu parei para conversarmos. Quando olhei para cima, vi meu senhor nos observando da janela. Corri para casa, tremendo de medo. Fui chamada imediatamente para o seu quarto. Ele me recebeu com um tapa.

— Para quando está marcado o casamento? — ele escarneceu, seguido de uma enxurrada de xingamentos e impropérios.

Como ficava grata por meu amado ser um homem livre! Que bom que meu tirano não podia açoitá-lo por conversar comigo na rua!

Eu não parava de remoer como tudo aquilo iria terminar. Não havia esperança de que o doutor consentisse em me vender sob condição alguma. Ele tinha uma vontade de ferro e estava determinado a me manter e me conquistar. Meu amado era um homem inteligente e religioso. Mesmo que pudesse obter permissão para me casar enquanto era escrava, o casamento não lhe daria nenhum poder para me proteger do meu senhor. Ele ficaria profundamente infeliz se testemunhasse todos os insultos aos quais estaria sujeita. E se tivéssemos filhos, eu sabia que eles precisariam "seguir a condição da mãe". Que mancha terrível no coração de um pai livre e inteligente! Pelo bem *dele*, decidi que não poderia ligar seu destino à minha própria sina infeliz. Ele iria fazer uma viagem a Savannah, para resolver a questão de uma pequena propriedade deixada por um tio; fiz um esforço enorme para conter meus sentimentos e implorei que ele não voltasse. Aconselhei-o a se mudar para um dos Estados Livres, onde sua língua não seria prisioneira de ninguém e onde sua inteligência seria valorizada. Quando partiu, ele ainda esperava que um dia seria possível me comprar. Comigo, o lampião da esperança se apagou. O sonho da minha mocidade acabou. Eu estava sozinha e desconsolada.

Nem tudo estava perdido. Eu ainda tinha minha avó e meu irmão carinhoso. Quando ele colocava os braços sobre meus ombros e olhava nos meus olhos, como que para enxergar ali as aflições que eu não ousava contar, eu sentia que ainda tinha um amor no mundo. Mas mesmo essa emoção agradável sofria quando eu lembrava que ele poderia ser arrancado de mim a qualquer momento por um capricho do meu senhor. Se ele soubesse o quanto nos amávamos, creio que teria adorado nos separar. Nós dois costumávamos planejar juntos como iríamos para o norte. Mas, como William disse, essas coisas são mais fáceis de dizer do que de fazer. Meus movimentos estavam sob vigília constante e não tínhamos como obter dinheiro para custear nossas despesas. Quanto à nossa avó, ela era absolutamente contrária à ideia de qualquer um dos filhos adotar esse projeto. Ela não esquecera de tudo o que o pobre Benjamin sofrera e temia que se outro filho tentasse fugir, o destino seria o mesmo, ou ainda pior. Para mim, nada parecia mais terrível do que minha vida atual.

— William *precisa* ser livre — eu dizia para mim mesma.
— Ele vai ir para o norte, e eu vou atrás.

Muitas irmãs escravas fizeram os mesmos planos que eu.

O que ensinam os escravos sobre o norte

Os escravistas se orgulham de ser homens honrados, mas quem escuta as mentiras absurdas que contam para os seus escravos perderia qualquer respeito pela sua veracidade. Estou sendo muito direta. Perdão. Não tenho como usar um termo mais ameno. Quando eles visitam o norte e voltam para casa, eles contam aos seus escravos sobre os fugitivos que encontraram e dizem que estão em condições absolutamente deploráveis. Uma vez, um senhor de escravos me disse que vira uma fugitiva amiga minha em Nova York e que ela implorara a ele que a levasse de volta para o seu senhor, pois estava literalmente morrendo de fome, que muitas vezes só conseguia comer uma batata fria por dia, e que em outras não arranjava nada. Ele disse que a recusara, pois sabia que seu senhor não ficaria grato se ele trouxesse uma miserável naquele estado para dentro da sua casa.

— Esse é o castigo que ela arranjou para si mesma, fugindo de um senhor tão bondoso — ele completou.

A história era completamente falsa. Mais tarde, fiquei com essa amiga em Nova York e suas circunstâncias eram confortáveis. Ela jamais pensara em nada parecido com a ideia de querer voltar à escravidão. Muitos escravos acreditam nessas histórias e acham que não vale a pena trocar a escravidão por uma espécie tão penosa de liberdade. É difícil convencê-los de que a liberdade lhes daria alguma utilidade e permitiria que protegessem suas esposas e seus filhos. Se os pagãos dessa nossa terra cristã recebessem as mesmas lições que alguns hindus, eles não pensariam o mesmo. Eles saberiam que a liberdade vale mais do que a vida, eles começariam a entender suas próprias capacidades e se esforçariam para se tornar homens e mulheres.

Mas enquanto os Estados Livres mantêm uma lei que lança os fugitivos de volta à escravidão, como é que os escravos vão poder tomar essa decisão? Alguns tentam proteger as mulheres e as filhas dos insultos dos senhores, mas aqueles que possuem tais sentimentos estão em vantagem sobre a massa geral dos escravos. Eles foram parcialmente civilizados e cristianizados por circunstâncias favoráveis. Alguns ousam até *expressar* esses sentimentos para os seus senhores. Ah, se houvesse mais deles!

Algumas pobres criaturas são tão brutalizadas pela chibata que se afastam discretamente para dar aos seus senhores livre acesso às suas esposas e filhas. Você acha que isso é prova que o homem negro pertence a uma ordem inferior de criaturas? O que seria de *você*, se tivesse nascido e sido criado escravo, com gerações de escravos nos seus antepassados? Eu admito que o homem negro *é* inferior. Mas o que o deixa assim? É a ignorância na qual os homens brancos o forçam a viver; é a tortura do açoite que arranca sua hombridade; são os cães ferozes do sul, e os cães humanos igualmente cruéis do norte, que cumprem a Lei do Escravo Fugitivo. São *eles* que fazem o trabalho.

Os cavalheiros sulistas se deleitam em expressar o mais absoluto desprezo pelos Yankees, enquanto estes consentem em fazer as piores vilezas por eles, aquilo que os cães de caça ferozes e os desprezados caçadores de negros são empregados para fazerem no sul. Quando os sulistas visitam o norte, eles são recebidos com orgulho e honrarias; mas o nortista não é bem-vindo ao sul da linha Mason-Dixon a menos que suprima todas suas ideias e sentimentos que vão de encontro à "instituição peculiar". Não basta ficar em silêncio. Os escravistas não se contentam a menos que obtenham um grau ainda maior de subserviência, no que geralmente são atendidos. Eles respeitam o nortista por isso? Não creio. Até os escravos desprezam "os nortistas com princípios sulistas", e essa é a classe que eles mais encontram. Quando se mudam para o sul, os nortistas demonstram ser excelentes pupilos. Eles logo absorvem os sentimentos e as disposições dos vizinhos e quase sempre superam seus mestres. Dos dois, eles são famosamente os senhores mais rigorosos.

Eles parecem satisfazer suas consciências com a doutrina de que Deus criou os africanos para serem escravos. Que calúnia contra o nosso Pai, que "de um só sangue fez toda a geração dos homens"! E além do mais, *quem* são os africanos? Quem seria capaz de medir a quantidade de sangue anglo-saxão que corre pelas veias dos escravos americanos?

Antes falei sobre o esforço que os escravistas fazem para dar aos seus escravos uma opinião negativa sobre o norte; apesar disso, os escravos inteligentes sabem que têm muitos amigos nos Estados Livres. Até os mais ignorantes têm algumas ideias confusas sobre isso. Eles sabiam que eu sabia ler, então muitos me perguntavam se vira nos jornais alguma coisa sobre os brancos lá no norte que estavam tentando arranjar a liberdade para eles. Alguns acreditavam que os abolicionistas já haviam conquistado a sua liberdade e que ela estava estabelecida por lei, mas que seus senhores impediam a lei de ser aplicada. Uma mulher me implorou para arranjar um jornal e ler para ela. Segundo ela, seu marido havia dito que o povo negro havia mandado uma mensagem para a rainha da 'Mérica que eles eram todos escravos e que ela não acreditou, mas foi a Washington falar com o presidente. Os dois brigaram, então ela desembainhou sua espada e jurou que ele a ajudaria a libertar os escravos.

Aquela pobre ignorante achava que a América era governada por uma Rainha, a quem o Presidente estava subordinada. Eu queria que o Presidente se subordinasse à Rainha Justiça.

Retratos de escravistas da vizinhança

Na nossa região morava um fazendeiro que chamarei de Sr. Litch. Ele era um homem grosseiro e sem educação, mas muito rico. Ele tinha seiscentos escravos, muitos dos quais não conhecia de vista. Sua fazenda gigante era administrada por feitores muito bem-pagos. Ela continha uma cadeia e um pelourinho e todas as crueldades perpetradas naquele lugar ocorriam sem que ninguém as comentasse. Ele era tão bem protegido pelas suas enormes riquezas que jamais precisava responder pelos seus crimes, nem mesmo por assassinato.

O Sr. Litch aplicava uma ampla variedade de castigos. Um dos favoritos era amarrar uma corda ao redor do corpo do escravo e suspendê-lo do chão, então acender uma fogueira acima dele e suspender um pedaço de carne de porco bem gorda. Enquanto ela cozinhava, a gordura escaldante corria sobre a carne nua. Na sua própria fazenda, ele exigia a mais absoluta obediência ao oitavo mandamento, mas depredar os vizinhos seria permitido, desde que o culpado conseguisse não ser detectado e não levantasse suspeitos. Se um vizinho acusava qualquer um dos seus escravos de roubo, ele era rechaçado e repreendido pelo fazendeiro, que lhe garantia que seus escravos tinham o suficiente de tudo o que queriam em casa e não tinham motivo nenhum para roubar. Assim que o vizinho virava as costas, o acusado era açoitado pela sua falta de discrição. Se um escravo roubava meio quilo de carne ou um celamim de milho que fosse e era descoberto, este era acorrentado e feito prisioneiro até seu corpo definhar sob o efeito da fome e do sofrimento.

Uma vez, uma inundação arrastou a adega e o defumadouro da fazenda por vários quilômetros. Alguns escravos foram atrás e guardaram para si pedaços de carne e garrafas de vinho. Dois foram descobertos com um presunto e um pouco de bebida nas suas cabanas. Os dois foram chamados pelo seu senhor. Sem uma só palavra, ambos foram derrubados a porretadas. Uma caixa grosseira serviu de caixão, um buraco no chão serviu para o funeral que se dá a um cão. Nada mais foi dito.

O assassinato era uma ocorrência tão comum na sua fazenda que ele tinha medo de ficar sozinho à noite. Talvez tivesse medo de fantasmas.

Seu irmão não era igualmente rico, mas pelo menos era igualmente cruel. Seus cães de caça eram muito bem treinados. O canil era o terror dos escravos. Eles eram soltos em um carreiro e, se o alcançavam, literalmente arrancavam a carne dos seus ossos. Quando esse escravista morreu, seus gritos e gemidos foram tão terríveis que até seus amigos ficaram apavorados. Suas últimas palavras foram: "Estou indo para o inferno, me enterre com o meu dinheiro".

RETRATOS DE ESCRAVISTAS DA VIZINHANÇA

Depois de morto, seus olhos permaneceram abertos. Para pressionar as pálpebras, foram colocados dois dólares de prata sobre elas, e as duas moedas foram enterradas com ele. Por causa disso, começou a correr um boato de que o seu caixão estava cheio de dinheiro. Três vezes a cova foi aberta e o caixão arrastado para fora. Na última vez, o corpo foi encontrado no chão, sendo picado por um bando de abutres. Ele foi reenterrado e uma vigia organizada em torno do túmulo. Os culpados nunca foram descobertos.

A crueldade é contagiosa nas comunidades pouco civilizadas. Uma noite, o Sr. Conant, vizinho do Sr. Litch, voltou da cidade parcialmente inebriado. Seu criado pessoal o ofendeu de alguma forma. Ele foi despido de todas as roupas, exceto a camisa, açoitado e amarrado a uma árvore enorme que ficava em frente à casa. Era uma noite chuvosa de inverno e soprava um vento terrível. Os galhos da árvore tremiam sob a saraiva. Um membro da família, temendo que o criado morreria de frio, implorou que ele fosse retirado, mas o senhor não cedeu. O criado permaneceu ali por três horas e, quando foi solto, estava mais morto do que vivo. Outro escravo, que havia roubado um porco do seu senhor para saciar sua fome, recebeu castigos medonhos. Desesperado, ele tentou fugir. Ao fim de três quilômetros, no entanto, ele estava tão tonto com a perda de sangue que achou que estava morrendo. Ele era casado e quis ver a esposa uma última vez. Ele estava mal demais para caminhar, então voltou toda aquela distância de quatro. Quando chegou à casa do senhor, era noite, e ele não tinha forças para se erguer e abrir o portão. Ele gemeu e tentou pedir ajuda. Eu tinha uma amiga que morava com a família. Finalmente, ela escutou o chamado, então saiu e encontrou o homem prostrado junto ao portão. Ela correu de volta para pedir ajuda e dois homens retornaram com ela. Os dois o carregaram para dentro e o deitaram no chão. As costas da camisa eram uma gigantesca mancha de sangue coagulado. Minha amiga precisou usar banha para soltá-la da pele em carne viva. Ela fez um curativo, deu uma bebida gelada e deixou-o descansando. O senhor disse que ele merecia mais cem chicotadas. Quando seu trabalho foi roubado dele, o homem roubara comida para saciar sua fome. Esse foi o seu crime.

Outra vizinha era a Sra. Wade. Nas suas terras, não havia hora do dia em que a chibata descansasse. Seu trabalho começava com o nascer do sol e não terminava até muito depois do cair da noite. O celeiro era sua câmara de tortura favorito. Lá, ela açoitava os escravos com a força de um homem.

— A casa da sinhá é um inferno — uma velha escrava dela me disse uma vez. — Acho que nunca vou sair. Eu rezo noite e dia pra morrê.

A senhora morreu antes da velha e, moribunda, implorou ao marido que não deixasse nenhum dos escravos olhar para ela depois que morresse. Uma escrava que amamentara os seus filhos, e que ainda tinha uma criança em seus cuidados, aguardou sua oportunidade e entrou com ela às escondidas no quarto onde estava a senhora morta. A escrava olhou para o corpo por algum tempo e então deu dois tapas no rosto.

— *Agora* o diabo te pegou! — ela exclamou enquanto desferia os golpes.

Mas ela esquecera que a criança estava assistindo tudo. A menina estava aprendendo a falar.

— Eu vi a mamãe, e a babá bateu nela assim, ó — a criança disse para o pai, dando um tapinha no próprio rosto.

O senhor ficou espantado. Ele não conseguia imaginar como a criada conseguira ter acesso ao quarto onde estava o corpo, pois a porta ficava trancada. Ele questionou a escrava, que confessou que a menina falara a verdade e contou como obtivera a chave. Essa escrava foi vendida para o estado da Geórgia.

Na infância, eu conheci uma escrava muito valiosa chamada Charity. Eu a adorava, assim como todas as crianças. Sua jovem senhora se casou e levou-a para a Louisiana. Ela tinha um menino chamado James que foi vendido para um senhor bondoso, mas este contraiu dívidas e James foi vendido para um senhor muito rico, mas famoso pela sua crueldade. Sob este homem, ele se criou recebendo o tratamento que se dá a um cão. Após um castigo particularmente grave, para se salvar das novas chicotadas com as quais era ameaçado, James fugiu para a floresta. Ele estava em um estado terrível, retalhado pelo açoite, seminu, faminto, sem ter como arranjar um naco de pão sequer.

Algumas semanas após a fuga, ele foi capturado, amarrado e levado de volta para a fazenda do senhor. Esse homem considerava que o castigo na sua cadeia, a pão e água, após centenas de chicotadas, era leve demais para o delito do pobre escravo. Assim, depois que o feitor o açoitou até se dar por satisfeito, ele decidiu colocá-lo entre os rolos do descaroçador de algodão, para que ficasse ali o mesmo tempo que ficara na floresta. A criatura miserável foi arrebentada da cabeça aos pés com o chicote, depois lavada com salmoura para que a carne não gangrenasse e se recuperasse mais cedo do que o normal. Depois ele foi colocado dentro do descaroçador, que foi fechado e trancado. Ele tinha espaço apenas para virar de lado quando não conseguia se deitar de costas. Toda manhã, um escravo era mandado até a máquina com um pedaço de pão e uma tigela de água, colocados ao alcance do pobre rapaz. O escravo tinha ordens, sob o risco de castigos terríveis, de não falar com ele.

Quatro dias se passaram e o escravo continuou a levar o pão e a água. Na segunda manhã, o pão havia desaparecido, mas a água não fora tocada. Depois de quatro dias e cinco noites no descaroçador, o escravo informou seu senhor que a água não fora usada por quatro manhãs e que um fedor horrível emanava do lugar. O feitor foi mandado para examinar a situação. Quando a máquina foi aberta, o cadáver ali dentro estava parcialmente devorado por ratos e insetos. Talvez os ratos que comeram o pão tenham mordiscado o corpo antes da vida se esvair. Pobre Charity! Minha avó e eu muito nos perguntamos como seu coração carinhoso receberia a notícia, ou mesmo se ela sequer ouviria sobre o assassinato do filho. Nós conhecíamos seu marido e sabíamos que James era seu par em termos de inteligência e hombridade. Eram qualidades que tornavam tão difícil para ele ser escravo em uma fazenda. O corpo foi atirado em uma caixa grosseira e enterrado com menos emoção do que costuma ser expressada por um cachorro velho. Ninguém fez perguntas. Ele era um escravo, o sentimento geral era que o senhor tinha o direito de fazer o que bem entendia com a sua propriedade. E *ele* lá se importava com o valor de um escravo? Ele tinha centenas. Quando terminavam o trabalho diário, eles precisavam correr para comer seus bocadinhos e apagar seus nós de pinho antes das nove horas, quando o feitor fazia sua patrulha. Ele entrava em todas as cabanas para garantir que os homens e suas mulheres haviam se deitado juntos, para que os homens fatigados não pegassem no sono junto à chaminé e ficassem ali até o berrante chamá-los para o trabalho de manhã. As mulheres eram consideradas inúteis, a menos que aumentassem continuamente o rebanho de seus donos. Elas eram colocadas no mesmo nível que animais. Esse mesmo senhor de escravos deu um tiro na cabeça de uma mulher que havia fugido e sido levada de volta. Ninguém o responsabilizou pelo fato. Se um escravo resistia ao açoite, os cães de caça eram soltos sobre ele, para arrancar a carne dos seus ossos. O escravista que fazia essas coisas era um homem altamente educado e considerado por todos um perfeito cavalheiro. Ele também gozava do título e prestígio de cristão, ainda que Satã nunca tenha tido um seguidor mais fiel.

Eu poderia contar sobre senhores de escravos mais cruéis do que esses. Eles não são exceções à regra geral. Não digo que não existem senhores de escravos benevolentes. Essas personalidades existem, apesar das influências degenerativas ao seu redor. Mas eles são "raros como as visitações dos anjos".

Conheci uma jovem senhora que era um desses espécimes raros. Ela era órfã e herdara como escravos uma mulher e seus seis filhos. O pai destes era um homem livre. A família tinha uma casa própria confortável onde pais e filhos moravam juntos. A mãe e a filha mais velha atendiam a senhora durante o dia e voltavam para sua casa, que ficava dentro da propriedade, com o cair da noite. A senhora era muito devota e havia alguma realidade na sua religião. Ela ensinou os escravos a levar vidas puras e queria que gozassem dos frutos do próprio esforço. A religião *dela* não era um traje que se coloca no domingo, para ser guardado até o próximo domingo. A filha mais velha da mãe escrava foi prometida em casamento a um liberto; um dia antes do casamento, a boa senhora a alforriou para que o casamento pudesse receber a sanção da *lei*.

Supostamente, essa jovem possuía um afeto não correspondido por um homem que havia decidido se casar por dinheiro. Após algum tempo, um tio rico dela veio a falecer, deixando seis mil dólares para seus dois filhos com uma mulher de cor e o restante da propriedade para a sobrinha órfã. O metal logo atraiu o ímã. A senhora e sua bolsa pesada passaram às suas mãos. Ela se ofereceu para alforriar os escravos, dizendo que o casamento poderia levar a mudanças inesperadas no destino deles e que ela queria garantir a sua felicidade. Os escravos recusaram sua liberdade, dizendo que ela sempre fora sua melhor amiga e que não ficariam felizes se não pudessem acompanhá-la aonde fosse. Não fiquei surpresa. Eu os via bastante na sua casinha confortável e sabia que não havia uma família mais feliz em toda a cidade. Eles nunca haviam sentido a escravidão e só se convenceram da sua realidade quando foi tarde demais.

Quando o novo senhor reivindicou essa família como sua propriedade, o pai ficou furioso e foi procurar a senhora em busca de proteção.

— Não tem nada que eu possa fazer por vocês agora, Harry — ela respondeu. — Eu não tenho mais o poder que tinha uma semana atrás. Consegui obter a liberdade da sua esposa, mas não a dos seus filhos.

O pai infeliz jurou que ninguém tiraria seus filhos. Ele os escondeu na floresta por alguns dias, mas eles foram descobertos e capturados. O pai foi colocado na cadeia, os dois meninos mais velhos foram vendidos para a Geórgia. Uma menininha, pequena demais para ter alguma serventia para o senhor foi deixada com a mãe infeliz. As outras três foram levadas para a fazenda do senhor e a mais velha logo se tornou mãe. Quando olhou para a criança, a mulher do escravista derramou lágrimas de amargura. Ela sabia que o próprio marido violara a pureza que ela tomara tanto cuidado para inculcar. A escrava teve um segundo filho do senhor, que então a vendeu, junto com os filhos, para o irmão. Ela teve mais dois filhos com o irmão e então foi vendida de novo. A segunda irmã enlouqueceu. A vida que era forçada a levar a destruiu. A terceira foi mãe de cinco filhos. Antes do nascimento do quarto, a senhora devota morreu. Até o último instante, ela fez pelos escravos todas as gentilezas que suas circunstâncias infelizes permitiam. Ela faleceu em paz, feliz de poder fechar os olhos para uma vida que fora desgraçada pelo homem que amava.

Esse homem desperdiçou a fortuna que recebera e tentou restabelecer suas finanças com um segundo casamento. Contudo, tendo se recolhido após uma noite de bebedeira e devassidão, ele foi encontrado morto na manhã seguinte. Ele era chamado de um bom senhor de escravos, pois alimentava e vestia seus escravos melhor do que os outros e a chibata estalava menos na sua fazenda do que nas de muitos outros. Se não fosse pela escravidão, ele teria sido um homem melhor e sua esposa, uma mulher mais feliz.

Não há caneta que consiga oferecer uma descrição adequada da corrupção disseminada pela escravidão. A moça escrava é criada em uma atmosfera de medo e libidinosidade, tendo como professores o chicote e os palavrões do senhor e de seus filhos. Quando tem quatorze ou quinze anos, seu dono, ou os filhos dele, ou feitor, ou talvez todos, começam a suborná-la com presentes. Se estes não cumprem seu objetivo, a comida lhe é negada ou então ela é açoitada até se submeter à vontade deles. Uma mãe ou avó devota ou uma senhora bondosa pode ter lhe inculcado princípios religiosos; ela pode ter um namorado cujo respeito e a paz de espírito ela tem em alta estima; ou os velhacos que têm poder sobre ela podem ser particularmente repugnantes. Mas a resistência é inútil.

[...] The poor worm
Shall prove her contest vain. Life's little day
Shall pass, and she is gone![1]

Os filhos do senhor de escravos são, obviamente, contaminados desde pequenos pelas influências iníquas ao seu redor. As filhas do senhor nem sempre escapam. Retribuições severas caem sobre ele pelos males que faz às filhas dos escravos. As filhas brancas desde cedo escutam seus pais brigando por causa de uma escrava ou de outra. Sua curiosidade é despertada e ela logo descobre a causa. Elas são servidas pelas jovens escravas que seu pai corrompeu e escutam conversas que nunca deveriam alcançar seus ouvidos de menina, ou os de qualquer um.

---

1. Tradução: "A pobre minhoca/ Provará que sua disputa é em vão. O breve dia da vida/ Passará, e ela consigo!" De *Elfrida*, do poeta inglês William Mason.

Elas sabem apenas que as escravas mulheres estão sujeitas à autoridade do seu pai em todas as coisas e, em alguns casos, exercem a mesma autoridade sobre os escravos homens. Eu própria vi o senhor de uma dessas famílias esconder o rosto de vergonha, pois toda a vizinhança sabia que sua filha havia selecionado um dos piores escravos da fazenda para ser o pai do seu primeiro neto. Ela não fez suas investidas entre seus pares, ou mesmo entre os criados mais inteligentes do pai. Ela selecionou o mais brutalizado, aquele sobre o qual poderia exercer sua autoridade sem o menor medo de ser descoberta. O pai, alucinado de fúria, buscou extrair sua vingança do negro; mas a filha, prevendo a explosão que estava prestes a ocorrer, lhe dera a alforria e o mandara para fora do estado.

Nesses casos, o bebê é sufocado, ou então mandado para onde jamais será visto por quem conhece a sua história. Mas se ele tem um *pai* branco, não uma mãe, a criança é criada desavergonhadamente para o mercado. Se é uma menina, já indiquei claramente qual será o seu destino inevitável.

Pode acreditar no que estou dizendo, pois escrevo apenas sobre o que conheço pessoalmente. Eu passei vinte e um anos naquela gaiola de aves obscenas. Posso testemunhar, por experiência e observação próprias, que a escravidão é uma maldição para os brancos, não só para os negros. Ela produz pais cruéis e sensuais, cria filhos violentos e libidinosos, contamina as filhas e desespera as esposas. Quanto à raça negra, seria preciso uma pena melhor do que a minha para descrever os extremos do seu sofrimento e as profundezas da sua degradação.

Mas poucos senhores de escravos parecem estar cientes da ruína moral generalizada que esse sistema perverso ocasiona. Eles falam da praga que assola a safra de algodão, não a que destrói as almas dos próprios filhos.

Se quiser se convencer totalmente das abominações da escravidão, vá até uma fazenda sulista e diga que é traficante de negros. Ninguém vai esconder nada, você verá e escutará coisas que vão parecer impossíveis entre seres humanos com almas imortais.

Uma passagem perigosa na vida da jovem escrava

Depois que meu amado se foi, o Dr. Flint tramou um novo plano. Ele parecia acreditar que meu medo da minha senhora era seu grande obstáculo. Em um tom de grande gentileza, ele me informou que iria construir uma casinha para mim, em um lugar isolado, a seis quilômetros da cidade. Fiquei arrepiada, mas fui forçada a seguir escutando enquanto ele falava sobre suas intenções de me dar minha própria casa e me transformar em uma dama. Até então eu havia escapado desse destino terrível porque estava em meio a mais gente. Minha avó já havia trocado farpas com o meu senhor por minha causa. Ela não fizera rodeios para dizer o que pensava do seu caráter e que havia uma fofoca considerável na vizinhança sobre o nosso caso, ao qual o ciúme escancarado da Sra. Flint não deixava de contribuir. Quando meu senhor disse que iria construir uma casa para mim, e que poderia fazê-lo sem muitos gastos ou despesas, minha esperança foi que algo aconteceria para frustrar os seus planos, mas logo ouvi a notícia de que a construção já havia começado. Jurei ao Criador que nunca entraria nela, que preferia trabalhar no campo de sol a sol, que preferia viver e morrer na cadeia do que me arrastar, um dia depois do outro, por aquela morte em vida. Estava decidida que o senhor que eu tanto odiava e desprezava, que havia aniquilado todo o potencial da minha juventude e transformado minha vida em um deserto, não iria derrotar sua vítima após um embate tão prolongado. Eu faria tudo e de tudo para derrotá-lo. Mas o que eu faria? O que *poderia* fazer? Pensei e pensei até ficar desesperada e mergulhar no abismo.

    E agora, leitora, chego a um período infeliz da minha vida, algo que esqueceria se pudesse. A lembrança me enche de tristeza e vergonha. A narrativa se torna difícil, mas prometi falar a verdade, e é o que tentarei fazer honestamente, custe o que custar. Não tentarei me proteger atrás da defesa de que fui forçada por um senhor, pois não foi isso que aconteceu. Também não posso alegar ignorância ou irreflexão. Meu senhor havia passado anos dando o máximo de si para poluir minha mente com imagens perversas e destruir os princípios de pureza inculcados pela minha avó e pela boa senhora da minha infância. As influências da escravidão haviam tido o mesmo efeito em mim que têm nas outras meninas; elas me tornaram uma conhecedora prematura dos males do mundo. Eu sabia o que estava fazendo, e o fiz de forma calculista e deliberada.

    Ah, felizes são vocês, mulheres, cuja pureza foi resguardada desde a infância, que tiveram a liberdade de escolher o alvo das suas afeições, cujos lares são protegidos pela lei! Não julguem a pobre escrava aflita com tanta severidade! Se a escravidão tivesse sido abolida, eu também teria casado com o homem que escolhi, teria meu lar protegido pelas leis e teria sido poupada da tarefa dolorosa de confessar o que estou prestes a contar, mas todas as minhas chances foram destruídas pela escravidão. Eu queria me manter pura e, sob as circunstâncias mais adversas, tentei ao máximo preservar meu autorrespeito. Mas eu me debatia sozinha nas garras do demônio Escravidão, um monstro que se mostrou forte demais para mim. Eu me sentia abandonada por Deus e pelos homens, como se todos os meus esforços estivessem fadados ao fracasso, e fui imprudente no meu desespero.

Eu contei que as perseguições do Dr. Flint e o ciúme da sua esposa haviam dado origem a fofocas na vizinhança. Acontece que um cavalheiro branco e solteiro obteve algum conhecimento sobre as circunstâncias nas quais eu me encontrava. Ele conhecia minha avó e muitas vezes conversava comigo na rua. Ele se interessou por mim e começou a fazer perguntas sobre o meu senhor, que eu respondia em parte. Ele expressou bastante solidariedade, assim como o desejo de me ajudar. Ele buscava continuamente novas oportunidades de me encontrar e me escrevia com muita frequência. Eu era uma pobre moça escrava de apenas quinze anos de idade.

Receber tanta atenção de uma pessoa superior era, obviamente, muito lisonjeiro, pois a natureza humana é igual para todos. Eu também me sentia grata pela sua solidariedade e encorajada pelas palavras bondosas que tinha para me oferecer. Parecia ótimo ter um amigo como ele.

De pouco em pouco, um sentimento de ternura foi crescendo no meu coração. Ele era um cavalheiro educado e eloquente; infelizmente, eloquente até demais para a pobre escravinha que depositava sua confiança nele. É claro que eu percebi aonde tudo isso ia. Eu conhecia o abismo intransponível entre nós, mas ser objeto de interesse para um homem que não é casado e não é seu senhor é motivo de orgulho e emoção para uma escrava, desde que sua situação infeliz a tenha deixado capaz de se orgulhar e se emocionar. Parece menos degradante se entregar do que se submeter à força. Há algo próximo da liberdade em ter um amante que não pode controlá-la, exceto por tudo o que tem a ganhar com carinho e afeto. O senhor pode tratá-la com toda a grosseria que quiser e você não ousa falar; além disso, o mal não parece tão grave quando cometido com um homem solteiro, em comparação com aquele que tem uma mulher que seria ofendida. Pode ser um sofisma, mas a escravidão confunde todos os princípios da moralidade e, mais do que isso, torna sua prática impossível.

Quando descobri que meu senhor começara a construir de verdade a cabana isolada, outros sentimentos se misturaram com as emoções que descrevi. Vingança e interesse frio se somaram à vaidade enaltecida e à gratidão sincera pela sua bondade. Eu sabia que nada deixaria o Dr. Flint mais enfurecido do que saber que gostava de outro e isso seria um triunfo contra o meu tirano, mesmo que pequeno. Achei que ele se vingaria de mim me vendendo e tinha certeza que meu amigo, o Sr. Sands, me compraria. Ele era um homem mais generoso e emotivo do que meu senhor e eu achava que, com ele, minha liberdade não seria difícil de extrair. A crise do meu destino estava tão próxima que fiquei desesperada. Eu tremia de pensar que seria mãe de crianças que seriam propriedade do meu velho tirano. Eu sabia que assim que tivesse um novo capricho, suas vítimas eram vendidas para um comprador distante, especialmente se haviam tido filhos. Eu vira diversas mulheres vendidas ainda com bebês nos braços. Ele nunca permitia que seus filhos com as escravas permanecessem muito tempo à vista da esposa ou de si mesmo. De um homem que não era meu senhor, seria possível pedir que meus filhos recebessem um bom sustento e, nesse caso, tinha certeza que obteria essa benesse. Também tinha certeza de que eles seriam libertados. Remoendo todas essas ideias e sem enxergar outra maneira de escapar da sina que tanto temia, tomei uma medida impulsiva. Apiede-se de mim, ó leitora virtuosa, e me perdoe! Você não sabe o que é ser escrava, totalmente desprotegida pela lei e pelos costumes, reduzida à condição de propriedade pela legislação, totalmente sujeita às vontades de outrem. Você nunca exauriu sua engenhosidade tentando evitar as armadilhas e fugindo das garras de um tirano odiado, nunca tremeu ao som dos seus passos ou o tom da sua voz. Eu sei que estava errada. Ninguém sabe disso melhor do que eu. A memória dolorosa e humilhante me assombrará até o fim da vida. Mas quando relembro os eventos da minha vida calmamente, sinto que a escrava não deveria ser julgada pelos mesmos padrões que os outros.

Os meses foram passando. Tive muitas horas de infelicidade. Em segredo, eu chorava a tristeza que estava causando para a minha vó, que tanto tentara me proteger dos males. Eu sabia que era seu grande conforto na velhice e que era uma fonte de orgulho para ela saber que eu não me degradara, ao contrário da maioria dos escravos. Eu queria confessar a ela que não merecia mais o seu amor, mas não conseguia proferir as palavras terríveis.

Quanto ao Dr. Flint, eu tinha um sentimento de satisfação e triunfo com a ideia de contar para *ele*. De tempos em tempos, ele me contava sobre seus planos e arranjos e eu ficava em silêncio. Finalmente, ele chegou e me disse que a cabana estava completa e me mandou ir até lá. Eu disse que jamais entraria nela.

— Já ouvi o que chega dessa conversa — ele disse. — Você vai, nem que seja a força, e vai ficar lá.

— Não vou ir nunca — respondi. — Daqui a alguns meses eu vou ser mãe.

Ele me olhou pasmado e então deixou a casa sem dizer uma palavra. Achei que ficaria feliz quando triunfasse sobre ele, mas agora que a verdade viera à tona e meus parentes ouviriam a história, eu me senti péssima. Por mais humildes que fossem suas circunstâncias, eles se orgulhavam da minha boa natureza. Como é que eu os olharia nos olhos agora? Meu autorrespeito estava destruído! Eu havia decidido que seria virtuosa, apesar de escrava. Havia dito "Que venha a tempestade! Vou enfrentá-la até morrer". E agora, como estava humilhada!

Fui até minha avó. Meus lábios se moveram para confessar, mas as palavras se prenderam na minha garganta. Sentei-me à sombra de uma árvore junto à sua porta e comecei a costurar. Creio que ela viu que havia algo de estranho comigo. A mãe de escravos é sempre muito vigilante. Ela sabe que não há segurança para os seus filhos. Depois que eles passam dos doze anos, ela passa todos os dias à espera de problemas, o que leva a diversas perguntas. Se a menina tem uma natureza sensível, a timidez impede que ela dê respostas honestas, e essas boas intenções têm a tendência de afastá-la dos conselhos maternais. Foi quando apareceu minha senhora, enlouquecida, e fez acusações sobre o seu marido. Minha avó, que já suspeitava de algo, acreditou no que ela disse.

— Linda! Como é que isso foi acontecer? — ela exclamou. — Eu preferia ver você morta do que como está agora. Que desgraça para a sua falecida mãe.

Ela arrancou dos meus dedos a aliança de casamento da minha mãe e o dedal de prata.

— Fora! — ela continuou. — E nunca mais volte para esta casa.

Suas admoestações foram tão inflamadas que não tive como responder. Minha única resposta foi verter lágrimas, lágrimas amargas como só havia chorado uma vez. Ergui-me da cadeira, mas caí de volta aos soluços. Ela não falou comigo, mas as lágrimas corriam pelo rosto enrugado, e em mim ardiam como fogo. Ela sempre fora tão boa para mim! *Tão* boa! Eu ansiava por me atirar aos seus pés e contar toda a verdade! Mas ela me mandou ir embora e nunca mais voltar. Após alguns minutos, reuni minhas forças e comecei a obedecê-la. A leitora não imagina o que senti ao fechar o portãozinho que eu abria com uma mão tão ansiosa na infância! Ele se fechou atrás de mim com um som que eu jamais escutara antes.

Aonde eu iria? Tinha medo de voltar para o meu senhor. Saí caminhando a esmo, sem me importar para onde ia ou o que seria de mim. Após caminhar seis ou sete quilômetros, a fadiga me forçou a parar. Sentei-me sobre o cepo de uma árvore. As estrelas reluziam entre as copas acima de mim. Como elas riam de mim, com aquela luz calma e brilhante! As horas foram passando e, sentada naquele lugar, senti uma friagem e uma doença mortal me sobrepujando. Deitei no chão, minha mente dominada por ideias horrendas. Eu rezava para morrer, mas a oração não foi atendida. Finalmente, com grande esforço, me ergui e segui caminhando mais um pouco, até a casa de uma mulher que fora amiga da minha mãe. Quando eu contei por que estava ali, ela me ofereceu palavras de conforto, mas eu estava inconsolável. Eu achei que seria possível suportar minha vergonha se ao menos pudesse me reconciliar com a minha avó. Como eu queria abrir meu coração para ela. Eu pensava que se ela conhecesse o estado real da situação e tudo o que eu aguentara nos últimos anos, talvez pudesse me julgar com menos severidade. Minha amiga me aconselhou a mandar chamá-la. Foi o que fiz, mas vários dias passaram antes dela aparecer. Ela teria me abandonado por completo? Não. Ela veio afinal. Eu me ajoelhei aos seus pés e contei tudo o que havia envenenado minha vida até então: há quanto tempo era perseguida, como não via nenhuma escapatória, o desespero que sentira em um momento de aflição. Ela escutou em silêncio. Eu disse que suportaria qualquer coisa, que faria qualquer coisa, se um dia tivesse a esperança de receber o seu perdão. Implorei que ela se apiedasse de mim, pela memória da minha falecida mãe. E ela se apiedou. Ela não disse "eu te perdoo", mas seus olhos se encheram de lágrima e de carinho. Ela descansou sua mão idosa sobre a minha cabeça e murmurou:

— Pobrezinha! Pobrezinha!

O novo laço com a vida

Voltei para a casa da minha avó. Ela teve uma conversa com o Sr. Sands. Quando perguntou por que ele não podia ter deixado em paz sua última cordeirinha, sua menina dos olhos, se não havia tantas outras escravas que não se importavam com o próprio caráter, ele não ofereceu resposta, apenas palavras de simpatia e encorajamento. Ele prometeu cuidar do meu filho e me comprar, fossem quais fossem as condições.

Eu não encontrava o Dr. Flint havia cinco dias. Eu não o via desde que fizera meu juramento. Ele falou da desgraça que havia criado para mim mesma, do pecado que cometera contra o meu senhor e da humilhação que causara para a avó anciã. Ele sugeriu que, se tivesse aceitado suas propostas, ele, enquanto médico, poderia me poupar de ser descoberta. Ele até se dignou a ter pena de mim. Ele não teria como me oferecer uma taça mais amarga do que essa. Ele, cuja perseguição fora a causa do meu pecado!

— Linda, apesar de você sempre ter sido desaforada comigo, gosto de você e vou perdoá-la se obedecer aos meus desejos. Diga se o rapaz com o qual queria casar é o pai do seu filho. Se você me enganar, vai arder no fogo do inferno.

Eu não sentia o mesmo orgulho de antes. Minha arma mais poderosa contra ele não existia mais. Eu me rebaixara aos meus próprios olhos e decidi não suportar esse abuso em silêncio. Mas quando ele falou com tanto desprezo de um homem amado que sempre me tratara de forma honrosa, quando lembrei que se não fosse por *ele* eu seria uma esposa virtuosa, livre e feliz, perdi minha paciência.

— Eu pequei contra Deus e contra mim mesma — respondi. — Mas não contra o senhor.

— Maldita! — ele murmurou com os dentes cerrados e então se aproximou com uma fúria descontrolada. — Menina teimosa! Vou moer seus ossos até virarem farinha! Você está se metendo com algum salafrário sem-vergonha. Sua desmiolada, acredita em qualquer um que não dá a mínima para você. O futuro vai acertar as contas entre nós. Hoje você está cega, mas um dia vai se convencer de que o seu senhor era o seu melhor amigo. Minha leniência com você é prova disso. Eu poderia ter dado mil castigos, poderia tê-la açoitado até morrer. Mas eu queria você viva, queria melhorar a sua situação. Ninguém mais tem como. Você é minha escrava. A sua senhora está enojada com essa conduta e proíbe que volte para casa, então você pode ficar morando aqui por enquanto. Mas eu vou visitar bastante. Amanhã estarei de volta.

Ele chegou com o cenho franzido, indicando um estado mental de insatisfação. Após perguntar sobre a minha saúde, ele quis saber se estava pagando pela estadia e quem me visitava. A seguir, disse que ele havia negligenciado o seu dever e que, por ser médico, deveria ter me explicado certas coisas. O que veio depois foi uma conversa que teria deixado corada a mulher mais desavergonhada. Ele me mandou ficar de pé à sua frente. Obedeci.

— Exijo saber se o pai da criança é branco ou negro.

Eu hesitei.

— Responda neste instante! — ele exclamou.

Respondi. Ele saltou sobre mim como um lobo e agarrou meu braço como se estivesse prestes a quebrá-lo.

— Você o ama? — ele sibilou.

— Fico grata por não desprezá-lo — respondi.

Ele ergueu a mão para me atacar, mas então baixou-a de novo. Não sei o que o levou a se segurar. Ele se sentou e ficou os lábios apertados.

— Eu vim para fazer uma proposta amigável — ele disse afinal. — Mas a sua ingratidão me irrita além da conta. Você rejeita todas as minhas boas intenções. Não sei como é que ainda não a matei.

E então ele se ergueu de novo, como se quisesse me bater.

— Vou perdoar esse agravo e essa insolência com uma condição — ele continuou. — A partir de agora, você não se comunicará de forma alguma com o pai do seu filho. Você não pode pedir nem receber nada dele. Eu vou cuidar de você e da criança. É melhor me prometer isso agora mesmo e não esperar até que ele a abandone. É o último ato de misericórdia que farei por você.

Eu disse algo sobre não querer que meu filho fosse sustentado por um homem que havia o amaldiçoado, e a mim também. Ele respondeu que uma mulher que se rebaixara ao meu nível não podia esperar mais nada. Ele perguntou uma última vez se eu aceitaria sua bondade. Respondi que não.

— Muito bem, então sofra as consequências dos seus desvios. Nunca me peça ajuda. Você é minha escrava e sempre será minha escrava. Nunca vou vendê-la, pode contar com isso.

A esperança morreu no meu coração quando ele fechou a porta. Eu calculara que a fúria o levaria a me vender para um traficante, pois sabia que o pai do meu filho estava preparado para me comprar.

Mais ou menos nessa época, meu tio Phillip deveria voltar de viagem. Um dia antes da sua partida, eu fora madrinha de casamento de um amigo. Meu coração estava aflito, mas meu rosto sorridente ocultava tudo. Apenas um ano havia se passado, mas como foram terríveis as mudanças naquele período! Meu coração se acinzentara de tristeza. As vidas que reluzem sob o sol e as que se deitam em lágrimas recebem sua coloração das circunstâncias. Nenhum de nós sabe o que cada ano trará.

Eu não me alegrei quando recebi a notícia de que meu tia havia chegado. Ele queria me ver, apesar de saber o que acontecera. A princípio, eu o evitei, mas depois consenti que viesse até o meu quarto. Ele me tratou como sempre fizera. Ah, como o meu coração se partiu quando senti suas lágrimas no meu rosto ardente! Relembrei as palavras da minha avó: "Talvez tenha sido bondade poupar sua mãe e pai do tempo ruim que está por vir". Agora meu coração decepcionado podia rezar a Deus que ela estivesse certa. Mas por que, pensei, meus parentes um dia tiveram esperanças para mim? O que poderia me salvar da sina normal das escravas? Muitas outras, mais belas e inteligentes do que eu, haviam sofrido destinos semelhantes, ou até muito piores. Que esperança eles tinham de que eu poderia escapar?

Meu tio passou pouco tempo conosco, o que não me desgostou. Eu estava doente demais, em mente e espírito, para gozar da companhia de amigos como sempre fizera. Passei semanas sem conseguir da cama. Nenhum médico poderia me atender além do meu senhor, a quem eu me recusava a chamar. Finalmente, alarmados com a minha piora, eles o chamaram. Eu estava muito fraca e nervosa e, assim que ele entrou no quarto, comecei a gritar. Eles o informaram que meu estado era crítico. Ele não tinha nenhum desejo de acelerar minha partida para o próximo mundo, então se retirou.

Quando o bebê nasceu, me disseram que era prematuro. Pesava só 1,8 kg, mas Deus deixou que sobrevivesse. Ouvi o doutor dizer que eu não sobreviveria até o nascer do sol. Muito eu orara pela morte, mas agora não queria morrer, a menos que meu filho morresse também. Muitas semanas se passaram antes que eu conseguisse sair da cama. Eu havia me transformado em um farrapo, uma sombra do que fora. Pelo próximo ano, era raro que um dia se passasse sem que eu sentisse febre ou calafrios. Meu bebê também era doente. Seus bracinhos e perninhas doíam o tempo inteiro. O Dr. Flint continuou a visitar e cuidar da minha saúde, sem nunca deixar de me lembrar que meu filho fazia crescer seu rebanho de escravos.

Eu estava fraca demais para brigar com ele e tive que escutar tudo em silêncio. Suas visitas eram menos frequentes, mas seu espírito inquieto não conseguia sossegar. Meu irmão trabalhava no seu consultório e era forçado a me trazer bilhetes e mensagens frequentes. William era um rapaz inteligente, muito útil para o doutor. Ele aprendera a misturar medicamentos, a sangrar e aplicar ventosas. Ele também aprendera sozinho a ler e a escrever. Eu tinha orgulho do meu irmão, e o velho doutor suspeitava disso. Um dia, após várias semanas sem vê-lo, ouvi seus passos se aproximando da porta. Eu temia o encontro, então me escondi. Ele perguntou por mim, obviamente, mas ninguém me achava. Ele voltou para o consultório e despachou William com um bilhete. O rosto do meu irmão corou de raiva quando ele me entregou o papel.

— Você não me odeia, Linda, por trazer essas coisas?

Respondi que não podia culpá-lo, pois era um escravo, forçado a obedecer às vontades do seu senhor. O bilhete me mandava ir até o consultório. Fui. Ele quis saber onde estava quando ele visitou. Respondi que estava em casa. Ele ficou encolerizado e disse que sabia que era mentira minha, então começou a discursar sobre seus assuntos de sempre: meus crimes contra ele, minha ingratidão pela sua paciência. As leis e regras do mundo foram repetidas e eu fui dispensada. Fiquei humilhada em saber que meu irmão estava ao meu lado, tendo que escutar palavras que se dizem apenas a um escravo. Pobrezinho! Ele não podia fazer nada para me defender, mas eu ainda vi as lágrimas que ele tanto se esforçava para segurar. A expressão de sentimentos deixou o doutor irritado. Não havia nada que William fizesse que o agradasse. Uma manhã, ele não chegou ao consultório na hora costumeira, o que deu ao senhor a oportunidade de desopilar. William foi mandado para a cadeia. No dia seguinte, meu irmão mandou um traficante até o doutor, pedindo que fosse vendido. O senhor ficou enfurecido com o que chamou de sua insolência. Ele disse que o havia colocado lá para refletir sobre seu mau comportamento, mas que ele claramente não estava dando nenhum sinal de arrependimento. O doutor passou os dois dias seguintes se incomodando para achar alguém que fizesse os trabalhos necessários no consultório, mas tudo dava errado sem William por perto. Meu irmão foi solto e o doutor mandou que reassumisse seu posto, após muitas ameaças sobre o que aconteceria se não tomasse cuidado com a sua conduta no futuro.

Com o passar dos meses, a saúde do meu filho foi melhorando. Quando tinha um ano, ele era chamado de lindo. Aquela pequena videira estava deitando suas raízes no fundo da minha existência, apesar de seu carinho e seu apego provocarem uma mistura de dor e amor dentro de mim. Quando minha depressão era profunda, eu encontrava conforto nos seus sorrisos. Eu adorava assistir suas sonecas, mas uma nuvem negra sempre pairava sobre o meu prazer. Era impossível esquecer que ele era um escravo. Às vezes, eu queria que ele morresse ainda pequeno. Deus me testou. Meu pequenino adoeceu. Seus olhos reluzentes ficaram nublados, seus pezinhos e mãozinhas ficaram tão gelados que era como se a morte já os tivesse alcançado. Eu rezara pela sua morte, mas nunca tanto quanto agora rezava pela sua vida, e minhas orações foram atendidas. Ah, mas que piada, uma mãe escrava tentando rezar pela vida do filho moribundo! A morte é melhor do que a escravidão. Era triste pensar que eu não tinha um sobrenome para dar ao meu filho. O pai era carinhoso com o bebê e o tratava muito bem sempre que tinha a oportunidade de encontrá-lo. Ele não se opunha à ideia de que o menino tivesse seu nome, mas meu filho não teria o direito de exigi-lo; e se eu desse esse nome, meu senhor consideraria a decisão um novo crime, uma nova insolência, talvez um motivo para se vingar usando o menino. Ah, muitas presas peçonhentas tem a serpente da Escravidão!

O medo de uma insurreição

Não muito tempo depois, estourou a insurreição de Nat Turner,[1] e a notícia causou uma comoção geral na nossa cidade. Que estranho esse pânico quando os escravos eram todos tão "felizes e contentes"! Mas foi o que aconteceu. É costume passar a milícia em revista uma vez ao ano. Nessa ocasião, todos os homens brancos aparecem com seus mosquetes em punho. Os cidadãos e os supostos cavalheiros campestres vestiam uniformes militares. Os brancos pobres assumem seus postos usando as roupas de sempre, alguns sem sapatos, outros sem chapéu. A ocasião célebre já havia passado, então quando os escravos foram informados que as tropas seriam reunidas novamente, o efeito foi surpresa e alegria. Pobres criaturas! Elas achavam que teriam um dia de folga. Fui informada sobre a situação real e repassei o conhecimento para os poucos nos quais confiava. Eu teria me alegrado em proclamá-la

---

1. A Rebelião de Nat Turner, em agosto de 1831, foi uma revolta escrava liderada pelo pregador Nat Turner (1800–1831). Os rebeldes mataram cerca de 60 pessoas antes de a revolta ser derrotada, e as milícias brancas mataram mais de 120 negros livres e cativos em retaliação. Após a rebelião, diversos estados sulistas sancionaram leis restringindo os direitos da população negra, tanto livre quanto escravizada.

para todos os escravos, mas não ousava fazê-lo. Nem todos mereciam confiança, tamanho é o poder do açoite cruciante.

Antes da madrugada terminar, a cidade já estava se enchendo de gente vinda de todo lugar em um raio de 30 quilômetros. Eu sabia que as casas seriam vasculhadas e esperava que o serviço ficaria nas mãos de rufiões e dos brancos pobres. Nada incomoda tanto essa gente quanto ver pessoas de cor levando uma vida de conforto e respeitabilidade, então tomei um cuidado especial para me preparar para eles. Arrumei a casa da minha avó o quanto pude. Coloquei colchas brancas nas camas e decorei alguns dos quartos com flores. Quando tudo estava terminado, sentei junto à janela para assistir a cena. Bem ao longe, eu enxergava um bando de soldados maltrapilhos. Tambores e flautas tocavam uma música marcial. Os homens eram divididos em companhias de dezesseis, cada uma das quais liderada por um capitão. As ordens foram distribuídas e os batedores selvagens saíram correndo para todos os lados, atrás de todo rosto negro que pudessem encontrar.

Era uma excelente oportunidade para os brancos de classe mais baixa, que não tinham seus próprios negros para castigar. Eles se deleitavam com essa chance de exercer sua breve autoridade e demonstrar sua subserviência aos senhores de escravos, sem refletir que o poder que subjugava a gente de cor também os mantinha presos na pobreza, ignorância e degradação moral. Quem jamais testemunhou cenas como essa mal pode acreditar no que sei que sofreram naquela ocasião homens, mulheres e crianças inocentes, contra os quais não havia base para a menor suspeita. As pessoas de cor e escravos que moravam nas partes mais remotas da cidade foram particularmente atingidas. Em alguns casos, os milicianos espalharam pólvora e munição nas suas roupas e então mandaram outros grupos para encontrá-las, criando provas de que suas vítimas estavam planejando uma insurreição. Homens, mulheres e crianças foram açoitados até o sangue empoçar aos seus pés. Alguns receberam quinhentas chibatadas; outros tiveram as mãos e os pés amarrados e foram torturados com batedores de roupa, que deixam bolhas horríveis na pele. As moradias das pessoas de cor, a menos que protegidas por algum branco influente que estivesse por perto, foram roubadas, com os assaltantes levando as roupas e tudo mais que achassem que valia a pena. Essas criaturas insensíveis passaram o dia indo de casa em casa, feito uma tropa de demônios, aterrorizando e atormentando os fracos e indefesos. À noite, eles formavam patrulhas e atacavam qualquer pessoa de cor que escolhessem, dando vazão às suas vontades brutais. Muitas mulheres se esconderam no mato e nos pântanos para não ficarem no seu caminho. Se algum pai ou marido falava sobre esses ultrajes, ele era amarrado ao pelourinho e castigado cruelmente por contar mentiras sobre homens brancos. A consternação era universal. Não havia duas pessoas com uma gota de cor no rosto que ousassem conversar onde alguém os visse.

Eu não tinha nenhum medo concreto quanto à nossa própria residência, pois estávamos em meio a famílias brancas que nos protegeriam. Estávamos prontos para receber os soldados assim que chegassem. Não demorou para ouvirmos os passos pesados e o burburinho das vozes. A porta foi aberta com um empurrão e eles saltaram para dentro como uma matilha de lobos famintos, agarrando tudo o que viam. Todas as caixas, baús, armários e cantos foram sujeitadas a uma inspeção minuciosa. Em uma das gavetas, uma caixa que continha moedinhas de prata foi pilhada imediatamente. Quando apareci para pegá-la de volta, um dos soldados se virou para mim furioso e disse:

— Por quiéqui cê tá nos seguino? Tá achano que os branco tão aqui pra roubá?

— Vocês vieram fazer uma busca — respondi. — Mas agora já olharam essa caixa, então eu vou ficar com ela por favor.

Naquele momento, avistei um cavalheiro branco que simpatizava conosco e chamei o seu nome, pedindo que ele fizesse a gentileza de ficar conosco até a busca ser encerrada. Ele me atendeu prontamente. Sua chegada provocou uma visita do capitão da companhia, cuja função era montar guarda no lado de fora e garantir que nenhum dos moradores saísse. O oficial nessa ocasião era o Sr. Litch, o escravista rico que mencionei na descrição dos fazendeiros vizinhos, infame pela sua crueldade. Ele achava que sujar suas mãos com a busca estava aquém da sua classe, então apenas dava ordens; se algum pedaço de papel escrito era descoberto, seus seguidores ignorantes levavam o material até ele, pois nenhum sabia ler.

Minha avó tinha um baú enorme, cheio de toalhas de mesa e roupas de cama. Quando este foi aberto, ouviram-se vários gritos de surpresa.

— Onde é que esses crioulo duma figa arranjaram essa montanheira di pano e di talha dimesa?

Minha avó, encorajada pela presença do nosso protetor branco, respondeu:

— Podem ter certeza que não foi roubando da casa de *vocês*.

— Ó só, nega véia — anunciou um homem de aparência sombria e maltrapilha. — Cê se acha grandes coisa só pur causa dessa tralha toda, mas os branco é que devia tê tudo isso.

Seu discurso foi interrompido por um griteiro:
— Pegamu eles!
— Pegamu eles!
— Essa marela duma figa tem carta!

Houve um correria até a suposta carta que, após a leitura, se revelou ser alguns versos que uma amiga havia me escrito e dos quais eu me descuidara enquanto guardava tudo. Quando o capitão os informou sobre o conteúdo, os soldados pareceram muito decepcionados. Ele me perguntou quem os escrevera. Respondi que foi uma amiga.

— Você consegue lê-los? — ele perguntou.

Quando respondi que sim, ele soltou um palavrão, esbravejou e rasgou o papel em pedacinhos.

— Traga-me todas as suas cartas! — ele ordenou.

Respondi que não tinha nenhuma.

— Não tenha medo — ele continuou, sugestivo. — Pode trazer todas para mim. Ninguém vai machucá-la.

Vendo que eu não dava sinal de obedecê-lo, seu tom agradável deu lugar a xingamentos e ameaças.

— Quem é que escreve para você? Crioulos meio livres, é?

— Ah, não — respondi. — A maioria das minhas cartas quem manda são brancos. Alguns pedem que eu as queime depois de ler, outras eu destruo sem ler.

Uma exclamação de surpresa de alguns membros da companhia interrompeu nossa conversa, pois haviam acabado de descobrir as colheres de prata que ornamentavam um aparador à moda antiga. Minha avó tinha o costume de produzir compotas de frutas para muitas senhoras da cidade e preparar jantares para festas; por consequência, ela possuía diversas jarras de conserva em casa. O armário que continha esses itens foi invadido a seguir e seu conteúdo saboreado. Um dos soldados, que se refestelava nos potes, deu um tapinha no ombro do colega e disse:

— Óia só! Mas craro que os crioulo querem matá os branco tudo, tão viveno de servas! [querendo dizer "conservas"]

— Vocês não foram mandados aqui atrás de sobremesas — eu disse, estendendo minha mão para pegar o pote de volta.

— E por que nós *fomos* mandados? — o capitão retrucou, encrespando-se para cima de mim, mas eu desconversei.

A busca foi completada e nada foi encontrado dentro de casa que nos condenasse. A seguir, os soldados partiram para o jardim, onde derrubaram todos os arbustos e parreiras, sem mais sucesso. O capitão reuniu seus homens e, após uma breve consulta, deu a ordem de marchar. Enquanto passavam pelo portão, o capitão se virou e lançou uma praga contra a casa. Ele disse que ela deveria ser queimada e que cada um dos moradores deveria receber trinta e nove chibatadas. Tivemos muita sorte nessa ocasião, pois não perdemos nada além de algumas peças de vestuário.

No fim da tarde, a turbulência aumentou. Os soldados, estimulados pela bebida, cometeram crueldades ainda piores. Gritos e berros interrompiam nosso silêncio a todo instante. Eu não ousava ir até a porta, então espiei por baixo da cortina. Pela janela, vi uma multidão arrastando consigo diversas pessoas de cor. Cada um dos homens brancos tinha seu mosquete apontado para alguém, ameaçando-os de morte se não parassem de gritar. Entre os prisioneiros, avistei um velho ministro negro muito respeitado. Os soldados haviam encontrado alguns embrulhos de grão de chumbo na sua casa, que sua esposa costumava usar como medida na balança. Por esse crime, ele seria executado no pátio do tribunal. Que belo espetáculo para um país civilizado! Uma turba de bêbados que se imaginava administradores da justiça!

Os membros mais respeitáveis da comunidade exerceram sua influência para salvar os inocentes que estavam sendo perseguidos e, em diversos casos, foram bem-sucedidos ao trancá-los na cadeia até a comoção se encerrar. Finalmente, os cidadãos brancos descobriram que suas próprias casas não estavam seguras da turba sem lei que haviam convocado para proteger, então reuniram o enxame de bêbados, expulsaram seus membros de volta para o campo e montaram uma guarda ao redor da cidade.

No dia seguinte, foram formadas patrulhas para buscar as pessoas de cor que moravam nos arredores da cidade; ultrajes absolutamente chocantes foram cometidos com a mais perfeita impunidade. Durante a quinzena seguinte, todos os dias, quando olhava pela janela, via um cavaleiro trazendo um negro esbaforido amarrado à sela, forçado pela chibata a acompanhar o cavalo até o pátio da cadeia. Aqueles que haviam sido açoitados tão impiedosamente que não conseguiam caminhar eram lavados com salmoura, atirados em uma carroça e levados à cadeia. Um negro que não tivera coragem de enfrentar o castigo prometeu fornecer informações sobre a conspiração, mas logo se descobriu que ele não sabia de nada. Na verdade, ele sequer conhecia o nome de Nat Turner. Ainda assim, o pobre havia inventado uma história que conseguira apenas ampliar o seu próprio sofrimento e o das outras pessoas de cor.

    As patrulhas diurnas continuaram por algumas semanas, alternando-se com uma guarda noturna. Nada foi provado contra a gente de cor, livre ou cativa. A fúria dos escravistas foi parcialmente aplacada pela captura de Nat Turner. Os prisioneiros foram soltos. Os escravos foram mandados para os seus senhores, os livres receberam permissão para voltar aos seus lares destroçados. As visitas foram estritamente proibidas nas fazendas. Os escravos imploraram pelo privilégio de voltar a se reunir na sua igrejinha na floresta, onde ficava também seu cemitério. A igreja fora construída pelos negros, que não conheciam felicidade maior do que se reunir ali e cantar seus hinos, se derramando em orações espontâneas. O pedido foi negado e a igreja foi demolida. Os escravos receberam a permissão de ir às igrejas dos brancos e uma parcela das galerias foi separada para o seu uso. Lá, após todos os outros receberem a comunhão e a bênção ser pronunciada, o ministro dizia "podem vir, amigos de cor". Obedecendo a convocação, eles compartilhavam do pão e do vinho. Era assim que celebravam o fraco e humilde Jesus, que dissera "Deus é Pai e todos vós sois irmãos".

A igreja e a escravidão

Depois que o pânico causado pela insurreição de Nat Turner se arrefeceu, os escravistas concluíram que seria uma boa ideia dar aos escravos instrução religiosa o suficiente para impedir que assassinassem seus senhores. O clérigo episcopal se ofereceu para realizar uma segunda celebração para o seu benefício aos domingos. Os membros de cor da congregação eram poucos, além de muito respeitáveis, um fato que, suponho, tinha algum peso para ele. A dificuldade estava em escolher um lugar apropriado para eles fazerem suas devoções. A igreja metodista e a batista os aceitavam durante a tarde, mas seus tapetes e almofadas não eram tão ricos quanto os da igreja episcopal. Por fim, decidiu-se que eles se reuniriam na casa de um negro livre que era membro da congregação.

Fui convidada a participar, já que sabia ler. A tarde de domingo terminou e eu, confiando no véu da noite, me arrisquei. Eu raramente saía à luz do dia, pois sempre temia um encontro com o Dr. Flint em cada esquina; ele certamente me mandaria de volta, ou me chamaria para o consultório para perguntar onde arranjara meu touc ado ou alguma outra peça de roupa. Quando o Reverendo Pike chegou, havia cerca de vinte pessoas presentes. O reverendo cavalheiro se ajoelhou para orar, depois se sentou e pediu que todos os presentes que sabiam ler abrissem seus livros enquanto distribuía as passagens que gostaria que repetissem ou respondessem.

O texto que ele escolheu era "Vós, servos, obedecei a vossos senhores segundo a carne, com temor e tremor, na sinceridade de vosso coração, como a Cristo".

O Sr. Pike, tão devoto, escovou seu cabelo até deixá-lo de pé, então começou a discursar em tons altos e solenes:

— Escutai, ó servos! Dai ouvidos às minhas palavras. Vós sois pecadores e rebeldes, vossos corações se enchem de todos os males. É o demônio que vos tenta. Deus está zangado convosco e há de punir-vos se não abandonardes o caminho do mal. Vós que morais na cidade somente obedeceis à palavra dos vossos senhores apenas quando vigiados. Em vez de servir seus senhores fielmente, que é justo e correto aos olhos do vosso Senhor celestial, vós sois preguiçosos e fugis do trabalho. Deus vê. Vós mentis. Deus ouve. Em vez de vos dedicar às devoções, vós vos escondeis para banquetear com as posses do senhor, atirando borras de café com uma vidente maligna ou lendo a sorte nas cartas de uma velha bruxa. Vossos senhores podem não descobrir, mas Deus tudo vê e há de puni-los. Ah, tamanha é a depravação em vossos corações! Quando o trabalho do vosso senhor está pronto e vós por acaso vos reunis em silêncio, pensando sobre a bondade de Deus com criaturas pecadoras como vós? Não, vós vos altercais, e amarrais saquinhos de sementes para enterrar sob a soleira para envenenar uns aos outros. Deus vê. Vós vos escapulis para as tavernas para vender o milho do vosso senhor em troca de rum para beber. Deus vê. Vós vos escondeis nos becos ou entre os arbustos para apostar vossos cobres. Vossos senhores podem não descobrir-vos, mas Deus vê, e há de punir-vos. Abandonai o caminho do pecado e sejais servos fiéis. Obedecei ao velho senhor e ao jovem senhor, obedecei à velha senhora e à jovem senhora. Quando vós desobedeceis a vosso senhor terreno, vós ofendeis vosso Senhor celestial. Vós deveis obedecer aos mandamentos de Deus. Quando sairdes daqui, não pareis nas esquinas para conversar, mas segui diretamente para casa e anunciai-vos para o seu senhor e sua senhora.

A bênção foi pronunciada. Voltamos para casa achando muita graça do evangelho do irmão Pike, decididos a ouvi-lo novamente. Voltei à igreja no domingo seguinte e ouvi praticamente uma reprise do discurso anterior. Ao final da reunião, o Sr. Pike nos informou que era muito inconveniente nos reunir na casa do nosso amigo e que ele ficaria muito feliz em nos encontrar na sua própria cozinha às noites de domingo.

Voltei para casa com o sentimento de que havia escutado o Reverendo Pike pela última vez. Alguns dos membros ainda foram para a sua casa, onde descobriram duas velas de sebo na cozinha; foi a primeira vez, tenho certeza, desde a chegada do atual ocupante, pois os criados nunca tinham nada além de nós de pinho. Demorou tanto para que o reverendo cavalheiro descesse da sua sala confortável que os escravos foram embora para a roda dos metodistas. Eles nunca estão tão felizes como quando gritam e cantam nas reuniões religiosas. Muitos são mais sinceros, e mais próximos das portas do Céu do que santarrões como o Sr. Pike e outros cristãos de cara fechada, que veem samaritanos feridos e passam ao largo.

Em geral, os escravos compõem seus próprios hinos e canções, sem se preocupar em demasia com o compasso. Eles gostam de cantar os seguintes versos:

> Old Satan is one busy ole man;
> He rolls dem blocks all in my way;
> But Jesus is my bosom friend;
> He rolls dem blocks away.

> If I had died when I was young,
> Den how my stam'ring tongue would have
> [sung;
> But I am ole, and now I stand
> A narrow chance for to tread dat heavenly
> [land.[1]

Lembro bem da ocasião em que participei de uma reunião de classe metodista. Fui para a reunião sentindo um fardo na alma e sentei-me ao lado de uma pobre mãe

---

1. Tradução: "O velho Satã é um véio ocupado;/ Ele rola esses bloco na minha frente;/ Mas Jesus é meu amigão;/ Ele rola esses bloco pra longe de mim.// Se eu tivesse morrido jovem,/ Então minha língua presa teria cantado;/ Mas eu sou véio e aqui estou/ Com pouca chance de trilhá o terreno celestial."

infeliz cujo coração sofria mais do que meu. O líder de classe era o oficial de justiça da cidade, um homem que comprava e vendia escravos, que açoitava seus irmãos e irmãs da igreja no pelourinho, dentro e fora da cadeia. Ele se dispunha a realizar esse rito cristão onde quer que fosse pelo preço de cinquenta centavos. Esse irmão de cara branca e coração negro se aproximou de nós e disse para a mulher aflita:

— Irmã, conte-nos como o Senhor mexe com a sua alma. Você ainda o ama como antes?

Ela se pôs de pé e começou a se lamuriar:

— Meu Senhor, meu Deus, me acuda! Meu fardo é mais do que consigo suportar. Deus se escondeu de mim e me deixou na escuridão e na tristeza — ela disse, então bateu no peito e continuou. — Não sei dizer o que ainda está aqui! Levaram todos os meus filhos, todos. Semana passada levaram a última. Só Deus sabe onde venderam ela. Deixaram ela comigo por dezesseis anos e então... Ah! Ah! Orem por ela, irmãos e irmãs! Eu não tenho mais nada pelo que viver. Deus encurte meu tempo na terra!

Ela se sentou com os braços e pernas tremendo. Eu vi o líder de classe e oficial de justiça ruborizar enquanto tentava conter sua risada, erguendo um lenço para o rosto, tentando ocultar sua diversão daqueles que choravam pela calamidade daquela pobre mulher. Depois, assumindo um ar mais grave, ele disse para a mãe aflita:

— Irmã, reze para o Senhor que todas as manifestações da sua vontade divina sejam santificadas para o bem da sua pobre alma necessitada!

A congregação começou a entoar um hino, cantando como se fossem todos livres como os pássaros que gorjeavam à nossa volta:

> Ole Satan thought he had a mighty aim;
> He missed my soul, and caught my sins.
> Cry Amen, cry Amen, cry Amen to God!
>
> He took my sins upon his back;
> Went muttering and grumbling down to hell.
> Cry Amen, cry Amen, cry Amen to God!
>
> Ole Satan's church is here below.
> Up to God's free church I hope to go.
> Cry Amen, cry Amen, cry Amen to God![2]

Esses momentos são preciosos para os pobres escravos. Se os escutassem nessas horas, você poderia imaginar que são felizes. Mas uma hora de gritos e cantoria bastam para sustentá-los durante toda a uma semana de tristeza, uma semana de trabalho sem salário, sob o medo constante da chibata?

---

2. Tradução: "Satã achava que tinha tiro certo;/ Ele errou minha alma, pegou meus pecados./ Diga Amém, diga Amém, diga Amém para Deus!// Ele botou meus pecados nas costas;/ Saiu resmungando e grunhindo até o inferno./ Diga Amém, diga Amém, diga Amém para Deus!// A igreja de Satã é aqui embaixo;/ Lá para a igreja livre de Deus eu quero ir./ Diga Amém, diga Amém, diga Amém para Deus!"

O clérigo episcopal que, desde minhas primeiras lembranças, sempre fora uma espécie de deus entre os senhores de escravos, concluiu que precisaria, por sua família ser tão grande, se mudar para algum lugar onde o dinheiro fosse mais abundante. Seu substituto foi uma espécie muito diferente de clérigo. A mudança foi muito bem recebida entre as pessoas de cor.

— Deus nos mandou um homem bom desta vez — elas diziam.

Elas o adoravam e seus filhos o corriam atrás dele para receber um sorriso ou palavras bondosas. Até mesmo os senhores de escravos sentiram a sua influência. Ele trouxe cinco escravos para a reitoria, que sua esposa ensinou a ler e escrever e a serem úteis para si e para ela. Logo que se acomodou, ele passou a dar atenção aos escravos necessitados ao seu redor, exortando os membros da congregação a cumprir o dever de estabelecer uma reunião expressamente para eles todos os domingos, com um sermão adaptado para a sua compreensão. Após inúmeras discussões e incômodos, finalmente foi concordado que eles poderiam ocupar a galeria da igreja nas noites de domingo. Muitas pessoas de cor, que até então não tinham o costume de ir à igreja, agora iam de bom grado ouvir a pregação do evangelho. Os sermões eram simples e eles entendiam o que era dito. Além disso, pela primeira vez na vida eles estavam sendo tratados como seres humanos. Não demorou para que a parte branca da congregação começasse a ficar insatisfeita. Ele foi acusado de pregar sermões melhores para os negros do que para os brancos. O clérigo confessou honestamente que se esforçava mais nos sermões dos negros do que nos dos brancos, pois os escravos eram criados em tanta ignorância que era difícil se adaptar ao seu nível de compreensão. Começaram a surgir desavenças e dissenso entre a congregação. Alguns queriam que as reuniões dos brancos ocorressem à noite e as dos escravos, à tarde. Em meio a essas disputas, a esposa dele morreu após uma breve doença. Seus escravos se reuniram em torno do seu leito de morte, profundamente entristecidos.

— Tentei ser boa com vocês e promover a sua felicidade — ela disse. — Se fracassei, não foi por falta de interesse no seu bem-estar. Não chorem por mim, mas preparem-se para os deveres à frente. Eu os deixo livres e espero que nos encontremos em um mundo melhor.

Os escravos alforriados foram dispensados, tendo recebido algum dinheiro para que pudessem se estabelecer. A memória daquela mulher verdadeiramente cristã sempre será abençoada pela gente de cor. Logo após sua morte, seu marido pregou seu sermão de despedida. Muitas lágrimas foram derramadas quando ele se foi.

Vários anos depois, ele passou pela nossa cidade e pregou mais uma vez para a sua antiga congregação. No sermão da tarde, ele se dirigiu às pessoas de cor.

— Meus amigos, fico muito feliz em ter a oportunidade de conversar com vocês novamente. Nos últimos dois anos, tenho lutado para fazer algo pelas pessoas de cor da minha própria paróquia, mas ainda não tive sucesso. Sequer preguei um só sermão para eles. Tentem viver de acordo com a palavra de Deus, meus amigos. A sua pele é mais escura do que a minha, mas Deus julga os homens pelos seus corações, não pela cor.

Era uma doutrina estranha para um púlpito sulista e uma grande ofensa para os senhores de escravos. Eles diziam que o clérigo e a esposa haviam feito seus escravos de bobos e que ele pregava feito um bobo para os negros.

Eu conhecia um velho negro cuja devoção e a confiança inocente em Deus eram coisas lindas de se ver. Aos cinquenta e três anos, ele se converteu à igreja batista. Ele tinha um desejo profundo de aprender a ler e achava que saberia melhor como servir a Deus se ao menos conseguisse ler a Bíblia. O homem me procurou e implorou para que eu o ensinasse. Ele não teria como me pagar, pois não tinha dinheiro, mas poderia me trazer algumas boas frutas quando fosse a estação. Perguntei se ele não sabia que isso era contra a lei, que escravos eram presos e açoitados por ensinarem um ao outro a ler. Isso encheu seus olhos de lágrimas.

— Não fique assim, tio Fred — eu disse. — Não estou pensando em me recusar. Só estou falando da lei porque você precisa conhecer o perigo e ficar de olhos abertos.

Ele achava que poderia me visitar três vezes por semana sem levantar suspeitas. Escolhi um cantinho discreto, onde nenhum intruso iria aparecer, e ensinei a ele o alfabeto. Considerando a idade do meu aluno, seu avanço foi incrível. Assim que aprendeu a ler mais de uma sílaba, ele queria tentar as palavras da Bíblia. O sorriso feliz que iluminava seu rosto enchia meu coração de alegria.

— Queridinha, acho que quano eu lê esse livro bom, vô ficá mais pra perto de Deus — ele disse após ler algumas palavras. — Os branco têm tudo que é juízo, eles aprende fácir. Num é fácir prum negro véio que nem eu. Eu só quero lê esse livro aqui pra saber como é o jeito certo de vivê, daí eu num vô mais tê medo de morrê.

Para encorajá-lo, falei um pouco sobre como ele progredira rapidamente.

— Paciência, menina — ele respondeu. — Eu aprendo é meio lento.

Eu não precisava de paciência. A sua gratidão, e a felicidade que criava, eram mais do que o bastante para me recompensar pelo incômodo.

Ao final de seis meses, ele havia lido todo o Novo Testamento e era capaz de encontrar qualquer passagem desejada nele. Um dia, depois que ele recitou particularmente bem, eu perguntei:

— Tio Fred, como é que você aprende a sua lição tão bem?

— Deus te abençoe, menina — ele respondeu. — Cê nunca me ensina uma lição sem que eu reze pra Deus me ajudá a entendê o que é que eu tô escreveno e o que é que eu tô leno. E ele me *ajuda* sim, menina. Deus é grande!

Existem milhares que, assim como o bom tio Fred, estão sedentos pela água da vida, mas a lei os proíbe as igrejas os privam. Eles mandam a Bíblia para os pagãos no estrangeiro e esquecem dos pagãos que estão em casa. Fico feliz em saber que os missionários alcançam as partes mais sombrias da terra, mas peço que não ignorem as partes mais sombrias da própria terra. Conversem com os escravistas americanos como conversam com os selvagens da África. Diga a *eles* que é errado comprar e vender homens. Dia a eles que é pecado vender os próprios filhos e uma atrocidade violar as próprias filhas. Diga a eles que todos os homens são irmãos e que ninguém tem o direito de esconder do irmão a luz do conhecimento. Diga a eles que responderão perante Deus por negar a almas sedentas um gole da Fonte da Vida.

Há homens que ficariam felizes em realizar esse trabalho missionário, mas, ah!, infelizmente, são poucos. Eles são odiados pelo sul e seriam expulsos do seu solo, ou atirados em uma prisão para morrer, como aconteceu com outros antes dele. O campo está pronto para a colheita, aguardando apenas a chegada dos ceifadores. Talvez os bisnetos do tio Fred possam receber livremente as dádivas divinas que ele buscava por meio de subterfúgios, arriscando a prisão e a chibata.

Os teólogos são cegos ou hipócritas? Imagino que alguns estão entre os primeiros, outros entre os segundos; mas creio que se tivessem interesse pelos pobres e os humildes que deveriam ter, não seria tão *fácil* cegá-los. Um clérigo que visita o sul pela primeira vez normalmente tem algum sentimento, por mais vago que seja, que a escravidão é errada. O escravista suspeita disso e faz o jogo que lhe convém. A sua conduta é a mais simpática possível, com conversas sobre teologia e outros temas correlatos. Ele pede que o reverendo cavalheiro dê sua bênção a uma mesa coberta de luxos. Após o jantar, ele caminha pelos arredores, onde encontra lindos bosques e parreiras em flor, assim como as cabanas mais confortáveis dos escravos domésticos. O sulista o convida a conversar com esses escravos. Ele pergunta se eles querem ser livres.

— Ah, não, sinhô — vem a resposta, que basta para satisfazê-lo.

Quando volta para casa, ele publica uma "Visão Sulista sobre a Escravidão" e reclama dos exageros dos abolicionistas. Ele garante aos leitores que esteve no sul e que viu a escravidão com seus próprios olhos; que ela é uma bela "instituição patriarcal"; que os escravos não querem sua liberdade; que têm reuniões de aleluia e outros privilégios religiosos.

O que é que *ele* sabe dos coitados famintos que trabalham de sol a sol nas fazendas? Das mães que gritam pelos filhos, arrancados dos seus braços por traficantes? Das meninas arrastadas para o lodo moral? Das poças de sangue ao redor do pelourinho? Dos cães treinados para abocanhar nacos de carne humana? De homens trancados em descaroçadores de algodão para morrer? O escravista não mostrou nada disso e os escravos não ousariam contar se ele tivesse perguntado.

Há uma diferença enorme entre o cristianismo e a religião do sul. Se um homem se aproxima da mesa de comunhão e doa seu dinheiro ao tesouro da igreja, ele é chamado de religioso, mesmo que o preço seja pago em sangue. Se um pastor tem filhos com uma mulher que não é a sua esposa, a igreja o demite, desde que ela seja branca; mas se for negra, isso não o impede de continuar a ser o bom pastor do seu rebanho.

Quando fui informada que o Dr. Flint se tornara membro da igreja episcopal, fiquei bastante surpresa. Eu imaginava que a religião possuía um efeito purificador na índole dos homens, mas os piores assédios que sofri vieram depois que ele passou a comungar dessa fé. A conversão do doutor, um dia após a celebração, certamente não *me* deu nenhum sinal de que ele "renunciara Satã e todas as suas obras". Quando apareceu com a conversa de sempre, eu o lembrei que ele acabara de se converter.

— Sim, Linda — ele respondeu. — Foi muito correto da minha parte. Estou envelhecendo e a minha posição social exige que eu faça isso. Além do mais, vai dar um fim a essa maldita gritaria. Você também devia ser membro de uma igreja, Linda.

— Ela já tem pecadores o bastante — retruquei. — Se tivesse permissão de viver como cristã, isso me bastaria.

— Você pode fazer o que eu exijo. Se for fiel a mim, será tão virtuosa quanto a minha esposa — ele respondeu.

Respondi que não era isso que a Bíblia dizia.

— Que ousadia, me dar uma lição sobre essa sua Bíblia dos infernos! — ele exclamou, rouco de tanta fúria. — Quem você pensa que é para me dizer o que quer e o que não quer? Você é minha negra, eu sou seu senhor e você vai me obedecer.

Não é à toa que os escravos cantam:

> Ole Satan's church is here below;
> Up to God's free church I hope to go.[3]

---

3. Tradução: "A igreja de Satã é aqui embaixo;/ Lá para a igreja livre de Deus eu quero ir."

Outro laço com a vida

Eu não entrava na casa do meu senhor desde o nascimento do meu filho. O velho ficava colérico por eu não estar ao seu alcance imediato, enquanto sua esposa jurava por tudo o que há de bom no mundo que me mataria caso eu voltasse, e ele não duvidava da sua palavra. Às vezes, ele se mantinha afastado por um tempo, então voltava para renovar o velho discurso esfarrapado sobre a sua paciência e a minha ingratidão. Ele se esforçava, desnecessariamente, aliás, para me convencer que eu havia me rebaixado. O velhaco peçonhento não tinha por que discorrer sobre aquele tema. Eu já me sentia humilhada o bastante. Meu bebê inocente era testemunha constante da minha vergonha. Eu me mantinha em desprezo silencioso enquanto ele falava sobre como eu havia destruído a boa opinião *dele* sobre mim, mas eu vertia lágrimas de amargura ao saber que não era mais digna de ser respeitada pelos bons e pelos puros. Ah! Mas a escravidão ainda me prendia em suas garras venenosas. Eu não tinha nenhuma chance de ser respeitável, nenhuma oportunidade de levar uma vida melhor.

Às vezes, quando meu senhor descobria que eu ainda me recusava a aceitar o que chamava de ofertas generosas, ele ameaçava vender meu filho.

— Quem sabe assim você aprende a ser humilde — ele dizia.

Humilde, *eu*! Eu já não estava no chão? Mas a ameaçava deixava meu coração dilacerado. Eu sabia que a lei dava a ele o poder de cumprir a ameaça, pois os escravistas haviam sido espertos o suficiente para declarar que a "o filho segue a condição da *mãe*", não do *pai*, garantindo que a libertinagem não interferiria com a avareza. Essa reflexão fez com que eu abraçasse meu filhinho com ainda mais força contra o peito. Minha mente se enchia de imagens horríveis quando eu lembrava do risco dele cair nas mãos de um traficante.

— Ah, meu filho! — eu dizia, chorando sobre ele. — Talvez eles o abandonem para morrer em uma cabana gelada e depois o atirem em um buraco, como se fosse um cachorro.

Quando o Dr. Flint descobriu que eu seria mãe mais uma vez, ele se exasperou além da conta. Ele saiu de casa às pressas e voltou com uma tesoura. Eu tinha um cabelo muito bonito e delicado e ele sempre reclamava do meu orgulho por penteá-lo com tanto esmero. Ele cortou meu cabelo rente à cabeça, gritando e esbravejando o tempo todo. Eu retruquei, ele me bateu. Alguns meses antes, ele havia me atirado escada abaixo em um acesso de fúria, causando ferimentos tão graves que passei muitos dias incapaz de me virar na cama.

— Linda, juro por Deus que nunca levantarei minha mão para você novamente — ele dissera então, mas eu sabia que ele esqueceria a promessa.

Após descobrir minha situação, era como se ele fosse um demônio das profundezas, sempre agitado. Ele me visitava todos os dias, me sujeitando a insultos que pena nenhuma poderia descrever. Eu não os repetiria nem se pudesse; eram muito baixos, muito revoltantes. Eu tentei manter minha avó sem saber deles o quanto pude. A vida dela já tinha tristezas o suficiente sem o fardo dos meus próprios problemas. Quando viu o doutor me tratar com violência e escutou ele berrar palavrões que deixariam paralisada a língua de qualquer homem, no entanto, ela não conseguiu mais se conter. Era natural e maternal que ela tentasse me defender, mas isso só piorou a situação.

Quando me disseram que o bebê recém-nascido era uma menina, a dor no meu coração foi maior do que nunca. A escravidão é terrível para os homens, mas é muito mais terrível para as mulheres. Além do ônus comum a todos, *elas* ainda têm agravos e sofrimentos e humilhações especialmente seus.

O Dr. Flint jurou que me faria sofrer até meu último dia por esse novo crime contra *ele*, como o chamava; e enquanto me teve em seu poder, ele cumpriu sua palavra. No quarto dia após o nascimento da minha filha, ele entrou no meu quarto de repente e mandou que eu me levantasse e levasse o bebê até ele. A ama que cuidava de mim saíra do quarto para preparar um prato e eu estava sozinha. Não havia nenhuma alternativa. Eu me ergui, peguei o bebê no colo e atravessei o quarto até onde ele estava.

— Agora fique aí até eu mandar você voltar! — ele ordenou.

Minha filha se parecia muito com o pai e com a falecida Sra. Sands, sua avó. Ele percebeu o fato; enquanto estava parada à sua frente, tremendo de fraqueza, ele despejou sobre mim e sobre a pequenina todos os xingamentos e palavrões nojentos que conseguia imaginar. Nem a avó no túmulo escapou das suas grosserias. Em meio àqueles impropérios, eu desmaiei aos seus pés. Isso fez com que ele recobrasse os sentidos. Ele tirou a criança dos meus braços, colocou-a na cama, jogou água fria no meu rosto, me ergueu e me chacoalhou com toda a força para que eu me recuperasse antes que alguém entrasse no quarto. Foi então que minha avó entrou, o que fez com que ele saísse às pressas da casa. Eu sofri as consequências desse tratamento, mas implorei aos amigos que me deixassem morrer em vez de mandar chamar o doutor. Não havia nada que eu temesse tanto quanto a sua presença. Minha vida foi poupada, o que me deixou contente, pelo bem dos pequeninos. Se não fosse por esses laços com a vida, eu teria acolhido a liberdade da morte, apesar de ter vivido ainda por apenas dezenove anos.

Sempre me agoniou saber que meus filhos não tinham direito legal a um sobrenome. O pai ofereceu o seu, mas, mesmo que tivesse desejado aceitar a oferta, não ousaria fazê-lo enquanto meu senhor vivesse. Além do mais, eu sabia que ele não seria aceito no seu batismo. Pelo menos a um prenome eles tinham direito, então foi decidido que meu menino levaria o nome do nosso querido Benjamin, que agora estava tão longe demais.

Minha avó pertencia à igreja e sempre desejou ardentemente que as crianças fossem batizadas. Eu sabia que o Dr. Flint nos proibiria e sequer arriscava tentá-lo. Mas a sorte me sorriu. Um paciente o chamou para uma consulta fora da cidade e ele foi forçado a se ausentar no domingo.

— Chegou a hora — minha avó anunciou. — Vamos levar as crianças para a igreja e pedir para batizá-las.

Quando entrei na igreja, lembrei-me da minha mãe e meu ânimo se moderou. Ali ela me apresentara para o batismo, sem nenhum motivo para se avergonhar. Ela era casada e tinha os direitos legais que a escravidão permite aos escravos. Os votos eram sagrados para *ela*, pelo menos, e ela nunca os violara. Fiquei contente com a ideia de que ela não estava viva para ver as circunstâncias em que seus netos eram apresentados para o batismo. Por que a minha sina fora tão diferente da minha mãe? O senhor *dela* morrera quando ela era pequena, então ela permaneceu com a senhora até casar. Minha mãe nunca esteve nas mãos de um senhor, o que permitiu que escapasse dos males que recaem sobre quase todos os escravos.

Quando meu bebê estava prestes a ser batizado, a ex-senhora do meu pai se aproximou e sugeriu que a menina recebesse o seu nome. A esse prenome adicionei o sobrenome do meu pai, ao qual ele próprio não tinha nenhum direito legal, pois meu avô paterno fora um cavalheiro branco. Ah, como se emaranha a genealogia da escravidão! Eu amava meu pai, mas era uma humilhação ter que dar o seu nome aos meus filhos.

Quando saí da igreja, a ex-senhora do meu pai me convidou para acompanhá-la até em casa. Lá, ela colocou uma corrente de ouro ao redor do pescocinho da minha filha. Eu agradeci a bondade, mas desgostei do emblema. Eu não queria corrente alguma ao redor da minha filha, mesmo que seus elos fossem de ouro. Como eu rezava para que ela nunca sentisse o peso das correntes da escravidão, cujo ferro se crava na alma!

A perseguição continua

Meus filhos cresceram fortes e sadios. O Dr. Flint gostava de olhar para mim e dizer, com um sorriso de satisfação nos lábios:

— Esses fedelhos ainda vão me render um belo dinheiro um dia desses.

Pensei comigo mesma que se Deus me socorresse, eles nunca cairiam nas suas mãos. Eu preferia vê-los mortos a entregues a ele. O dinheiro para a minha liberdade e a dos meus filhos estava a nosso alcance, mas eu em nada me beneficiava dessas circunstâncias. O Dr. Flint amava o dinheiro, mas amava o poder ainda mais. Após muito conversar, meus amigos decidiram fazer uma nova tentativa. Um senhor de escravos estava prestes a se mudar para o Texas e ele foi contratado para me comprar. A oferta começaria em 900 dólares e poderia subir até 1200. Meu senhor recusou todas.

— Meu caro, ela não me pertence. Ela é propriedade da minha filha e eu não tenho o direito de vendê-lo. Além disso, desconfio que o senhor foi enviado pelo amante dela. Nesse caso, pode informá-lo que para ele, ela não está à venda a qualquer preço, e nem os seus filhos.

O doutor veio me ver no dia seguinte e meu coração disparou quando ele entrou. Nunca na vida eu vira o velho com um andar tão majestático. Ele se sentou e me encarou com um olhar de desprezo fulminante. Meus filhos haviam aprendido a ter medo de ele. A pequenina apertava os olhos e escondia o rosto nos meus ombros sempre que o via; Benny, agora com quase cinco anos, costumava perguntar "Por que o homem mau vem aqui tantas vezes? Ele quer nos machucar?" Eu agarrava meu queridinho nos braços, confiando que ele seria livre antes de ter idade o suficiente para resolver o mistério. Enquanto o doutor me observava naquele silêncio mortal, o menino abandonou seu brinquedo e se aconchegou ao meu lado.

— Foi abandonada, então? — meu torturador falou afinal. — Não mais do que eu esperava. Eu disse anos atrás, não disse, que ele a trataria desse jeito. Então ele cansou de você? Rá-rá-rá-rá! A senhora virtuosa não quer escutar essa história, é? Rá-rá-rá-rá!

Doía ouvi-lo me chamar de dona da virtude, pois eu não tinha mais como oferecer minha resposta original.

— Você está tentando criar uma nova intriga — ele continuou. — Seu novo amante me procurou e se oferecer para comprá-la, mas estou aqui para garantir que ele não vai ter sucesso. Você é minha, vai ser minha pelo resto da vida. Não existe ser humano vivo que vai tirá-la da escravidão. Eu teria tirado, mas você rejeitou a minha oferta.

A PERSEGUIÇÃO CONTINUA

Eu disse que não queria criar nenhuma intriga, que nunca vira o homem que se oferecera para me comprar.

— Você está me mentindo? — ele exclamou, me arrastando da cadeira. — Vai me dizer mesmo que nunca viu aquele homem?

— É o que estou dizendo — respondi.

Ele agarrou meu braço e começou a esbravejar. Ben desatou a chorar e eu mandei que ele fosse até a avó.

— Não se mexa, seu infeliz! — ele gritou.

Meu filho se aproximou de mim e colocou os braços ao meu redor, como se tentasse me proteger. Foi demais para o meu senhor enfurecido. Ele agarrou o menino e atirou-o longe. Eu corri para abraçá-lo, achando que estivesse morto.

— Ainda não! — o doutor exclamou. — Deixe ele aí até acordar.

— Me solta! Me solta! — gritei. — Me solta ou eu vou chamar todo mundo.

Continuei a me debater até escapar, mas ele me pegou de novo. Alguém abriu a porta e ele me soltou. Corri para abraçar meu filho desacordado e, quando me virei, meu torturador havia sumido. Ansiosa, me dobrei sobre o pequenino, que estava pálido e imóvel; quando seus olhos castanhos se abriram afinal, eu não sabia se o que sentia era felicidade ou não. O doutor passou a renovar suas antigas perseguições. Ele aparecia manhã, tarde e noite. Nunca um namorado ciumento vigiou um rival com tanto afinco quanto ele vigiou a mim e ao escravista desconhecido com o qual ele me acusava de criar uma intriga. Quando minha avó estava fora, ele vasculhava todos os quartos atrás do homem.

Em uma de suas visitas, ele esbarrou em uma menina que havia vendido para um traficante alguns dias antes. Segundo o doutor, ele a vendera porque ela se engraçara com o feitor. A menina havia levado uma vida terrível com ele e ficara feliz de ser vendida. Ela não tinha mãe nem parentes nas redondezas, tendo sido arrancada de toda a família anos antes. Alguns amigos haviam dado caução por ela para que o traficante permitisse que ela passasse com eles o tempo que restava entre a venda e o arrebanhamento do restante do seu gado humano. Era um favor concedido muito raramente. Ele pouparia ao traficante o custo de pagar hospedagem e alimentação para a menina na prisão. O montante era pequeno, mas de grande importância para o traficante.

O Dr. Flint sempre odiara encontrar um escravo depois que o vendia. Ele mandou Rose sair de casa, mas como não era mais o seu senhor, ela não deu importância para o que ele dizia. Rose, sempre pisoteada, agora estava por cima. Os olhos cinzentos do doutor arderam de raiva para ela, mas isso era tudo o que ele podia fazer.

— Por que é que essa menina está aqui? — ele exclamou. — Com que direito você deixa ela entrar, sabendo que eu a vendi?

— Esta é casa da minha avó e Rose veio visitá-la — respondi. — Eu não tenho direito de expulsar ninguém que venha aqui com um intenções honestas.

Ele me deu o tapa que teria dado em Rose se ela ainda fosse sua escrava. Minha avó fora atraída pelas vozes elevadas e entrou na sala a tempo de ver o segundo golpe sendo desferido. Ela não era mulher para permitir que uma ofensa dessas fosse cometida na sua própria casa sem receber resposta. O doutor tentou explicar que eu fora insolente. A indignação da minha avó foi fervendo e fervendo até finalmente transbordar em palavras.

— Sai da minha casa! — ela exclamou. — Vá para casa, vá cuidar da sua mulher e dos filhos e você vai ter trabalho que chega sem ter que ficar em cima da minha família.

Ele atirou o nascimento dos meus filhos na sua cara e a acusou de aprovar a vida que eu estava levando. Ela disse que essa vida era forçada pela sua esposa; que não precisava acusá-la, pois ele que era o culpado; que ele havia causado todos aqueles problemas. Ela foi ficando cada vez mais agitada enquanto falava.

— Dr. Flint, o senhor não tem mais tantos anos pela frente, então melhor começar a fazer suas orações. Vai precisar de todas elas, e mais até, para lavar essa sua alma suja.

— Você sabe com quem está falando? — ele exclamou.

— Sim, eu sei muito bem com quem estou falando — ela respondeu.

Ele saiu enfurecido. Olhei para a minha avó. Nossos olhos se encontraram. A expressão de raiva desaparecera, mas ela ainda parecia triste e cansada, cansada demais daquele conflito incessante. Eu me perguntei se aquilo não diminuía o amor que ela tinha por mim. Se sim, ela nunca demonstrou. Minha avó sempre foi bondosa, sempre se solidarizou com todas as minhas dificuldades. Aquele lar humilde teria conhecido paz e contentamento se não fosse pelo demônio Escravidão.

O inverno passou sem ser perturbado pelo doutor. A primavera desabrochou e, quando a Natureza recupera sua beleza, a alma humana também tende a se reanimar. Minhas esperanças deprimidas se reavivaram com as flores. Voltei a sonhar com a liberdade, mais pelo bem dos meus filhos do que do meu próprio. Eu planejava e planejava. Obstáculos se interpunham aos planos. Parecia não haver como superá-los, mas eu continuava a sonhar.

O velho ardiloso voltou, mas eu não estava em casa quando ele apareceu. Uma amiga me convidara para uma festinha e decidi comparecer para agradá-la. Fiquei muito constrangida quando um mensageiro esbaforido apareceu para dizer que o Dr. Flint estava na casa da minha avó e insistia em me ver. Eles não haviam informado onde eu estava, pois ele teria vindo e feito uma cena na casa da minha amiga. Eles haviam me enviado um robe escuro, que vesti para poder correr de volta. Minha velocidade não me salvou; o doutor fora embora, enfurecido. Eu tinha medo do que aconteceria na manhã seguinte, mas não tinha como adiá-la. O dia nasceu quente e límpido. Na primeira hora, o doutor apareceu e perguntou onde eu estava na noite passada. Respondi. Ele não acreditou, então mandou alguém até a casa da minha amiga para determinar a veracidade da resposta. À tarde, ele veio de novo, desta vez para me garantir que estava convencido de que eu falara a verdade. Ele parecia estar de muito bom humor e eu me preparei para as pilhérias que estavam por vir.

— Imagino que você precisa de um pouco de recreação, mas fico surpresa em vê-la entre esses crioulos. Não é lugar para *você*. Por acaso você tem *permissão* para visitar essa gente?

Eu entendi a ofensa dissimulada contra o cavalheiro branco que era meu amigo, mas respondi apenas:

— Fui visitar meus amigos, qualquer companhia que eles escolham vai ser boa o suficiente para mim.

— Ando vendo muito pouco você ultimamente, mas meu interesse continua o mesmo — ele continuou. — Quando disse que não teria mais misericórdia com você, eu me precipitei. Retiro o que disse. Linda, você quer liberdade para si e para os filhos, mas só tem como obtê-la através de mim. Se concordar com o que estou prestes a propor, vocês todos serão livres. Não deve haver mais nenhuma comunicação entre você e o pai deles. Eu vou adquirir uma cabana onde vocês três podem morar juntos. O trabalho vai ser leve, talvez costurar para a minha família. Pense no que estou oferecendo, Linda: lar e liberdade! Vamos esquecer o passado. Se fui ríspido com você, a culpa é da sua obstinação. Você sabe que eu exijo obediência dos meus próprios filhos, e para mim você ainda é praticamente uma criança.

Ele ficou à espera de uma resposta, mas eu permaneci em silêncio.

— Por que não responde? — ele disse. — O que mais está esperando?

— Nada, senhor.

— Então vai aceitar a minha oferta?

— Não, senhor.

A fúria do doutor estava prestes a estourar, mas ele conseguiu se conter.

— Sua resposta foi impensada. Mas preciso informar que minha proposta tem dois lados: se rejeitar o lado claro, será forçada a aceitar o escuro. Se não aceitar minha proposta, você e seus filhos serão mandados para a fazenda do meu filho, onde vão ficar até a sua jovem senhora se casar, e seus filhos terão o mesmo destino dos outros crioulinhos. Vou lhe dar uma semana para pensar.

Ele era esperto, mas eu sabia que não podia confiar nele. Eu disse que estava preparada para dar minha resposta.

— Pois não vou aceitá-la agora — ele respondeu. — Você é impulsiva demais. Lembre-se que você e seus filhos podem ser livres daqui a uma semana se quiser.

Que oportunidade monstruosa para o futuro dos meus filhos! Eu sabia que a oferta do meu senhor era uma arapuca, que se caísse nela seria impossível escapar. Quanto à promessa, eu o conhecia bem demais para achar que se ele me desse uma carta de alforria, o documento teria algum valor legal. A alternativa era inevitável. Decidi ir para a fazenda, mas então pensei em como ficaria totalmente à sua mercê. A ideia era aterroradora. Mesmo que me ajoelhasse aos seus pés e implorasse para ele me poupar, pelo bem dos meus filhos, eu sabia que ele apenas me chutaria para um canto e que a minha fraqueza seria o seu triunfo.

Antes de a semana chegar ao fim, recebi a notícia de que o jovem Sr. Flint estava prestes a se casar com uma senhora da sua própria laia. Não era difícil prever a posição que eu ocuparia nessa residência. Uma vez eu fora enviada à fazenda como forma de punição, mas o medo do filho fez com que o pai me chamasse de volta sem demora. Eu tomei minha decisão: iria vencer meu senhor e salvar meus filhos ou morrer tentando. Não contei meus planos a ninguém, pois sabia que meus amigos tentariam me persuadir do contrário e não queria ferir seus sentimentos ao rejeitar seus conselhos.

No dia decisivo, o doutor apareceu, dizendo que esperava que eu tivesse tomado uma decisão inteligente.

— Estou pronta para ir para a fazenda, senhor — respondi.

— Você já pensou como essa decisão vai ser importante para os seus filhos?

Respondi que sim.

— Muito bem. Vá para a fazenda, maldita seja. Seu menino vai ser colocado para trabalhar e logo vai ser vendido, e sua menina vai ser criada para ser vendida por um bom preço. Vão, vão cada um pelo seu caminho! — ele disse e foi embora, lançando obscenidades que não devem ser repetidas.

Fiquei plantada onde estava até minha avó aparecer.

— Linda, minha filha, o que você disse para ele?

Respondi que estava indo para a fazenda.

— Mas você *precisa* ir? Não dá para fazer alguma coisa?

Respondi que seria inútil tentar, mas ela me implorou para não desistir. Ela disse que iria ao doutor para lembrá-lo de quanto tempo ela servira fielmente à família e como desmamara o próprio bebê para dar o seio à sua esposa. Ela diria que eu estava fora da família havia tanto tempo que ninguém daria pela minha falta, que pagaria pelo meu tempo e que esse dinheiro pagaria por uma mulher com mais força para enfrentar a situação do que eu tinha. Implorei para ela não ir.

— Ele vai *me* escutar, Linda — ela persistiu.

Ela recebeu o tratamento que eu esperava. O doutor ouviu friamente tudo o que ela tinha a dizer, mas negou seu pedido. Ele disse que estava fazendo tudo para o meu próprio bem, que meus sentimentos estavam absolutamente além dos meus direitos e que na fazenda eu receberia o tratamento apropriado para o meu comportamento.

Minha avó ficou abatida com a resposta. Eu tinha esperanças secretas, mas precisava travar minha batalha sozinha. Eu tinha meu orgulho feminino e meu amor materno pelos meus filhos, então decidi que a escuridão daquele momento produziria uma aurora iluminada para os dois. Meu senhor tinha a lei ao seu lado, eu tinha força de vontade. Ambos têm seu poder.

Cenas na fazenda

No começo da manhã seguinte, saí da casa da minha avó levando minha filha pequena. Meu filho estava doente e ficou para trás. Tive muitas ideias tristes enquanto a carroça sacolejava pelo caminho. Até então, eu sempre sofrera sozinha, mas agora minha pequenina seria tratada feito escrava. Quando nos aproximamos da casa grande, lembrei da outra vez em que fora mandada para lá por vingança. Tentei imaginar para qual propósito estava sendo mandada dessa vez, mas não sabia dizer. Decidi obedecer a todas as ordens que recebesse, até onde mandavam meus deveres, mas por dentro estava decidida a encurtar minha estadia o quanto pudesse. O Sr. Flint estava à nossa espera e me mandou acompanhá-lo até o segundo andar para receber minhas ordens do dia. Minha Ellen foi deixada no andar de baixo, na cozinha. Era uma mudança forte para ela, que sempre recebera tanta atenção. Meu jovem senhor disse que ela poderia se entreter no pátio. Foi bondade da parte dele, pois ele desgostava da menina. Minha tarefa seria preparar a casa para a chegada da noiva. Em meio a lençóis, toalhas de mesa, toalhas de banho, cortinas e tapetes, meu cérebro estava sempre tão ocupado com planos, não menos que meus dedos estavam com a agulha. Ao meio-dia, recebi permissão para ver Ellen. Ela havia chorado até dormir.

— Estou com ela aqui, logo vou tirar essas ideias da cidade da cabeça dela — ouvi o jovem Sr. Flint dizer a um vizinho. — Meu pai tem parte da culpa por essa besteira toda. Ele devia ter domado a menina muito tempo atrás.

Essas frases foram ditas para que eu as escutasse, mas teria sido um sinal de maior hombridade se ele tivesse as dito na minha cara. Ele já *havia* dito algumas coisas na minha cara que teriam chocado o vizinho, ou não teriam, se as tivesse escutado, pois a fruta não cai longe do pé.

Decidi não dar nenhum motivo para ele me acusar de ser metida, pelo menos em questão de trabalho. Noite e dia eu trabalhava, com apenas tristeza pela frente. Quando deitava ao lado da minha filha, eu sentia o quão mais fácil seria deixá-la morrer do que ver um senhor castigá-la do jeito como via ele castigar outros pequeninos todos os dias. O espírito das mães era tão oprimido pela chibata que elas apenas assistiam a cena, sem coragem para reclamar. Quanto eu ainda precisaria sofrer até ficar "domada" daquele jeito?

Eu queria parecer o mais contente possível. Às vezes, tinha a oportunidade de mandar um bilhete para casa, o que me trazia recordações que dificultavam por algum tempo a tarefa de permanecer calma e indiferente quanto à minha sina. Apesar dos meus esforços, eu notava que o Sr. Flint me olhava com suspeita. Ellen não aguentou as provações da sua nova vida. Separada de mim e sem ninguém para cuidá-la, ela começou a vagar e em alguns dias chorara até adoecer. Um dia, ela se sentou sob a janela onde eu estava trabalhando, chorando um choro cansado que faz o coração de mãe sangrar. Fui obrigada a me empedernir para suportar a situação. Após algum tempo, o choro parou. Quando olhei, ela não estava mais lá. Como era perto do meio-dia, saí atrás dela. A casa grande tinha uma elevação de pouco mais de meio metro em relação ao solo. Espiei embaixo da casa e vi ela no meio do espaço, dormindo profundamente. Engatinhei até ela e trouxe-a para fora. Segurando a menina nos meus braços, pensei como seria bom se ela jamais acordasse, e cheguei a dizê-lo em voz alta. Tomei um susto quando ouvi alguém responder:

— Está falando comigo?

Olhei para cima e vi o Sr. Flint ao meu lado. Ele não disse mais nada, apenas franziu a testa e foi embora. Naquela noite, ele mandou um biscoito e uma xícara de leite com açúcar para Ellen. A generosidade me surpreendeu. Mais tarde descobri que naquela tarde ele havia matado uma serpente que morava embaixo da casa, e imagino que o incidente provocara aquele momento de bondade inesperada.

Na manhã seguinte, a carroça recebeu um carregamento de telhas de madeira para a cidade. Coloquei Ellen nela e mandei a menina para a avó. O Sr. Flint disse que eu devia ter pedido a sua permissão. Respondi que a menina estava doente e precisava de uma atenção que eu não tinha tempo para dar. Ele deixou passar, pois estava ciente de que eu havia completado um trabalho considerável em muito pouco tempo.

Eu estava na fazenda havia três semanas quando planejei uma visita à minha casa. Precisaria ser à noite, depois que todos estavam dormindo. Eu estava a dez quilômetros da cidade e a estrada era terrível. Eu iria acompanhada de um jovem que eu sabia ter o costume de ir à cidade visitar sua mãe. Uma noite, quando a casa estava em silêncio, nós dois partimos. O medo dava força às nossas pernas e não demoramos para completar a jornada. Cheguei à casa da minha avó. O quarto dela ficava no térreo e, como a noite estava quente, a janela estava aberta. Chamei e ela acordou. Ela me deixou entrar e fechou a janela, temendo que algum transeunte me visse. Uma vela foi acesa e a família inteira se reuniu à minha volta. Alguns sorriam, outros choravam. Fui olhar para os meus filhos e agradeci a Deus pelo seu sono feliz. Minhas lágrimas caíram sobre os dois quando me inclinei sobre eles. Quando tentei ir embora, Benny se mexeu.

— Mamãe está aqui — cochichei, voltando para ele.

Após esfregar os olhos com a sua mãozinha, ele acordou, sentou-se na cama e me olhou com curiosidade. Convencido de que era eu mesma, ele exclamou:

— Mãe! Mãe, cê não morreu, né? Eles não cortaram a tua cabeça lá na fazenda, né?

Meu tempo se esgotou cedo demais e meu guia estava à espera. Deitei Benny de volta na cama e sequei suas lágrimas com a promessa de que voltaria em breve. Voltamos para a fazenda às pressas. No meio do caminho, encontramos uma companhia composta de quatro patrulhas. Por sorte, ouvimos os cascos dos cavalos antes de os avistarmos e tivemos tempo para nos esconder atrás de uma árvore enorme. As patrulhas passaram, gritando e berrando de um modo que indicava uma farra recente. Como ficamos gratos que eles não tinham cães consigo! Apressamos o passo e, quando chegamos na fazenda, escutamos o barulho do moinho de mão. Os escravos estavam moendo seu milho. Conseguimos entrar em casa, ainda seguros, antes do berrante os chamar para o trabalho. Dividi minha comida com meu guia, sabendo que ele perdera a oportunidade de moer seu milho e ainda precisaria trabalhar o dia inteiro no campo.

O Sr. Flint fazia inspeções frequentes da casa para garantir que ninguém estava ocioso. A gestão de todo o trabalho era confiada a mim, pois ele não sabia nada sobre o assunto e em vez de contratar um superintendente, se contentava com o modo como eu organizava tudo. Ele insistira diversas vezes com o pai que seria necessário me levar para a fazenda para assumir o comando dos seus negócios e produzir roupas para os escravos, mas o velho o conhecia bem demais para consentir com essa situação.

Depois que eu estava trabalhando na fazenda havia um mês, a tia-avó do Sr. Flint veio visitá-lo. Essa era a senhora gentil que pagara cinquenta dólares pela minha avó para alforriá-la quando ela foi colocada a leilão. Minha avó adorava essa senhora, a quem todos chamávamos de Dona Fanny. Ela costumava tomar chá conosco. Nessas ocasiões, a mesa era coberta com uma toalha branca de neve, as colheres de prata e xícaras de porcelana eram retiradas do aparador à moda antiga e eram servidos bolinhos ingleses quentinhos, tostas e doces deliciosos. Minha avó possuía duas vacas e a Dona Fanny adorava a nata fresca, que invariavelmente declarava ser a melhor da cidade. As duas velhinhas se adoravam. Elas trabalhavam juntas e conversavam; às vezes, rememorando os tempos de antigamente, seus óculos nublavam com as lágrimas e precisavam ser tirados do rosto. Quando a Dona Fanny se despedia de nós, sua bolsa estava recheada com os melhores bolos da minha avó, e todos sempre pediam que voltasse logo.

Antes, a esposa do Dr. Flint também vinha tomar chá conosco e seus filhos eram mandados para se banquetear com a excelente culinária da "Tia Marthy". Depois que me tornei objeto de ciúmes e repulsa, no entanto, ela ficou braba com a minha avó por abrigar a mim e meus filhos. A Sra. Flint sequer a cumprimentava na rua. Isso feria os sentimentos da minha avó, que não conseguia guardar rancor contra uma mulher que ela aleitara quando bebê. A esposa do doutor teria ficado feliz em impedir nossos encontros com a Dona Fanny se pudesse, mas felizmente a velha senhora não dependia da bondade dos Flints. Ela tinha o suficiente para ser independente, o que é muito mais do que qualquer caridade pode dar, por mais pródiga que seja.

Dona Fanny era uma pessoa muita querida do meu passado e fiquei feliz em encontrá-la na fazenda. O calor do seu coração grande e leal fez a casa parecer mais agradável enquanto ela visitava. Ela ficou uma semana e nós tivemos várias conversas. Ela disse que o objetivo principal da visita era ver como eu estava sendo tratada e se algo podia ser feito por mim. Ela perguntou se poderia me ajudar de alguma maneira. Respondi que achava que não. Ela se condoeu de mim do seu jeito especial, dizendo que queria que eu e toda a família da minha avó estivéssemos descansando nos nossos túmulos, pois só então ela deixaria de se preocupar conosco. Aquela boa alma mal sonhava que eu estava planejando dar essa paz a ela com relação a mim e meus filhos, não com a morte, mas conquistando nossa liberdade.

Várias e várias vezes percorri aqueles vinte quilômetros sombrios até a cidade e de volta, sempre meditando sobre a busca de algum meio de fuga para mim e meus filhos. Meus amigos fizeram todos os esforços que a sua engenhosidade permitiu para tentar efetuar nossa compra, mas seus planos foram infrutíferos. O Dr. Flint era desconfiado e estava decidido a não abrir mão de nós. Eu poderia ter fugido sozinha, mas era mais pelos meus filhos indefesos do que por mim mesma que eu ansiava pela liberdade. Eu teria pago qualquer preço por essa dádiva, mas não ao custo de deixá-los na escravidão. Cada provação que enfrentei, cada sacrifício que fiz por eles, deixou-os mais perto do meu coração e renovou minha coragem para combater as ondas sombrias que tentavam me afogar na noite eterna de tempestades.

As seis semanas estavam quase no fim e logo a noiva do Sr. Flint assumiria o controle do seu novo lar. Os arranjos estavam todos terminados e o Sr. Flint disse que eu me saíra bem. Ele esperava sair de casa no sábado e voltar com a noiva na quarta-feira seguinte. Após receber diversas ordens dele, pedi permissão para passar o domingo na cidade. Ele me concedeu, e fiquei grata pelo favor. Era a primeira vez que pedia algo a ele e pretendia que fosse a última. Eu precisava de mais de uma noite para realizar o projeto que tinha em vista, mas o domingo livre me daria a oportunidade. Passei o dia com a minha avó. Nunca um dia mais calmo ou mais lindo jamais desceu dos céus. Para mim, foi um dia de emoções conflituosas. Talvez fosse o último dia que eu passaria sob aquele teto querido! Talvez fossem as últimas conversas que eu teria com a amiga fiel que amei durante toda a vida! Talvez fosse a última vez que estaria junto com meus filhos! Bem, melhor assim, pensei, do que eles serem escravos. Eu conhecia a sina que aguardava minha linda bebezinha escravidão e estava decidida a salvá-la disso ou morrer tentando. Fui até os túmulos dos meus pobres pais fazer essa promessa, no cemitério dos escravos. "Ali os maus cessam de perturbar; e ali repousam os cansados. Ali os presos juntamente repousam, e não ouvem a voz do exator. Ali está o pequeno e o grande, e o servo livre de seu senhor." Ajoelhei-me junto aos túmulos dos meus pais e agradeci a Deus, como já fizera antes tantas vezes, que eles não viveram para testemunhar minhas provações ou chorar meus pecados. Eu recebera a bênção da minha mãe quando ela morreu; em muitas horas de dificuldade eu parecia ouvir sua voz, às vezes me admoestando, às vezes sussurrando palavras carinhosas no meu coração machucado. Muitas lágrimas de amargura eu verti pensando que quando partir deste mundo, meus filhos não poderão lembrar de mim com a mesma satisfação com a qual eu lembrava da minha mãe.

O cemitério ficava na floresta e o crepúsculo estava chegando. Nada interrompia o silêncio mortal além do gorjeio ocasional de um pássaro. Meu espírito ficou assombrado com a solenidade da cena. Eu frequentava o lugar havia mais de dez anos, mas ele nunca me parecera tão sagrado quanto agora. Um cepo negro no alto do túmulo da minha mãe era tudo o que sobrava da árvore que meu pai plantara. O seu túmulo era marcado por uma pequena prancha de madeira com o seu nome, mas a inscrição estava quase apagada. Ajoelhei-me e beijei as letras e então orei a Deus pedindo orientação e apoio no passo perigoso que estava prestes a dar. Quando passei pelas ruínas do antigo templo, onde os escravos se reuniam para fazer suas devoções antes da época do Nat Turner, eu parecia ouvir a voz do meu pai vindo de dentro, mandando não me deter até alcançar a liberdade ou a sepultura. Segui em frente com minha esperança redobrada. Minha fé em Deus fora fortalecida por aquela oração entre os túmulos.

Meu plano era me esconder na casa de uma amiga e ficar lá algumas semanas até a busca terminar. Minha esperança era que o doutor se desanimaria e, por medo de perder meu valor e depois também descobrir meus filhos entre os desaparecidos, consentiria em nos vender; e eu sabia de alguém que nos compraria. Eu fizera todo o possível para deixar meus filhos em situação confortável durante o tempo que eu esperava permanecer separada deles. Eu estava arrumando minhas coisas quando minha avó entrou no quarto e perguntou o que eu estava fazendo.

— Estou colocando minhas coisas em ordem — respondi.

Tentei parecer alegre, mas seu olhar vigilante detectou algo sob a superfície. Ela se aproximou e pediu que eu me sentasse.

— Linda, você quer matar a sua velha avó? — ela perguntou, olhando seriamente para mim. — Está querendo abandonar os seus filhinhos indefesos? Eu estou velha, não posso fazer pelos seus bebês tudo o que fiz por você.

Respondi que se eu fosse embora, talvez seu pai conseguisse obter sua liberdade.

— Ah, minha filha, não confie demais nele. Defenda seus filhos, sofra com eles até a morte. Ninguém respeita uma mãe que abandona os filhos. Se deixá-los para trás, nunca vai ter um momento de felicidade na vida. Se for embora, o pouco de vida que tenho pela frente vai ser de desespero. Vão achar você e trazer de volta, e o sofrimento vai ser terrível. Lembre-se do pobre do Benjamin. Desista, Linda. Tente aguentar mais um pouco. As coisas podem acabar melhores do que a gente espera.

Minha coragem me desertou em vista da tristeza que traria para aquele velho coração, tão cheio de fé e amor. Prometi que tentaria por mais algum tempo e que não tiraria nada da casa dela sem que ela soubesse.

Sempre que as crianças subiam no meu joelho ou descansavam a cabeça no meu colo, ela dizia:

— Pobrezinhas! O que vocês fariam sem uma mãe? Ela não ama vocês que nem eu.

E depois ela os abraçava bem apertado, como que para me censurar pela minha falta de afeto, mas sempre sabendo que eu os amava mais do que a própria vida. Eu dormi com ela naquela noite pela última vez. A lembrança me assombraria por anos a fio.

Na segunda-feira eu voltei à fazenda e me ocupei das preparações para o grande dia. A quarta-feira chegou. Era um dia lindo, os rostos dos escravos brilhavam como o sol. As pobres criaturas estavam felizes. Eles esperavam presentinhos da noiva e torciam por dias melhores sob a nova administração. Eu não tinha a mesma esperança para eles. Eu sabia que as jovens esposas dos senhores de escravos costumam imaginar que a melhor maneira de estabelecer e manter sua autoridade e importância é pela crueldade, e nada do que ouvira falar sobre a jovem Sra. Flint me levava a esperar que o seu governo seria menos rigoroso do que o do senhor e o do feitor. A raça negra é, sem dúvida nenhuma, o povo mais alegre e clemente na face da terra. Que seus senhores dormem tranquilos se deve à superabundância do seu coração, embora tenham menos piedade do sofrimento dos negros do que teriam por um cavalo ou um cachorro.

Junto com os outros, recebi marido e mulher na porta de entrada. Ela era uma menina bonita e delicada e corou de emoção ao ver seu novo lar. Eu imaginei que ela devia estar tendo visões de um futuro feliz. A ideia me deixou triste, pois sabia que logo as nuvens obstruiriam o sol. Ela examinou cada detalhe da casa e me disse que estava extática com os arranjos que eu fizera. Eu temia que a outra Sra. Flint tivesse tentado envenenado a nora contra mim e fiz o possível para agradá-la.

Tudo correu bem até a hora do jantar. Eu não me importei com a vergonha de servir um jantar, pela primeira vez na vida, tanto quanto o incômodo de encontrar o Dr. Flint e sua esposa, que estariam entre os convidados. Era um mistério por que a Sra. Flint não havia visitado a fazenda durante todo o período em que eu trabalhei para colocar a casa em ordem. Eu não a encontrava pessoalmente havia cinco anos e não tinha nenhum desejo de vê-la agora. Ela era uma mulher religiosa e sem dúvida nenhuma considerava minha posição atual uma resposta especial às suas orações. Nada a agradaria mais do que me ver humilhada e aviltada. Eu estava bem onde ela me queria: nas mãos de um senhor rígido e sem princípios.

Ela não falou comigo quando se sentou à mesa, mas seu sorriso de triunfo e satisfação quando entreguei seu prato foi mais eloquente do que qualquer palavra. O velho doutor não foi tão discreto nas suas expressões. Ele me mandou de um lado para o outro e dava uma ênfase peculiar quando enunciava as palavras "sua *senhora*". Fui treinada e disciplinada feito um soldado em desgraça. Quando tudo terminou e a última chave foi girada, corri para o meu travesseiro, grata que Deus havia escolhido um momento de descanso para os fracos.

No dia seguinte, minha nova senhora começou a dirigir a casa. Eu não fui exatamente nomeada criada de serviços gerais, mas meu dever seria fazer tudo o que mandasse. A noite de segunda-feira chegou, sempre um período agitado. Nessa noite, os escravos recebem sua ração de comida semanal: um quilo e meio de carne, um celamim de milho, talvez uma dúzia de arenques para cada homem; para as mulheres, metade da carne, um celamim de milho e o mesmo número de arenques; e metade da ração das mulheres para as crianças de mais de doze anos. A carne era cortada e pesada pelo capataz dos trabalhadores braçais e empilhada em pranchas em frente ao defumadouro. Depois, o segundo capataz ia para trás do prédio e quando o primeiro gritava "quem leva esse pedaço de carne?", ele respondia gritando o nome de alguém. O método era aplicado para impedir qualquer parcialidade na distribuição da carne. A jovem senhora veio assistir como tudo era feito na sua plantação e logo deu uma amostra da sua índole. Entre os que esperavam a sua ração estava um escravo bastante idoso, que servira a família Flint fielmente por três gerações. Quando ele foi pegar seu pedaço de carne, coxeando até o capataz, a senhora disse que ele era velho demais para ganhar comida, que quando os crioulos ficam velhos demais para trabalhar eles deviam era pastar grama. Pobre velho! Ele sofreu muito antes de descansar na sepultura.

Minha senhora e eu nos demos muito bem. Ao final da semana, a Sra. Flint mais velha fez outra visita, passando bastante tempo a portas fechadas com a nora. Eu tinha minhas suspeitas sobre qual era o tema da conferência. A esposa do velho doutor ficara sabendo que eu poderia deixar a fazenda sob uma condição e desejava ardentemente me manter onde estava. Se tivesse confiado em mim como eu merecia, ela não teria por que temer que eu aceitasse a condição.

— Não deixe de mandá-los trazer assim que possível — ela disse para a nora enquanto entrava na carruagem para voltar para casa.

Meu coração estava vigilante e conclui imediatamente que ela estava falando dos meus filhos. O doutor veio no dia seguinte. Quando entrei na sala para arrumar a mesa para o chá, escutei ele dizendo:

— Não espere mais. Traga-os amanhã.

O plano estava claro. Eles achavam que manter meus filhos ali me prenderia ao lugar e que aquele seria um excelente local para nos domar e nos sujeitar à submissão abjeta que era nossa sina de escravos. Depois que o doutor foi embora, a casa recebeu a visita de um cavalheiro que sempre demonstrara simpatia para com a minha avó e a sua família. O Sr. Flint o levou para passear pela fazenda e mostrar os resultados do trabalho de homens e mulheres que não eram pagos, não tinham o que vestir e mal tinham o que comer. A plantação de algodão era a única coisa em que conseguiam pensar; ela foi devidamente admirada e o cavalheiro voltou com espécimes para mostrar para os amigos. Recebi a ordem de levar água para lavar as mãos.

— Linda, o que você está achando do seu novo lar? — ele me perguntou enquanto realizava a tarefa.

Respondi que gostava tanto quanto tinha imaginado.

— Eles acham que você não está contente, amanhã vão trazer seus filhos para ficar aqui com você. Estou com pena de você, Linda, espero que seja bem tratada.

Saí correndo da sala, sem poder agradecê-lo. Minhas suspeitas estavam corretas. Meus filhos seriam levados para a fazenda para serem "domados".

Até hoje sou grata ao cavalheiro que me deu essa informação oportuna. Ela me encorajou a agir imediatamente.

A fuga

O Sr. Flint estava enfrentando uma escassez de criadas domésticas e, para não me perder, estava controlando sua malícia. Eu realizava o trabalho com capricho, apesar de, claro, não voluntariamente. Era evidente que eles temiam que eu os abandonasse. O Sr. Flint queria que eu dormisse na casa grande, não nos aposentos dos criados. Sua esposa concordava com a ideia, mas disse que eu não deveria levar minha cama para dentro de casa, pois iria espalhar penas sobre o seu tapete. Quando fui para lá, soube que eles jamais pensariam em algo como fornecer uma cama, qualquer que fosse, para mim e meus pequenos. Assim, eu carregava minha própria cama, mas agora estava proibida de usá-la. Fiz como mandaram. Agora que tinha certeza de que meus filhos seriam colocados nas suas mãos para reforçar seu poder sobre mim, entretanto, decidi abandoná-los naquela mesma noite. Lembrei-me da tristeza que a decisão traria para minha avó querida, mas nada menos que a liberdade dos meus filhos me induziria a ignorar seus conselhos. Dediquei-me ao trabalho noturno com a mão trêmula. O Sr. Flint me chamou duas vezes da porta do quarto para perguntar por que a casa ainda não fora fechada. Respondi que ainda não havia terminado meu trabalho.

— Você já teve tempo suficiente — ele disse. — Cuidado com essas suas respostas!

Fechei todas as janelas, tranquei todas as portas e subi até o terceiro andar, onde esperaria a chegada da meia-noite. Como foram compridas essas horas, como foram fervorosas minhas preces para que Deus não me abandonasse nessa hora da mais extrema necessidade! Eu estava prestes a arriscar tudo numa aposta só; e se eu perdesse, ah, o que seria de mim e dos meus pobres filhos? Eles sofreriam tanto por minha culpa.

À meia-noite e meia, comecei a descer discretamente. Parei no segundo andar, pensando ter ouvido um barulho. Fui tateando até a sala de estar e olhei pela janela. A noite era tão intensamente negra que eu não enxergava nada. Ergui a janela suavemente e saltei para fora. Uma chuva grossa estava caindo e a escuridão me deixava perdida. Atirei-me de joelhos e sussurrei uma oração rápida a Deus, pedindo que me guiasse e me protegesse. Tateei até a estrada e então corri feito um raio até a cidade. Quando cheguei na casa da minha avó, não ousava encontrá-la. Ela diria "Linda, você está me matando", e eu sabia que isso acabaria com a minha coragem. Bati baixinho na janela do quarto ocupado por uma mulher que morava na casa havia alguns anos. Eu sabia que ela era uma amiga fiel e guardaria meu segredo.

— Sally, eu fugi — sussurrei quando ela finalmente abriu a janela. — Me deixa entrar, rápido.

— Pelamor de Deus, não — ela disse baixinho enquanto abria a porta. — Sua avó está tentano comprá você e os menino. O Sr. Sands apareceu semana passada. Ele disse que ia viajá a negócio, mas queria que ela continuasse tentano comprá você e os menino e que ia ajudá tudo que pudesse. Não foge não, Linda. Sua avó já está vexada com probrema que chegue.

— Sally, eles vão levar meus filhos para a fazenda amanhã e nunca vão vendê-los a ninguém enquanto me tiverem nas mãos — respondi. — Você ainda me aconselha a voltar?

— Não, mia fia — ela respondeu. — Quano virem que cê se foi embora, num vão querê as criança pra se incomodá, mas onde é que cê vai se escondê? Eles conhece essa casa até o úrtimo tiquinho.

Informei a ela que tinha um esconderijo e que por ora era melhor que ela não soubesse nada além disso. Pedi que ela fosse até o meu quarto assim que o sol raiasse, tirasse todas as roupas do meu baú e as enfiasse no seu, pois sabia que o Sr. Flint e o oficial de justiça fariam uma busca no meu quarto sem demora. Meu medo era que ver meus filhos seria demais para o meu coração pesado, mas seria impossível encarar o futuro incerto sem vê-los uma última vez. Eu me inclinei sobre a cama onde meu Benny e a pequena Ellen estavam deitados. Pobrezinhos! Sem pai e sem mãe! Lembrei-me do pai deles naquele instante. Ele queria ser bom para os dois, mas eles não eram tudo para ele como eram para o meu coração de mulher. Ajoelhei-me e rezei pelos inocentezinhos, depois dei um beijo suave em cada um e dei as costas.

Quando estava prestes a abrir a porta da rua, Sally colocou a mão no meu ombro.

— Linda, onde é que cê vai assim sozinha? Me deixa chamá seu tio.

— Não, Sally — respondi. — Não quero que ninguém se complique por minha conta.

Fui embora sob a chuva e a escuridão. Corri até chegar à casa da amiga que iria me esconder.

No começo da manhã, o Sr. Flint apareceu na casa da minha avó, perguntando por mim. Ela respondeu que não me vira e que achava que eu estava na fazenda.

— Você não sabe nada da fuga dela? — ele perguntou, observando o rosto dela atentamente.

Minha avó garantiu que não sabia nada.

— Ela fugiu ontem de noite sem a menor provocação. Nós a tratamos muito bem. Minha mulher gostava dela. Logo ela vai ser achada e levada de volta. Os filhos dela estão com você?

Minha avó respondeu que sim.

— Fico feliz em saber — ele continuou. — Se estão aqui, ela não pode estar longe. Se eu descobrir que algum dos meus crioulos teve alguma coisa a ver com essa maldita história, eles vão levar quinhentas chibatadas cada um.

A FUGA

Com isso, ele começou a se dirigir para a casa do pai, mas antes se virou para uma última tentativa de persuasão.

— Se ela voltar, os filhos vão poder morar com ela.

A notícia fez o velho doutor berrar e gritar furiosamente. Foi um dia agitado para eles. A casa da minha avó foi vasculhada de cima a baixo. Como meu baú estava vazio, eles concluíram que eu havia levado minhas roupas comigo. Antes das dez horas, cada barco e navio com destino para o norte foi revistado completamente e a lei sobre dar refúgio a fugitivos foi lida para todos os passageiros e tripulantes. À noite, uma vigia foi organizada na cidade. Sabendo como minha avó estaria aflita, eu queria mandar um recado, mas era impossível. Todo mundo que entrava ou saía da sua casa estava sob a mais estrita vigilância. O doutor disse que levaria meus filhos se ela não se responsabilizasse por eles, o que ela fez, óbvia e alegremente. O dia seguinte foi destinado a mais buscas. Antes do fim da tarde, o seguinte anúncio foi postado em cada esquina e cada lugar público em um raio de vários quilômetros:

RECOMPENSA $300! Fugiu do signatário uma mulata inteligente e esperta de nome Linda, 21 anos, 1,63 cm de altura. Olhos castanhos, cabelo preto que tende a cachear, mas pode ser alisado. Tem uma cárie em um dos dentes da frente. Sabe ler e escrever e provavelmente tentará fugir para os Estados Livres. Todas as pessoas são proibidas pela lei de proteger ou empregar tal escrava. $150 serão dados a quem capturá-la no estado, $300 se ela for capturada fora do estado e entregue a mim ou levada à cadeia.

Dr. Flint.

Meses de perigo

A busca por mim continuou com mais perseverança do que eu esperava. Comecei a achar que a fuga seria impossível. Fiquei extremamente ansiosa, temendo implicar a amiga que me acolhera. Eu sabia que as consequências seriam terríveis e, por mais medo que tinha de ser pega, mesmo isso parecia melhor do que fazer com que uma inocente sofresse pela bondade que demonstrara. Após uma semana em meio a um suspense terrível, meus perseguidores chegaram tão próximos que concluí que eles haviam me rastreado e identificado meu esconderijo. Fugi da casa e me escondi em um matagal cerrado, onde fiquei, agoniada de medo, por duas horas. De repente, alguma espécie de réptil se prendeu à minha perna. Aterrorada, dei um golpe que soltou a mordida, mas eu não tinha como saber se havia matado o bicho ou não; estava tão escuro que eu não conseguia saber o que era, apenas que era gelado e pegajoso. A dor que senti logo indicou que a mordida era peçonhenta. Fui forçada a abandonar meu novo esconderijo e ir tateando de volta para a casa. A dor se intensificara e minha amiga se assustou com o meu rosto angustiado. Pedi que ela preparasse um cataplasma de cinzas mornas e vinagres e aplicasse à minha perna, que já estava bastante inchada. A aplicação aliviou um pouco a dor, mas em nada afetou o inchaço. O terror de ficar aleijada era maior do que a dor física que precisei suportar. Minha amiga perguntou a uma anciã que cuidava dos escravos como tratar a mordida de uma cobra ou lagarto. A mulher respondeu que ela deveria mergulhar uma dúzia de moedas de cobre em vinagre da noite para o dia e aplicar o vinagre pobre às partes inflamadas.[1]

Com muito cuidado, eu conseguira mandar alguns recados para os meus parentes. Eles estavam sofrendo ameaças terríveis e não viam nenhuma esperança para a minha fuga. Seu conselho era que voltasse para o meu senhor, pedisse seu perdão e deixasse ele me fazer de exemplo. Mas essas sugestões não me influenciavam. Quando dei início a essa aventura, decidi que jamais voltaria, sem me importar com o que pudesse acontecer. "Liberdade ou morte", esse era o meu lema. Quando minha amiga deu um jeito de informar meus parentes sobre a situação dolorosa em que me encontrava nas últimas vinte e quatro horas, eles pararam de falar sobre voltar para o meu senhor. Algo precisava ser feito, e rápido, mas eles não sabiam a quem recorrer. Deus em sua misericórdia apresentou uma amiga de verdade.

---

1. O veneno de cobra é um ácido poderoso, neutralizado por álcalis poderosos, como potassa, amônia, etc. Os índios costumam aplicar cinzas úmidas ou mergulhar o membro em lixívia forte. Os homens brancos contratados para construir ferrovias em locais com muitas cobras levam frascos de amônia consigo para usar como antídoto. [Nota da 1ª edição]

Entre as senhoras que conheciam minha avó havia uma que remontava à infância e que sempre fora muito sua amiga. Ela também conhecera minha mãe e seus filhos e tinha um forte interesse por eles. Nesse momento de crise, ela foi ver minha avó, como fazia com frequência, e observou a expressão triste e preocupada no rosto do amigo. A senhora perguntou se ela sabia onde Linda estava e se estava segura. Minha avó balançou a cabeça, sem responder.

— Ora, Tia Martha — disse essa senhora bondosa. — Pode me contar. Quem sabe eu não posso ajudar.

O marido dessa senhora possuía muitos escravos e costumava comprar e vender escravos. Ela também tinha diversos escravos em seu próprio nome, mas os tratava com gentileza e jamais permitia que nenhum deles fosse vendido. Ela era diferente da maioria das mulheres dos escravistas. Minha avó olhou para ela com toda a sinceridade. Algo naquele rosto dizia "confie em mim!", e ela confiou. A senhora escutou atentamente os detalhes da minha história e ficou pensativa por um tempo.

— Tia Martha, estou com pena de vocês duas — ela disse afinal. — Se você acha que Linda ainda tem alguma chance de chegar aos Estados Livres, posso escondê-la por algum tempo. Mas antes você precisa jurar solenemente que o meu nome jamais será mencionado. Se a notícia se espalhasse, eu e minha família seríamos arruinadas. Ninguém na minha casa pode saber, exceto a cozinheira. Ela é tão fiel, eu confiaria minha vida a ela, e eu sei que ela gosta da Linda também. É risco grande, mas tenho fé de que vai dar tudo certo. Mande um recado para Linda, diga para ela se preparar assim que escurecer, antes das patrulhas saírem. Vou mandar as criadas saírem e a Betty vai ir buscar Linda.

O lugar para o encontro foi designado e concordado. Minha avó não conseguia agradecer à senhora por aquele gesto de nobreza; dominada pelas emoções, ela caiu de joelhos e começou a soluçar feito uma criança.

Recebi a mensagem de deixar a casa da minha amiga a tal hora e ir para tal lugar, onde outra amiga estaria esperando por mim. Por uma questão de prudência, nenhum nome foi mencionado. Eu não tinha como conjecturar quem eu deveria encontrar ou aonde iria. Eu não gostava de andar assim, às cegas, mas não tinha escolha. Permanecer onde estava seria impossível. Reuni a coragem para enfrentar o que viesse de pior, me disfarcei e fui até o local escolhido. Minha amiga Betty estava lá, a última pessoa que esperava encontrar. Seguimos às pressas, em silêncio. A dor na minha perna era tão intensa que eu parecia sempre prestes a cair, mas o medo me dava forças. Chegamos à casa e entramos sem sermos observadas.

— Queridinha, agora cê tá segura — foram suas primeiras palavras. — Aqueles diacho de gente num vão fazê busca *nessa* casa, não. Quando cê chegá no esconderijo da sinhá, eu levo uma janta bem quentinha. Depois desse medo todo, cê deve tá é precisano.

Por causa da sua profissão, Betty achava que comer era a coisa mais importante da vida. Mal ela sabia que meu coração estava pesado demais para me importar com o jantar.

A senhora veio nos ver e me levou até o andar de cima, onde havia um quartinho acima dos seus próprios aposentos.

— Aqui você vai segura, linda. Eu uso esse quartinho para guardar coisas que não estão em uso. As meninas não estão acostumadas a serem mandadas aqui e não vão suspeitar de nada, a menos que ouçam algum barulho. Eu deixo ele sempre trancado e a Betty vai tomar conta da chave. Mas é preciso tomar muito cuidado, pelo meu bem e pelo seu. Você não pode contar meu segredo a ninguém, ou seria o fim para mim e a minha família. Vou manter as meninas ocupadas pela manhã para Betty conseguir lhe trazer o desjejum, mas ela não vai ter como voltar aqui até a noite. Eu virei às vezes. Coragem, Linda. Tenho esperança de que essa situação não vai se estender por muito tempo.

Betty apareceu com a "janta bem quentinha" e a senhora correu até o térreo para cuidar de tudo até a cozinheira voltou. Meu coração estava transbordando de gratidão! As palavras ficaram presas na minha garganta, mas eu ainda podia beijar os pés da minha benfeitora. Que Deus abençoe sua alma para todo o sempre por aquele ato de cristandade feminina!

Fui dormir aquela noite me sentindo a escrava mais sortuda da cidade. O sol nasceu e encheu minha cela de luz. Agradeci ao Pai celestial pela segurança daquele refúgio. De frente para a janela ficava uma pilha de leitos de penas. Deitada sobre eles, eu ficava perfeitamente oculta e conseguia avistar a rua pela qual o Dr. Flint passava a caminho do seu consultório. Ansiosa como estava, tive uma certa satisfação quando o enxerguei. Por ora, eu estava levando a melhor, e me regozijei com isso. Como culpar os escravos por terem astúcia? Eles são sempre forçados a recorrer a ela. É a única arma dos fracos e oprimidos contra a força dos seus tiranos.

Todos os dias eu torcia pela notícia de que meu senhor havia vendido meus filhos, pois sabia quem estava de prontidão para comprá-los. Mas o Dr. Flint se importava muito mais com vingança do que com dinheiro. Meu irmão William e sua tia haviam servido sua família fielmente por vinte anos, mas meu Benny e Ellen, que tinha pouco mais de dois anos, foram atirados na cadeia na tentativa de forçar meus parentes a fornecer alguma informação sobre mim. Ele jurou que minha avó nunca os veria até eu ser trazida de volta. Esses fatos foram escondidos de mim por vários dias. Quando ouvi que meus pequeninos estavam em uma cadeia suja, meu primeiro impulso foi correr para eles. Eu estava enfrentando todos aqueles perigos pela liberdade dos dois, mas então seria a causa da morte deles? A ideia era angustiante. Minha benfeitora tentou me reconfortar, dizendo que minha tia cuidaria bem das crianças enquanto elas estavam na cadeia. Mas minha dor só piorava com a ideia de que uma tia velha e bondosa, que sempre fora tão boa para os filhos órfãos da irmã, ficaria trancada na prisão pelo único crime de amar a família. Imagino que meus amigos temiam uma atitude impensada da minha parte, sabendo que minha vida girava em torno dos meus filhos. Recebi um bilhete de William, meu irmão. A mensagem, praticamente ilegível, dizia o seguinte: "Cara irmã, onde quer que esteja, imploro que não venha para cá. Estamos todos muito melhores do que você. Se vier, vai ser a ruína de todos nós. Eles vão forçá-la a contar onde estava ou então vão matá-la. Aceite o conselho dos amigos; se não pelo meu bem e dos seus filhos, pelo menos por aqueles que sofreriam".

Pobre William! Ele também deve sofrer por ser meu irmão. Aceitei seu conselho e permaneci calada. Minha tia foi tirada da cadeia ao final do mês, pois a Sra. Flint não podia mais ficar sem ela. A senhora estava cansada de ser a própria governanta. Era muito cansativo mandar fazer seu almoço e comê-lo também. Meus filhos ficaram na cadeia, onde William fazia todo o possível para garantir o seu conforto. Betty as visitava às vezes e me trazia notícias. Ela não tinha permissão para entrar na cadeia, mas William as erguia até as grades da janela enquanto minha amiga conversava com os pequenos. Quando ela repetia suas tagarelices e contava como eles queriam ver a mamãe, minhas lágrimas corriam.

— Meu Deus, fia! — a velha Betty exclamava. — Que é que cê tá chorano? Esses piqueno vão te matá. Num tenha coração de galinha assim não! Desse jeito nunca que cê vai sorvivê nesse mundão.

Pobre criatura! Ela atravessara os anos sem ter filhos, sem nunca ter pequeninos para apertar os braços ao redor do seu pescoço, nunca teve olhinhos para encarar os seus, vozes docinhas para chamá-la de mãe, bebês para apertar contra o coração sabendo que mesmo em ferros haveria um motivo para viver. Como ela seria capaz de entender os meus sentimentos? O marido de Betty adorava criancinhas e se perguntava por que Deus lhe negara essa felicidade. Ele estava muito triste quando contou a Betty a notícia de que Ellen fora tirada da cadeia e levada para a casa do Dr. Flint. A menina sofrera de sarampo logo antes de ser levada para a cadeia e a doença afetara seus olhos. O doutor a levara para casa para cuidar dela. Meus filhos sempre tiveram medo do doutor e da esposa e nunca haviam entrado na sua casa. A pobrezinha chorou o dia inteiro, gritando que queria ser levada de volta para a prisão. Os instintos da infância fiéis. Ela sabia que, na cadeia, era amada. Seus berros e soluços incomodaram a Sra. Flint, então antes de a noite cair ela chamou um dos escravos e disse:

— Toma, Bill, leva essa pirralha de volta para a cadeia. Não aguento esse barulho. Se ficasse quieta, eu ia querer ficar com essa diabinha. Ela daria uma bela camareira para a minha filha quando crescesse. Se bem que, se ficasse aqui, com esse rosto branco acho que eu ia acabar matando ou mimando a menina. Espero que o doutor venda os dois para bem longe, até onde a água e o vento os carregue. Quanto à mãe, sua senhoria logo vai descobrir o que ganha quem foge. Ela não ama os filhos nem o que uma vaca ama um bezerro. Se amasse, teria voltado muito tempo atrás para tirá-los da cadeia e nos poupar desses gastos e dessa incomodação. Aquela vagabunda imprestável! Quando for pega, vai ficar na cadeia por seis meses, em ferros, e depois vai ser vendida para um canavial. Ainda vou ver essa menina domada. O que é que está fazendo aí parado, Bill? Por que não foi embora logo com a pirralha? E, olha bem, não quero nenhum crioulo falando com ela na rua!

Quando me contaram essa conversa, sorri com a ideia de a Sra. Flint dizendo que iria matar minha filha ou mimá-la. Não havia perigo nenhum da segunda opção, pensei comigo mesma. Sempre considerei uma providência divina que Ellen tenha berrado até ser levada de volta para a cadeia.

Naquela mesma noite, o Dr. Flint foi chamado para atender um paciente e não voltou até quase o fim da madrugada. Passando pela casa da minha avó, ele viu uma luz acesa e pensou consigo mesmo: "Talvez tenha alguma coisa a ver com Linda". Ele bateu, a porta se abriu.

— Por que vocês estão de pé tão cedo? — ele perguntou.
— Vi a luz acesa, pensei em parar e contar que acabo de descobrir onde Linda está. Sei onde posso colocar minhas mãos nela, vou tê-la de volta antes das doze horas.

Quando ele se virou, minha avó e meu tio se entreolharam ansiosos. Eles não sabiam se aquele era ou não apenas mais um dos truques do doutor para assustá-los. Na sua incerteza, eles acharam que seria melhor transmitir um recado para Betty, minha amiga. Sem querer amedrontar sua senhora, Betty decidiu resolver meu caso ela mesmo. Ela veio até mim e me mandou me levantar e me vestir sem demora. Corremos escada abaixo, atravessamos o jardim e fomos para cozinha. Lá, ela trancou a porta e ergueu uma tábua do piso. Uma pele de búfalo e um pedaço de tapete estavam espalhados no chão para mim e ela ainda atirou uma colcha para me cobrir.

— Ficaí inté eu sabê se eles sabe mesmo docê. Tão dizeno que vão pegá ocê até as doze. Se eles *sabia* mesmo onde cê tava, *agora* num sabem mais. Vai sê é uma deceção, isso é tudo qu'eu vô dizê. Se viére mexê nas *mias* coisa, essa criôla véia aqui vai dá é uma lição das boa!

Deitada na minha cama rasa, eu tinha espaço apenas para levar minhas mãos ao rosto e não deixar a poeira cair nos meus olhos, pois Betty caminhava sobre mim vinte vezes por hora, indo da cômoda para a lareira. Quando estava sozinha, eu a ouvia pronunciando anátemas sobre o Dr. Flint e toda a sua tribo. De quando em quando eu a ouvia dar uma risada e dizer:

— A criôla véia é que foi mais esperta dessa vez.

Quando as criadas estavam por perto, ela tinha truques e artimanhas para fazê-las falar, permitindo que eu escutasse o que elas tinham a dizer. Betty repetia as histórias que ouvira sobre eu estar aqui, ali ou acolá. A isso as criadas respondiam que eu não era boba de ficar por perto, que a essa altura eu já estava na Filadélfia ou em Nova York. Quando todos estavam dormindo nas suas camas, Betty ergueu a tábua para mim.

— Sai, mia fia, pode saí. Eles num sabe nada de nada sobre ocê. Era tudo mentira dos branco pra deixá os criôlo cum medo.

Alguns dias após essa aventura, tomei um susto muito pior. Sentada no mais absoluto silêncio no meu retiro sobre as escadas, minha mente começou a ter visões de alegria. Pensei que o Dr. Flint logo se desanimaria e ficaria disposto a vender meus filhos, pois teria perdido qualquer esperança de usá-los para efetuar minha descoberta. Eu sabia quem estava preparado para comprá-los. De repente, escutei uma voz que congelou meu sangue. O som me era familiar, pois era terrível demais para que eu não fosse capaz de reconhecer imediatamente meu antigo senhor. Ele estava dentro de casa, então concluí que ele viera me capturar. Olhei ao meu redor, aterrorizada. Não havia como fugir. A voz se afastou. Imaginei que o oficial de justiça estava com ele e que estavam prestes a vasculhar a casa. No meu pavor, não me esqueci de todos os problemas que estaria causando para a minha generosa benfeitora. Era como se eu tivesse nascido para trazer tristezas a todos que aceitavam minha amizade, e essa seria a gota mais amarga no cálice de amargura da minha vida. Após algum tempo, ouvi uma passada se aproximando e a chave abriu a minha fechadura. Apoiei-me contra a parede para não cair. Quando ousei erguer os olhos, encontrei minha benfeitora, sozinha. Fiquei chocada demais para falar, apenas deixei meu corpo cair para o chão.

— Achei que você ouviria a voz do seu senhor — ela disse. — Sabendo que ficaria aterrorizada, vim dizer que não há nada a temer. Você pode até dar uma boa risada às custas daquele velho cavalheiro. Ele tem tanta certeza de que você está em Nova York que veio tomar quinhentos dólares emprestados para sair à sua procura. Minha irmã tinha algum dinheiro para emprestar a juros. Ele fez o empréstimo e pretende partir em direção a Nova York esta noite. Por ora, então, você está segura. O doutor vai apenas aliviar seus bolsos caçando o passarinho que deixou para trás.

Os filhos são vendidos

O doutor voltou de Nova York, obviamente sem ter realizado seu objetivo. Ele dispendera uma soma considerável e estava bastante desanimado. Meu irmão e as crianças estavam na cadeia havia dois meses, o que também representava uma despesa. Meus amigos acharam que seria o momento certo para se aproveitar do seu desânimo. O Sr. Sands mandou um especulador para oferecer 900 dólares por William, meu irmão, e 800 pelas duas crianças. Eram preços altos para escravos na época, mas a oferta foi rejeitada. Se fosse apenas uma questão de dinheiro, o doutor teria vendido qualquer menino da idade de Benny por 200 dólares, mas ele não aceitava abrir mão da capacidade de se vingar. Mas suas finanças estavam apertadas, então ele ficou remoendo a questão. Ele sabia que se pudesse manter Ellen até a menina fazer quinze anos, poderia vendê-la por um alto preço, mas presumo que ele decidiu que ela poderia morrer ou ser roubada. Seja como for, ele chegou à conclusão de que seria melhor aceitar a oferta do traficante. O doutor o encontrou na rua e perguntou quando iria embora da cidade.

— Hoje às dez horas — o homem respondeu.

— Ah, tão cedo? — o doutor disse. — Tenho refletido sobre a sua proposta e concluí que posso deixá-lo levar os negros se fecharmos em 1900 dólares.

Após um pouco de pechincha, o traficante concordou com as condições. Ele queria que a escritura de venda fosse redigida e assinada imediatamente, pois tinha muitos afazeres ainda no pouco tempo em que permaneceria na cidade. O doutor foi até a cadeia e disse a William que o aceitaria de volta em seu serviço se prometesse se comportar, mas este respondeu que preferia ser vendido.

— E você *vai* ser vendido, seu salafrário ingrato! — o doutor exclamou.

Menos de uma hora depois, o dinheiro foi pago, os documentos foram assinados, selados e entregues e meu irmão e meus filhos estavam nas mãos do traficante.

Foi uma transação apressada e, depois de concluída, a cautela característica do doutor voltou à tona.

— Meu senhor, estou à sua procura para colocá-lo sob uma obrigação de mil dólares de não vender nenhum desses crioulos neste estado.

— O senhor chegou tarde — o traficante respondeu. — Nossa negociação está encerrada.

Na verdade, ele já os vendera ao Sr. Sands, mas não mencionou o fato. O doutor exigiu que ele colocasse ferros "naquele safado do Bill" e evitasse a rua principal quando saísse da cidade com a turma. O traficante fora instruído secretamente a concordar com os seus desejos. Minha boa tia idosa foi à cadeia para se despedir das crianças, imaginando-as propriedade do especulador e que nunca as veria novamente. Quando colocou Benny no colo, o menino disse:

— Tia Nancy, quero mostrar uma coisa.

Ele a levou até a porta e mostrou uma longa linha de riscos na madeira.

— Tio Will me ensinou a contar. Fiz um risco para cada dia que fiquei aqui, e foram sessenta dias. É bastante tempo, mas agora o especulador vai levar eu e Ellen embora. Ele é um homem mau. É errado tirar os netos da avó. Eu quero a minha mãe.

Minha avó ficara sabendo que as crianças lhe seriam devolvidas, mas lhe pediram que agisse como se realmente estivessem sido levadas embora. Assim, ela arrumou uma trouxa de roupas e foi até a cadeia. Quando chegou, ela encontrou William algemado à turma e as crianças na carroça do traficante. A cena era próxima demais da realidade e ela temeu que poderia haver algum engano ou armadilha em jogo. Ela desmaiou e foi levada para casa.

Quando a carroça parou na frente do hotel, vários cavalheiros saíram e se ofereceram para comprar William, mas o traficante recusou suas ofertas sem responder que ele já havia sido vendido. E agora era chegada a hora de angústia para aquele rebanho de seres humanos, conduzidos feito gado para serem vendidos e levados ao desconhecido. Maridos eram separados de mulheres, pais de filhos, para nunca mais se encontrarem neste lado do túmulo. Viam-se mãos sendo torcidas, ouviam-se gritos de desespero.

O Dr. Flint teve a suprema satisfação de ver a carroça sair da cidade, enquanto a Sra. Flint teve a gratificação de imaginar que meus filhos estavam indo "até onde a água e o vento os carregasse". De acordo com o que foi concordado, meu tio seguiu a carroça por alguns quilômetros, até chegarem a uma fazenda abandonada.

— Você é um rapaz danado de esperto — o traficante disse enquanto retirava os ferros de William. — Queria eu ser seu dono. Os cavalheiros que queriam comprá-lo disseram que você é inteligente e honesto e que eu devia achar era um bom lar para você. Aposto que amanhã o seu velho senhor vai gritar e berrar e dizer que é um velho abobado de vender as crianças. Acho que nunca vai pegar a mãezinha deles de volta, não. Ela já deve ter deixado um rastro até o norte, isso sim. Adeus, meu velho. Lembre-se que eu fiz um favor, hein? Para me pagar, é só convencer todas as bonitinhas a irem comigo no próximo outono. Vai ser minha última viagem. Essa história de vender crioulos é um mau negócio para quem não tem coração de pedra. Vamos lá, rapaziada!

E com isso, a turma seguiu em frente, Deus sabe para onde.

Por mais que despreze e deteste toda a classe dos traficantes de escravos, os quais considero as criaturas mais vis e nojentas da terra, é preciso fazer justiça a esse homem e dizer que ele parecia ter algum sentimento humano em si.

Ele simpatizou com William na cadeia e quis comprá-lo. Quando ouviu a história dos meus filhos, ele se dispôs a ajudar a tirá-los das mãos do Dr. Flint, sem mesmo cobrar os honorários costumeiros.

    Meu tio arranjou uma carroça e levou William e as crianças de volta para a cidade. A casa da minha avó foi uma alegria só! As cortinas foram cerradas e as velas, acesas. A avó feliz apertava os pequeninos contra o peito. Eles a abraçavam e beijavam, apertavam suas mãos e gritavam. Ela se ajoelhou e proferiu uma das orações emocionadas para agradecer a Deus. O pai compareceu à ocasião; apesar de o "parentesco" que havia entre ele e meus filhos pouco influenciar os corações ou as consciências dos escravistas, ele deve ter vivenciado alguns momentos de pura felicidade ao testemunhar a felicidade que produzira.

    Eu não participei da celebração daquela noite. Os eventos do dia não eram do meu conhecimento. E agora vou contar algo que aconteceu comigo, apesar de a leitora achar, talvez, que o caso ilustra a superstição dos escravos. Eu estava sentada no meu lugar de costume, junto à janela, onde podia ouvir muito do que se dizia na rua sem jamais ser vista. A família havia ido dormir e a casa estava em silêncio. Eu estava sentada, pensando nos meus filhos, quando ouvi alguns acordes. Uma banda de seresteiros tocava "Lar, Doce Lar" sob a janela. Escutei aquilo até os sons não parecerem mais música, mas sim o choro de crianças. Meu coração estava prestes a explodir. Antes estava sentada, mas agora me ajoelhei. Um raio de luar caía à minha frente e a forma dos meus dois filhos apareceu sob a luz. Eles desapareceram, mas eu os vira claramente. Alguns chamarão isso de sonho, outros de visão. Não sei como explicar, mas o fato deixou uma impressão forte em mim e eu tive certeza de que algo havia acontecido com os meus pequeninos.

Eu não via Betty desde a manhã, mas agora a escutei virando a chave discretamente na fechadura. Assim que entrou, eu me agarrei a ela e implorei que me contasse se meus filhos estavam mortos ou se haviam sido vendidos, pois eu enxergara seus espíritos no meu quarto e tinha certeza de que algo havia acontecido com eles.

— Meu Deus, fia — ela respondeu, colocando os braços ao meu redor. — Cê tá de histérica. Dêxa que hoje eu durmo co'cê, se não cê vai fazê baruio e arruiná a sinhá. Alguma coisa mexeu co'cê. Quando cê pará de chorá a gente pode conversá. As criança tão tudo bem, e numa felicidade só. Eu vi elas, vi sim. Isso já chega? Carma, fia, fica quieta! Desse jeito vão ouvi ocê.

Tentei obedecê-la. Ela se deitou e logo estava dormindo, mas não havia sono que fechasse minhas pálpebras.

Quando o sol nasceu, Betty se levantou e correu para a cozinha. As horas foram passando e a visão daquela noite recorria constantemente em meus pensamentos. Após algum tempo, ouvi as vozes de duas mulheres na entrada. Uma eu reconheci como pertencendo à criada. A outra disse:

OS FILHOS SÃO VENDIDOS

— Sabia que os filhos da Linda Brent foram vendidos para um especulador ontem? Tão dizendo que o véio sinhô Flint ficou feliz de ver elas pelas costas, mas também que elas estão de volta de novo. Deve ser tudo coisa do pai deles. Dizem que ele comprou o William também. Meu Deus! O véio sinhô Flint vai ficar danado de brabo! Eu vou lá na Tia Marthy saber dessa história.

Mordi meu lábio até o sangue escorrer tentando segurar um grito. Meus filhos estavam com a avó ou o especulador os levara? O suspense era terrível. Será que Betty não viria *nunca* para me contar a verdade? Quando finalmente chegou, repeti ansiosamente tudo o que escutara. Um sorriso amplo e brilhante se abriu no rosto da mulher.

— Meu Deus, que boba cê é, mia fia! Eu já ia contá tudo isso. As menina tão comeno o desjum e a sinhá disse que ela é que ia contá... mas pobrezinha do'cê! Não tá certo deixá ocê esperano desse jeito, então eu ia contá. Irmão, criança, o pai comprou eles todos! Eu rolei de rir pensando no sinhô Flint. Ai meu Deus, como o véio vai *gritá*! Passaro a perna nele dessa vez, se passaro, mas é mió eu í duma vez, se não aquelas menina vão pegá é *eu*.

Betty foi embora rindo.

— Será mesmo verdade que meus filhos estão livres? — eu disse para mim mesma. — Então não sofri por eles em vão. Graças a Deus!

Enorme foi a surpresa quando se soube que meus filhos seriam devolvidos à avó. A notícia se espalhou pela cidade e muitas gentilezas foram expressadas para os pequeninos.

O Dr. Flint foi até a casa da minha avó para determinar quem era o novo dono dos meus filhos. Ela o informou.

— Era o que eu esperava — ele respondeu. — Fico feliz de saber. Recebi notícias sobre Linda, logo vou ter ela de volta. Não se dê ao trabalho de esperar um dia ver *ela* livre. Ela vai ser minha escrava enquanto eu viver e escrava dos meus filhos depois que eu morrer. Se um dia eu descobrir que você ou Phillip tiveram alguma coisa com a fuga dela, eu mato ele. Se encontrar William na rua, e ele ousar me olhar nos olhos, pode saber que vou açoitá-lo até não poder mais. E tire esses pirralhos da minha vista!

Quando se virou para ir embora, minha avó disse algo para lembrá-lo do seu passado. Ele olhou de volta como quem ficaria feliz de derrubá-la no mesmo instante.

Eu tive meu momento de alegria e gratidão. Foi a primeira vez desde a infância que sentia a felicidade verdadeira. Eu ouvi as ameaças do velho doutor, mas elas não tinham mais a mesma capacidade de me incomodar. A nuvem mais negra que pendia sobre a minha vida se dissipara. A escravidão poderia fazer de tudo comigo, mas não poderia mais colocar meus filhos em ferros. Se eu fosse feita prisioneira, ainda assim meus pequeninos estariam a salvo. Foi bom para mim que meu coração inocente acreditou em tudo o que foi prometido pelo bem dos dois, pois é sempre melhor confiar do que duvidar.

Novos perigos

O doutor, mais exasperado do que nunca, tentou extrair sua vingança dos meus parentes. Ele mandou prender meu tio Phillip, acusado de me auxiliar na minha fuga. Meu tio foi levado ao tribunal, onde jurou honestamente que não sabia nada da minha intenção de fugir e que não me via desde que eu abandonara a fazenda do meu senhor. A seguir, o doutor exigiu de meu tio uma fiança de 500 dólares sob a promessa de que ele não teria mais nada comigo. Diversos cavalheiros se ofereceram para ser seus fiadores, mas o Sr. Sands disse que seria melhor voltar para a cadeia, pois ele faria com que pudesse sair sem dar fiança.

A notícia da sua prisão foi transmitida para a minha avó, que a repassou para Betty. A bondade do seu coração fez com que ela me escondesse mais uma vez sob o piso; enquanto caminhava de um lado para o outro, cumprindo seus deveres culinários, ela dava todos os sinais de estar falando sozinha, mas com a intenção de que eu ouvisse tudo o que estava acontecendo. Minha esperança era que a prisão do meu tio durasse apenas alguns dias, mas minha ansiedade continuava forte. Achei provável que o Dr. Flint não poupasse esforços para provocá-lo e insultá-lo e temia que meu tio perdesse o controle e respondesse de alguma forma que pudesse ser interpretada como um agravo passível de punição; como eu bem sabia, sua palavra não valeria nada contra a de um branco no tribunal. A busca por mim foi retomada. Algo havia levantado a suspeita de que eu estava por perto. Fizeram uma busca na casa onde me encontrava. Ouvi os passos e as vozes. À noite, enquanto todos dormiam, Betty veio me libertar do meu cárcere. O susto que tomara, a postura restrita e a umidade do solo me deixaram doente por vários dias. Meu tio logo foi tirado da prisão, mas os movimentos de todos os meus parentes e de todos os nossos amigos estavam sob vigilância constante.

Todos enxergávamos que eu não podia continuar por muito tempo onde estava. Eu já ficara mais tempo do que pretendia e sabia que minha presença era uma fonte de ansiedade perpétua para minha gentil benfeitora. Durante esse período, meus amigos haviam formado diversos planos para a minha fuga, mas a vigilância extrema dos meus algozes impossibilitava que os colocassem em prática.

Uma manhã, tomei um susto quando escutei alguém tentando entrar no meu quarto. Várias chaves foram experimentadas, mas nenhuma abriu a porta. Deduzi imediatamente que seria uma das criadas e concluí que ela deve ter ouvido algum barulho no quarto ou percebido a entrada de Betty. Quando minha amiga apareceu na hora de costume, contei o que acontecera.

— Eu sei quem é que foi. Pode apostá, foi aquela Jenny. Aquela criôla tem o diabo no corpo.

Sugeri que ela poderia ter visto ou escutado alguma coisa que provocara a sua curiosidade.

— Sshh, mia fia! — Betty exclamou. — Ela num viu nada e num ouviu nada. Ela só tá é de suspeita, só isso. Ela qué sabê quem foi que cortô e custurô o meu vestido, mas ela nunca é que vai sabê. Pode confiá. Vô pedi pra sinhá dá um jeito nela.

— Betty, eu preciso embora daqui esta noite — eu disse após um momento de reflexão.

— Faz o que acha certo, mia pobre. Eu tava morreno de medo dessa criôla achá ocê mais cedo ô mais tarde.

Ela relatou o incidente à sua senhora e recebeu a ordem de manter Jenny ocupada na cozinha até conseguir falar com meu tio Phillip. Ele disse que mandaria um amigo até mim naquela mesma noite. Ela disse a ele que queria que eu fosse para o norte, pois permanecer na vizinhança seria extremamente perigoso para mim. Infelizmente, ir para o norte não era fácil para alguém na minha situação. Para abrir o meu caminho o quanto pôde, ela foi passar o dia com o irmão no interior e levou Jenny consigo. Ela tinha medo de me visitar para se despedir, mas deixou um recado carinhoso com Betty. Eu escutei sua carruagem se afastando da porta e nunca mais vi aquela mulher, que tão generosamente cuidara de uma fugitiva trêmula à sua porta! Apesar de senhora de escravos, até hoje dou graças a ela!

Eu não fazia a mínima ideia de aonde estava indo. Betty me levara uma mala cheia de roupas de marinheiro: casaco, calças e um chapéu alcatroado. Ela me entregou um pacotinho, dizendo que eu poderia precisar dele aonde estava indo.

— Eu tô pra *lá* de feliz que cê vai pras banda livre! — ela exclamou com alegria. — Não se esquece da véia Betty. Quem sabe eu num apareço um dia desses.

Tentei expressar minha gratidão por toda a sua bondade, mas ela me interrompeu.

— Eu não quer que cê me agradeça, querida. Foi uma felicidade ajudá ocê e eu rezo pra Deus abri o caminho pr'ocê. Eu vô co'cê até o portão de baixo. Coloca as mão nos bolso e anda toda frôxa, assim que nem os marinhero.

Ela ficou satisfeita com a minha atuação. Junto ao portão, encontrei Peter à minha espera. Eu conhecia esse jovem negro havia muitos anos. Ele fora aprendiz do meu pai e sempre demonstrara ter bom caráter. Eu não tinha medo de confiar nele. Betty se despediu de mim às pressas e nós fomos embora.

— Coragem, Linda — disse meu amigo Peter. — Eu tenho uma adaga, homem nenhum vai levá-la de mim sem passar por cima do meu cadáver.

Fazia muito tempo que eu não caminhava na rua e o ar fresco me reanimou. Também era agradável escutar uma voz humana falando mais alto do que um sussurro. Passei por várias pessoas conhecidas, mas nenhuma me reconheceu sob o disfarce. Por dentro, eu rezava, pelo bem de Peter e do meu próprio, que nada o levasse a sacar sua adaga. Fomos caminhando até chegarmos ao cais. O marido de minha tia Nancy era um marinheiro, e considerou-se necessário que ele compartilhasse do nosso segredo. Ele me levou a bordo do seu bote, remou até um navio próximo e me ergueu até ele. Nós três éramos os únicos ocupantes da embarcação. Agora arrisquei perguntar o que eles propunham fazer comigo. A resposta foi que eu permaneceria a bordo durante a madrugada e depois eles me esconderiam no Pântano das Cobras até meu tio Phillip preparar um esconderijo para mim. Se o navio estivesse se dirigindo para o norte, de nada me adiantaria, pois certamente seria revistado. Por volta das quatro da manhã, nos sentamos no bote mais uma vez e remamos cinco quilômetros até o pântano. Meu medo de cobra aumentara desde a picada venenosa que recebera e eu fiquei apavorada com a ideia de entrar nesse esconderijo. Mas eu não estava em posição de escolher, então aceitei agradecida o melhor que meus pobres amigos perseguidos tinham a oferecer.

Peter desceu primeiro e usou seu facão para abrir caminho entre uma infinidade de bambus e roseiras. Ele voltou, me tomou nos braços e me carregou até uma clareira entre os bambus. Antes de chegarmos até ela, estávamos cobertos de centenas de mosquitos. Em menos de uma hora, os insetos haviam envenenado minha pele até me transformarem em uma criatura patética. Com o aumento da claridade, comecei a ver uma cobra depois da outra rastejando à nossa volta. Eu estava acostumada a ver cobras desde pequena, mas essas eram maiores do que qualquer uma que eu já havia visto. Até hoje tremo de pensar naquela manhã. Com o cair da noite, o número de cobras aumentou tanto que éramos constantemente forçados a bater nelas com paus para que não se arrastassem sobre nós. Os bambus eram tão altos e tão densos que era impossível ver além de uma pequena distância. Logo antes de escurecer, arranjamos um lugar para descansar mais perto da entrada do pântano, pois temíamos perder o caminho de volta ao bote. Não demorou para que ouvíssemos o bater dos remos e um assobio baixo, que era o sinal combinado. Corremos para dentro do bote e remamos de volta ao navio. Foi uma noite terrível: o calor do pântano, os mosquitos e o medo constante das cobras haviam me deixado ardendo de febre. Eu acabara de cair no sono quando eles me acordaram para dizer que era hora de voltar para aquele pântano horroroso. Mal tive coragem para me erguer, mas mesmo aquelas cobras enormes e peçonhentas eram menos aterroradoras para a minha imaginação do que os homens brancos daquela comunidade que se dizia civilizada. Dessa vez, Peter levou um pouco de tabaco para queimar e afastar os mosquitos. A fumaça teve o efeito desejado, mas me deixou nauseada e com uma forte dor de cabeça. Quando escureceu, voltamos para o navio. Eu ficara tão doente durante o dia que Peter declarou que eu iria para casa naquela noite mesmo que o diabo em pessoa estivesse de patrulha. Eles me contaram que um esconderijo fora preparado para mim na casa da minha avó. Eu não conseguia imaginar como seria possível me esconder na casa dela, onde cada cantinho era conhecido da família Flint. Eles responderam que eu precisava esperar para ver. O bote foi levado de volta à costa e nós seguimos impávidos até a casa da minha avó. Eu estava vestindo minha roupa de marinheiro e havia escurecido o rosto com carvão. Passei por diversas pessoas que conhecia. O pai dos meus filhos chegou tão perto de mim que meu braço roçou contra o dele, mas ele não fazia ideia de quem eu era.

— É melhor você aproveitar ao máximo essa caminhada — meu amigo Peter disse, — pois não terá outra tão cedo.

Achei que a sua voz parecia triste. Foi bondade dele esconder de mim o buraco sombrio que seria meu lar por muito, muito tempo.

A brecha do refúgio

Um barraquinho fora construído junto à casa da minha avó alguns anos antes, com tábuas sobre os barrotes no alto da estrutura. Entre essas tábuas e o telhado ficava uma mansarda minúscula, nunca ocupada por nada além de ratos e camundongos. Era um alpendre coberto apenas de telhas de madeira, seguindo o costume sulista para esse tipo de edifício. A mansarda tinha apenas três metros de largura por dois de comprimento. A parte mais alta tinha um metro de altura, inclinando-se abruptamente até as tábuas soltas. Não havia nenhuma entrada de luz ou ar. Meu tio Phillip, que era carpinteiro, havia usado toda a sua habilidade para fabricar um alçapão oculto que se conectava com o depósito. Ele fizera isso enquanto eu aguardava no pântano. O depósito dava para uma varanda. Fui levada até esse buraco assim que entrei na casa. O ar era sufocante; a escuridão, absoluta. Uma cama fora preparada sobre o piso. Eu podia dormir confortavelmente deitada de lado, mas a inclinação era tão súbita que eu não tinha como me virar para o outro sem me chocar com o telhado. Os ratos e camundongos corriam sobre a minha cama; mas eu estava cansada e dormi o sono dos miseráveis quando a tormenta que os assola termina de passar. A manhã chegou. Eu só sabia dela pelos barulhos que escutava, pois dia e noite eram idênticos dentro do meu refúgio. Eu ansiava por ar mais até do que por luz. Mas eu não estava totalmente privada de conforto, pois escutava as vozes dos meus filhos. Havia alegria e havia tristeza naquele som. Minhas lágrimas corriam. Como eu tinha saudades de conversar com eles! Eu estava ansiosa pela chance de olhar nos seus rostos, mas não havia buraco ou fenda pelo qual pudesse espiar. Essa escuridão constante era opressora. Era horrível ficar sentada ou deitada naquele espaço apertado, um dia depois do outro, sem um facho de luz sequer. Contudo, eu ainda teria escolhido essa sina no lugar da escravidão, por mais que a minha vida de escrava fosse considerada fácil pelos brancos, como era de fato em comparação com a de muitos outros. Eu nunca fui forçada cruelmente a trabalhar até a exaustão, nunca fui lacerada com um chicote da cabeça aos pés, nunca fui tão espancada e esfolada que não conseguia me virar de um lado para o outro, nunca tive os tendões do calcanhar cortados para impedir minha fuga, nunca fui acorrentada a um tronco e forçada a arrastá-lo enquanto trabalhava no campo de sol a sol, nunca fui marcada com ferro em brasa ou abocanhada por cachorros. Pelo contrário, sempre fui tratada com bondade e bem cuidada até cair nas mãos do Dr. Flint. Até então, eu nunca desejara a liberdade. Mas apesar de a minha vida sob a escravidão ter sido relativamente livre de adversidades, Deus tenha piedade da mulher que é forçada a levar tal vida!

Minha comida era passada através do alçapão que meu tio inventara; minha avó, meu tio Phillip e tia Nancy aproveitavam todas as oportunidades que podiam para subir até ela e conversar comigo junto à abertura. Obviamente, isso não era seguro durante o dia. Tudo precisava ser feito na escuridão. Eu não tinha como me mover com as costas eretas, mas me arrastava pelo esconderijo como forma de exercício. Um dia, bati de cabeça contra alguma coisa e descobri uma pua. Meu tio deixara a ferramenta presa onde estava quando fez o alçapão. Fiquei tão feliz quanto Robinson Crusoé teria ficado ao encontrar esse tesouro. Ele me deu uma ideia feliz.

— Agora eu vou ter luz — eu disse para mim mesma.
— Agora vou ver meus filhos.

Não ousei começar o trabalho durante o dia, por medo de atrair a atenção de alguém. Em vez disso, fui tateando até encontrar o lado que dava para a rua, onde poderia ver meus filhos com frequência, então prendi a pua e esperei o sol se por. Usando a pua, fiz três linhas de furos, uma em cima da outra, depois broqueei os interstícios entre elas. Com isso, foi possível produzir um buraco de cerca de 2,5 cm de largura por 2,5 cm de altura. Fiquei sentada junto a ele até a madrugada, aproveitando o pouquinho de ar fresco que soprava por ali. De manhã, fiquei à espera dos meus filhos. A primeira pessoa que vi passar na rua foi o Dr. Flint. Tive um arrepio e uma superstição de que aquilo era um mau sinal. Vários rostos conhecidos passaram também. Finalmente, escutei a alegria de risadas infantis e logo dois rostinhos lindos estavam olhando para cima, como se soubessem onde eu estava e toda a alegria que me comunicavam. Ah, como eu ansiava para *contar* a eles onde eu estava!

Agora minha condição era um pouco melhor. Ainda assim, passei semanas sendo atormentada por centenas de insetinhos vermelhos, afiados como agulhas, que perfuravam minha pele e causavam uma queimação insuportável. Minha avó gentil me deu chás aromáticos e remédios refrescantes até que finalmente consegui me livrar deles. O calor do meu refúgio era intenso, pois nada além das telhas fininhas de madeira me protegiam do calor lancinante do verão. Mas eu tinha meus consolos. Através da brecha que eu abrira, era possível observar meus filhos e, quando estavam perto o suficiente, escutar sua conversa. Tia Nancy me trazia todas as notícias que escutava na casa do Dr. Flint. Por ela, descobri que o doutor escreva para uma mulher de cor em Nova York, que nascera e fora criada na nossa vizinhança e que respirara sua atmosfera doentia. Ele ofereceu a ela uma recompensa se pudesse obter alguma informação sobre mim. Não sei qual foi a natureza da sua resposta, mas ele logo partiu para Nova York às pressas, dizendo para a família que tinha negócios importantes na cidade. Eu o espiei passando na rua, à caminho do vapor. Era uma grande satisfação ter quilômetros de mar e terra entre nós, mesmo que só por algum tempo, e uma satisfação maior ainda saber que ele acreditava que eu estava nos Estados Livres. Meu cantinho pareceu menos triste depois disso. Ele voltou, assim como fizera da viagem anterior a Nova York, sem obter nenhuma informação satisfatória. Quando passou pela nossa casa na manhã seguinte, Benny estava parado junto ao portão. Ele ouvira dizer que o doutor fora me procurar.

— Dr. Flint, o senhor trouxe a minha mãe para casa? — ele chamou. — Eu quero ver ela.

— Saia da minha frente, seu safadinho dos diabos! — o doutor exclamou, batendo com o pé no chão enfurecido. — Se não sair, vou cortar essa sua cabeça.

Benny correu para dentro de casa, aterrorizado.

— Você não pode me botar na cadeia de novo, eu não sou mais seu.

Ainda bem que o vento não deixou as palavras chegarem aos ouvidos do doutor. Contei à minha avó sobre o ocorrido quando tivemos nossa próxima conversa junto ao alçapão e implorei a ela que não deixasse meus filhos serem impertinentes com aquele velho colérico.

O outono chegou, trazendo consigo uma temperatura mais branda. Meus olhos estavam acostumados à falta de luz, e segurando meu livro ou o trabalho em uma determinada posição junto à abertura, era possível ler e costurar. Era um grande alívio para a monotonia tediosa da minha vida. Quando o inverno chegou, no entanto, o frio penetrou o telhadinho de madeira e eu fiquei congelada. Os invernos no sul não são tão compridos ou tão fortes quanto os das latitudes mais ao norte, mas as casas não são construídas para proteger seus habitantes do frio, e meu esconderijo era especialmente desprovido de confortos. Minha avó tinha a bondade de me trazer cobertores e bebidas quentes. Muitas vezes, eu era forçada a passar o dia deitada na cama para me manter confortável, mas todas as minhas precauções não foram o suficiente para impedir que meus ombros e pés se enregelassem. Ah, como eram longos e sombrios aqueles dias, sem nenhum objeto no qual fixar meus olhos, sem pensamentos para ocupar minha mente além do passado opressor e o futuro incerto! Eu ficava grata quando o dia era ameno o suficiente para que eu me enrolar em um cobertor e sentar junto à brecha para assistir os transeuntes na rua. Os sulistas têm o hábito de parar para conversar na rua, então escutei diversas conversas que não eram destinadas aos meus ouvidos. Escutei caçadores de escravos planejando como pegariam algum pobre fugitivo. Diversas vezes, escutei alusões ao Dr. Flint, a mim mesma e à história dos meus filhos, que podiam estar brincando no portão.

— Eu não mexeria meu dedo mindinho para pegar ela, que é propriedade do Dr. Flint — alguém dizia.

— Eu pegaria *qualquer* crioulo por essa recompensa — outro dizia. — Um homem tem direito às suas posses, mesmo que seja um estúpido dos diabos.

Muitos expressavam a opinião de que eu estaria nos Estados Livres. Muito raramente, alguém sugeria que eu poderia estar na vizinhança. Se recaísse a menor suspeita sobre a casa da minha avó, ela teria sido incendiada, mas era o último lugar que alguém imaginava. Contudo, não havia nenhum outro lugar sob o jugo da escravidão que poderia me oferecer um esconderijo tão bom quanto aquele.

O Dr. Flint e sua família tentaram inúmeras vezes usar lisonjas e subornos para convencer meus filhos a contar algo que haviam escutado sobre mim. Um dia, o doutor os levou a uma loja e se ofereceu para comprar pecinhas de prata e lenços coloridos se eles contassem onde a mãe estava. Ellen fugiu dele e se recusou a falar, mas Benny respondeu:

— Dr. Flint, eu não sei onde a minha mãe está. Acho que está em Nova York. Quando o senhor for lá de novo, eu queria que pedisse para ela voltar, pois eu quero vê-la. Mas se botá-la na cadeia, ou dizer que vai cortar a cabeça dela, eu vou dizer para ela voltar para lá na mesma hora.

Celebração de Natal

O Natal se aproximava. Minha avó me levou materiais e eu me ocupei na produção de novas roupas e brinquedos para os meus filhos. Se o dia do contrato não estivesse se aproximando, deixando muitas famílias temerosas da probabilidade de separação no futuro próximo, o Natal seria uma ocasião feliz para os pobres escravos. Até as mães escravas tentam alegrar os corações dos seus pequeninos nessa época. Os sapatinhos de Natal de Benny e Ellen se encheram de presentes. Sua mãe prisioneira não teve o privilégio de testemunhar sua surpresa e alegria com o fato, mas ainda tive o prazer de espiá-los na rua, saindo com seus novos trajes. Ouvi Benny perguntar a um amiguinho se Papai Noel havia trazido alguma coisa.

— Sim — o menino respondeu, — mas Papai Noel não é um homem de verdade. São as mães das crianças que botam coisas nos sapatinhos.

— Não, não pode ser — Benny respondeu. — Papai Noel trouxe essas roupas novas para mim e para a Ellen, mas a minha mãe foi embora faz tempo.

Como eu queria contar a ele que era sua mãe que costurara aquelas peças e que muitas lágrimas foram derramadas sobre a roupa enquanto ela trabalhava!

Todas as crianças acordam cedo na manhã de Natal para ver os Johnkannaus.[1] Sem eles, o Natal perderia sua maior atração. Eles são companhias de escravos das fazendas, geralmente da classe mais baixo. Uma rede, coberta de inúmeras tiras coloridas, é atirada sobre dois homens atléticos que vestem robes de chita . Rabos de vaca são amarrados às suas costas, enquanto suas cabeças são decoradas com chifres. Uma caixa coberta de carneira, chamada de gumbo, vira instrumento de percussão para uma dúzia de homens, enquanto outros tocam triângulos e queixadas, marcando o ritmo para bandos de dançarinos. O grupo passa o mês anterior compondo canções que são entoadas na ocasião. Essas companhias, com cem membros cada, aparecem no começo da manhã e têm permissão para ir até o meio-dia pedindo esmolas e contribuições. Nenhuma porta deixa de ser visitada quando tem a mínima chance de fornecer uma moedinha ou um copo de rum. Os membros não bebem enquanto estão se apresentando, apenas levam o rum para casa em garrafões para fazer uma farra. Essas doações de Natal muitas vezes chegam a vinte ou trinta dólares. É raro que algum branco, adulto ou criança, se recuse a oferecer alguma ninharia que seja. Quem se recusa é presenteado com a seguinte canção:

    Poor massa, so dey say;

---

1. Jonkonnu (também chamado de Johnkannaus, John Coonah e John Canoe) era uma celebração natalina das comunidades escravas na Carolina do Norte, oriunda do Caribe.

CELEBRAÇÃO DE NATAL

Down in de heel, so dey say;
Got no money, so dey say;
Not one shillin, so dey say;
God A'mighty bress you, so dey say.[2]

O Natal é um dia de festa, tanto para os brancos quanto para as pessoas de cor. Os escravos que têm sorte o suficiente para guardar alguns xelins sempre os gastam com um bom jantar; além disso, muitos porcos e perus são capturados sem que ninguém peça licença. Aqueles que não conseguem obter esses animais cozinham gambás ou guaxinins, que permitem o preparo de alguns pratos apetitosos. Minha avó criava porcos e galinhas para vender e tinha o costume de assar um peru e um porco para a ceia de Natal.

Nessa ocasião, fui avisada para me manter extremamente quieta, pois dois convidados iriam comparecer. Um deles era o oficial de justiça da cidade, o outro um homem de cor livre que tentava se passar por branco e que estava sempre disposto a fazer qualquer coisa para ser bem visto pelos brancos. Minha avó tinha um motivo para convidá-los. Ela fez questão de levá-los por toda a casa, com todos os quartos do primeiro andar abertos para que eles entrassem e saíssem; após o jantar, eles foram convidados ao segundo andar para observarem um belo sabiá-da-praia que meu tio havia acabado de trazer para

---

2. Tradução: "Pobre sinhô, é o que dizem;/ Está no inferno, é o que dizem;/ Não tem dinheiro, é o que dizem;/ Nem um xelim, é o que dizem;/ Deus abençoe, é o que dizem."

casa. Esses quartos também foram todos abertos para que eles pudessem observá-los. Quando os escutei conversando na varanda, meu coração quase ficou paralisado no meu peito. Eu sabia que esse homem de cor havia passado muitas noites à minha caça. Todos sabiam que ele tinha o sangue de um pai escravo nas veias, mas para se passar por branco, ele estava sempre disposto a beijar os pés dos escravistas. Como eu o desprezava! Quanto ao oficial de justiça, esse não tinha nada de dissimulado. Os deveres do seu cargo eram sórdidos, mas ele era superior ao companheiro na medida em que não fingia ser algo que não era. Qualquer homem branco que tivesse capital o suficiente para comprar um escravo teria se considerado humilhado em se tornar oficial de justiça, mas o cargo permitia ao ocupante o exercício de alguma autoridade. Se encontrava um escravo na rua após as nove horas, ele podia castigá-lo o quanto quisesse, e este era um privilégio cobiçado. Quando os convidados estavam prestes a partir, minha avó deu a cada um dele um pouco da sua sobremesa de presente para suas esposas. Pela brecha, enxerguei os dois saindo pelo portão e fiquei contente em vê-lo se fechar atrás deles. Assim foi meu primeiro Natal no esconderijo.

Ainda na prisão

Quando a primavera voltou e eu pude observar o cantinho verde que a brecha revelava, me perguntei quantos outros verões e invernos eu estaria condenada a passar daquele jeito. Eu ansiava por respirar bastante ar fresco, esticar minhas pernas com câimbras, ter espaço para ficar de pé com as costas eretas, sentir a terra sob os meus pés mais uma vez. Meus parentes estavam sempre em busca de uma oportunidade para eu fugir, mas nenhuma parecia prática, ou mesmo minimamente segura. Quando o calor do verão voltou a assolar, a terebintina pingava do telhado fino e caía sobre a minha cabeça.

Durante aquelas longas noites, eu ficava agitada por falta de ar e não tinha como me virar. A única compensação era que a atmosfera ficava tão pesada e sufocante que nem mesmo os mosquitos se rebaixavam a zumbir lá dentro. Por mais que detestasse o Dr. Flint, seria difícil desejar a ele um castigo pior, neste mundo ou no próximo, do que sofrer tudo o que sofri em um só verão. Entretanto, as leis permitiam a *ele* respirar ar fresco, enquanto eu, inocente de qualquer crime, ficava presa no esconderijo, meu único meio de evitar as crueldades que a lei permitia que ele me infligisse! Não sei o que manteve a chama da vida acesa dentro de mim. Várias e várias vezes, pensei que não demoraria a morrer, mas então comecei a ver as folhas de outono revoando pelo céu e senti o toque de mais um inverno. No verão, as tempestades mais terríveis se tornavam aceitáveis, pois a chuva escorria pelo telhado e eu recolhia minha cama para que a água refrescasse as tábuas quentes sob ela. Mais perto do fim da estação, as tempestades deixavam minhas roupas encharcadas, o que não era nada confortável quando o tempo esfriava. As tempestades mais amenas eu conseguia evitar preenchendo as fendas e trincas com estopa.

Mas por mais desconfortável que fosse a minha situação, eu podia espiar um pouco do que acontecia na rua, o que me deixava grata pelo meu esconderijo miserável. Um dia, eu vi uma escrava passar pelo nosso portão resmungando "é dele mesmo, ele pode matar se quiser". Minha avó contou a história da mulher. Sua senhora vira o seu bebê pela primeira vez naquele dia e, nos traços do rosto alvo da criança, enxergara uma semelhança com o marido. Ela expulsou a escrava e a criança e as proibiu de voltar. A escrava procurou seu senhor e contou o que acontecera. Ele prometeu conversar com a senhora e acertar a situação. No dia seguinte, ela e o bebê foram vendidos para um traficante da Geórgia.

Outra vez, vi uma mulher correndo desesperada, perseguida por dois homens. Ela era uma escrava, a ama de leite dos filhos da senhora. Por algum delito trivial, sua senhora ordenara que ela fosse despida e açoitada. Para fugir da degradação e da tortura, ela se atirou no rio e usou a morte para dar fim ao seu sofrimento.

O senador Brown,[1] do Mississippi, não podia ignorar muitos fatos como esse, pois são uma ocorrência frequente em todos os estados do Sul. Ainda assim, ele se apresentou perante o Congresso dos Estados Unidos e declarou que a escravidão era "uma grande bênção moral, social e política; uma bênção para o senhor e uma bênção para o escravo!"

Sofri muito mais durante o segundo inverno que durante o primeiro. Meus braços e pernas ficavam entorpecidos pela falta de atividade e o frio produzia câimbras fortes. Eu tinha uma sensação dolorosíssima de frio na cabeça; até mesmo meu rosto e minha língua se enrijeceram e eu perdi a capacidade de fala. Obviamente, sob tais circunstâncias seria impossível chamar um médico. Meu irmão William veio e fez por mim tudo o que pôde. Tio Phillip também me cuidou com muito carinho, e até minha pobre avó subia e descia ao refúgio para saber se eu demonstrava algum sinal de estar voltando à vida. Minha consciência foi restaurada por um copo de água fria no rosto; eu estava deitada sobre o braço do meu irmão, que se inclinava sobre o meu corpo com lágrimas nos olhos. Mais tarde, ele me disse que achou que eu estava

---

1. Albert Gallatin Brown (1813–1880) foi congressista estadual e federal, governador do Mississippi e senador da União (1854–1861) e da Confederação (1862–1865). Brown foi um defensor ferrenho da manutenção e expansão nacional e internacional da escravidão, afirmando que "espalharia as bênçãos da escravidão, como a religião do nosso Senhor Divino, aos confins da terra".

morrendo, pois passara dezesseis horas desacordadas. A seguir, comecei a ter delírios e corri um grande risco de expor minha presença e trair meus amigos. Para impedir que isso acontecesse, eles me derrubaram com remédios. Permaneci seis semanas acamada, com o corpo cansado e o coração doente. Como obter assistência média era a grande questão. William finalmente conseguiu visitar um médico da escola thompsoniana[2] e disse que estava sofrendo de todas as minhas dores e sintomas. Ele voltou para casa com ervas, raízes e um unguento. Uma das ordens mais importantes seria esfregar o unguento junto à lareira, mas como é que iríamos acender um fogo dentro do meu refugiozinho? Primeiro tentamos usar carvão de lenha em um forninho, mas a fumaça não tinha por onde escapar e o experimento quase custou minha vida. Depois, carvões já acesos foram levados em uma panela de ferro e colocados sobre tijolos. Eu estava tão fraca, e não aproveitava o calor de uma boa fogueira havia tanto tempo, que aqueles carvõezinhos me fizeram chorar. Creio que os remédios fizeram algum bem, mas minha recuperação foi bastante lenta. Tantos dias deitadas, pensamentos sombrios começaram a passar pela minha mente. Tentei ser grata pela minha cela, por mais triste e miserável que fosse, e até amá-la, pois era parte do preço que precisaria pagar pela salvação dos meus filhos. Às vezes, eu pensava que Deus era um Pai piedoso que perdoaria meus pecados

---

2. Samuel Thomson (1769-1843), botânico autodidata americano, fundou um sistema de medicina alternativa popular durante o século XIX.

depois de tanto sofrimento. Outras, parecia a vontade divina não ter justiça nem piedade. Eu perguntava por que ele permitia a maldição da escravatura e por que eu fora tão perseguida e injustiçada desde menina. Essas ideias assumiram a forma de um mistério que até hoje não se esclareceu para minha alma, mas confio que as respostas me serão dadas na próxima vida.

Em meio à minha doença, minha avó sucumbiu ao peso, à ansiedade e ao trabalho. A ideia de perder aquela que sempre fora minha melhor amiga e uma mãe para os meus filhos foi a provação mais difícil que enfrentei até então. Ah, como eu rezei por sua recuperação. Como era difícil não poder cuidar dela, que por tanto tempo e com tanto carinho cuidara de mim!

Um dia, os gritos de uma criança me deram força o suficiente para me arrastar até a fenda, onde vi meu filho coberto de sangue. Um cachorro feroz, que normalmente ficava acorrentado, havia abocanhado o menino. Um médico foi chamado e eu ouvi os gritos e gemidos do menino enquanto davam pontos na ferida. Ah, que tortura para um coração de mãe escutar tudo aquilo sem poder correr até o filho!

Mas a infância é como um dia de primavera, alternando sol e chuva. Antes de o sol se pôr, Benny estava alegre e contente, fazendo ameaças contra o cachorro; e grande foi sua felicidade quando o doutor veio no dia seguinte e contou que o cachorro havia mordido outro menino e fora abatido com um tiro. Benny se recuperou dos ferimentos, mas demorou muito até voltar a caminhar.

Quando a doença da minha avó se tornou conhecida, muitas senhoras suas clientes foram visitá-la com pequenos presentes e perguntaram se ela tinha tudo de que precisava. Uma noite, Tia Nancy pediu permissão para cuidar da mãe doente.

— Não vejo nenhuma necessidade de você ir — a Sr. Flint respondeu. — Não posso ficar sem você.

Mas quando descobriu que as outras senhoras da vizinhança estavam sendo tão atenciosas, a Sra. Flint, não desejando ser superada em caridade cristã, também decidiu exercer sua magnífica condescendência e ficar junto ao leito da mulher que tanto a amara na infância e que em troca recebera agravos tão nefastos. Ela pareceu surpresa por ver minha avó tão doente e admoestou tio Phillip por não ter mandado chamar o Dr. Flint. Ela própria chamou o marido imediatamente, que apareceu. Por mais segura que estivesse no meu refúgio, eu teria ficado apavorada se soubesse que ele estava tão perto. O doutor declarou que a situação da minha avó era extremamente crítica e disse que caso seu médico assistente concordasse, ele a visitaria mais vezes. Ninguém queria vê-lo entrando e saindo da casa a qualquer hora do dia e não estávamos dispostos a lhe dar a chance de cobrar uma conta onerosa no final da história.

Quando a Sra. Flint foi embora, Sally contou a ela por que Benny estava mancando, ou seja, que um cachorro o mordera.

— Ainda bem — ela respondeu. — Devia ter matado ele. Seria uma boa notícia para mandar para a mãe dele. O dia *dela* vai chegar. O cachorro ainda vai pegar *ela* um dia desses.

Com essas palavras cristãs, ela e o marido foram embora e, para a minha grande satisfação, não voltaram mais.

Meu tio Phillip provocou um sentimento de gratidão e alegria inexpressável quando me informou que a crise passara e minha avó sobreviveria. Agora podia dizer, do fundo do coração:

— Deus é misericordioso. Ele me poupou da angústia de ter causado a morte dela.

O candidato ao Congresso

O verão havia quase terminado quando o Dr. Flint fez uma terceira visita a Nova York atrás de mim. Dois candidatos concorriam a uma vaga no Congresso e ele voltou a tempo de votar. O pai dos meus filhos era o candidato do Partido Whig. Até então, o doutor sempre fora um Whig ferrenho, mas agora aplicara todas as suas energias à derrota do Sr. Sands. Ele convidou grandes grupos de homens para almoços à sombra das suas árvores, sempre regados a muito rum e conhaque. Se algum pobre coitado afogava o cérebro no prato e decidia abrir seu coração para os convivas, proclamando que não pretendia votar na chapa Democrata, ele era expulso sem qualquer cerimônia.

O doutor gastou sua bebida em vão. O Sr. Sands foi eleito, um evento que ocasionou em mim uma certa angústia. Ele não havia alforriado meus filhos e, se morresse, os dois ficariam à mercê dos seus herdeiros. Duas vozezinhas que estavam sempre chegando aos meus ouvidos pareciam implorar para não deixar que o pai fosse embora sem tentar garantir a sua liberdade. Muitos anos haviam passado desde que eu conversara com ele. Eu não o via desde a noite em que passamos um pelo outro e ele não me reconheceu sob o disfarce de marinheiro. Imaginei que ele faria uma visita antes de partir e diria algo para a minha avó sobre as crianças, então tomei uma decisão sobre o que fazer.

Um dia antes da sua partida para Washington, arranjei para que, no final da tarde, eu pudesse sair do meu esconderijo e ir para o depósito no andar de baixo. Eu estava tão entrevada que foi muito difícil me arrastar de um canto para o outro. Quando cheguei ao depósito, meus tornozelos não aguentaram e eu simplesmente desabei no chão, exausta. Parecia que nunca conseguiria usar meus braços ou pernas de novo. Mas o objetivo que tinha em vista bastou para reunir todas as minhas forças. Fui me arrastando de quatro até a janela e, escondida atrás de um barril, esperei pela sua chegada. O relógio deu nove badaladas e eu sabia que o vapor partiria entre as dez e as onze. Minhas esperanças estavam se esvaindo, mas então ouvi sua voz.

— Espere um momento, quero ver tia Martha — escutei ele dizendo para alguém. Quando ele saiu, eu disse enquanto passava pela janela

— Espere um instante, deixe eu falar pelos meus filhos.

Ele tomou um susto, hesitou, depois saiu pelo portão. Fechei a persiana que havia deixado entreaberta e me escondi atrás do barril de novo. Eu havia sofrido muito, mas poucas vezes sentira uma dor mais amarga do que naquele instante. Meus filhos eram tão desimportantes para ele assim? E ele se importava tão pouco com sua mãe miserável que não estava disposto a parar um instante para ouvi-la implorar por eles? Minha mente estava tão dominada por lembranças dolorosas que esqueci que não havia enganchado a persiana até ouvir alguém a abrindo. Ergui os olhos. Ele voltara.

— Quem me chamou? — ele disse baixinho.
— Fui eu — respondi.
— Ah, Linda, eu reconheci sua voz, mas fiquei com medo de responder. Meu amigo podia ter escutado. Por que você veio até aqui? Você não está se arriscando demais entrando nesta casa? É loucura eles deixarem você fazer isso. Daqui a pouco vão me mandar notícia de que vocês estão todos arruinados.

Eu não queria envolvê-lo na questão e informá-lo onde ficava meu esconderijo, então disse apenas:

— Achei que você viria se despedir da minha avó, então vim conversar sobre a alforria dos meus filhos. Muita coisa pode mudar nos seis meses em que você vai estar em Washington, não parece certo expô-los ao risco dessas mudanças. Não quero nada para mim mesma, tudo o que peço é que liberte meus filhos, ou autorize algum amigo a fazê-lo, antes de partir.

Ele prometeu que o faria e também expressou sua prontidão para fazer as preparações necessárias para que eu fosse comprada.

Ouvi passos se aproximarem e fechei a persiana às pressas. Eu queria me arrastar de volta para a minha toca sem que a família soubesse o que fizera, pois sabia que considerariam minha ação por demais imprudente. Mas ele voltou para dentro de casa para dizer à minha avó que falara comigo no depósito e implorar a ela que não permitisse que eu passasse a noite na casa. Ele disse que minha presença ali era o ápice da loucura e que todos acabariam arruinados com certeza. Por sorte, ele estava com muita pressa para esperar pela resposta ou minha querida avó teria contado toda a história.

Tentei voltar para o meu refúgio, mas subir se revelou mais difícil do que fora descer. Agora que minha missão estava cumprida, a pouca força que me sustentara até aquele momento se esvaiu e eu desabei no chão, inerte. Minha avó, assustada com o risco que eu havia corrido, entrou no depósito no escuro e trancou a porta atrás de si.

— Linda, onde está você — ela cochichou.

— Eu estou aqui na janela — respondi. — Não podia deixá-lo ir embora sem alforriar as crianças. Quem sabe o que vai acontecer?

— Calma, minha filha, calma. Você não pode ficar aqui embaixo nem mais um minuto. Você errou, mas não posso culpá-la, pobrezinha!

Contei a ela que não teria como voltar sem ajuda e que ela precisaria chamar meu tio. Tio Phillip veio e a piedade o impediu de me admoestar. Ele me carregou de volta para o meu calabouço, colocou-me gentilmente sobre a cama, me deu um remédio e perguntou se havia mais alguma coisa que pudesse fazer por mim. Depois disso ele foi embora, me deixando apenas com meus pensamentos, tão vazio de estrelas quanto a escuridão absoluta à minha volta.

    Meus amigos temiam que eu me aleijasse para sempre. Estava tão cansada dos longos anos de cativeiro que, se não pela esperança de cuidar dos meus filhos, teria ficado grata em morrer. Pelo bem deles, no entanto, perseverava em continuar.

Competição de esperteza

O Dr. Flint não desistira de mim. De quando em quando, ele dizia para minha avó que eu ainda voltaria um dia e me entregaria voluntariamente; e que quando isso acontecesse, eu poderia ser comprada pelos meus parentes ou por quem quer que fosse. Eu conhecia a sua natureza matreira bem demais para não enxergar a arapuca que ele estava armando para mim, o que todos os meus amigos também entendiam. Eu decidia jogar a minha esperteza contra a dele. Para fazê-lo acreditar que estava em Nova York, pensei em escrever uma carta datada daquela cidade. Chamei meu amigo Peter e perguntei se ele conhecia algum marinheiro confiável que levaria essa carta a Nova York e a postaria de lá. Ele disse que conhecia um a quem confiaria sua própria vida até o fim do mundo. Lembrei a ele que a missão seria perigosa. Ele disse que sabia, mas que estava disposto a fazer qualquer coisa para me ajudar. Comuniquei a ele o desejo de obter um jornal de Nova York para descobrir os nomes de algumas das ruas.

— Aqui tem metade de um jornal — ele disse, tirando a mão do bolso. — Comprei um gorro de um mascate ontem, veio enrolado nisso.

— A carta estaria pronta na noite seguinte, informei. Ele se despediu de mim e completou:

— Ânimo, Linda. Dias melhores virão.

Meu tio Phillip ficou de vigia no portão até nossa breve conversa chegar ao fim. Assim que o sol nasceu na manhã seguinte, eu me sentei junto à brechinha para analisar o jornal. Era um pedaço do New York Herald e, para variar um pouco, o jornal que abusa sistematicamente do povo negro prestou um serviço a eles. Tendo obtido as informações que desejava sobre ruas e números, escrevi duas cartas, uma para minha avó, a outra para o Dr. Flint. Lembrei como ele, um homem grisalho, tratara uma criança indefesa colocada sob o seu poder e os anos de infelicidade que lhe dera. Para minha avó, expressei o desejo de que meus filhos fossem mandados para mim no norte, onde eu poderia ensiná-los a se respeitarem e dar a eles um exemplo de virtude, algo proibido às mães escravas no sul. Pedi que ela destinasse sua resposta a uma determinada rua em Boston, pois eu não morava em Nova York, apesar de visitar a cidade ocasionalmente. Datei as cartas do futuro, para levar em conta o tempo necessário para transportá-las, e informei o mensageiro sobre a data em um bilhete.

— Deus lhe abençoe e lhe pague, Peter, por essa bondade desinteressada — eu disse quando meu amigo veio buscar as cartas. — Mas tome cuidado. Se for descoberto, você e eu vamos sofrer horrivelmente. Nenhum dos meus parentes ousaria fazer isso por mim.

— Pode confiar em mim, Linda — ele respondeu. — Não esqueço que seu pai foi meu melhor amigo, vou ser amigo dos filhos dele enquanto Deus me deixar viver.

Foi necessário contar à minha avó o que eu fizera para que ela se preparasse para a carta e para o que o Dr. Flint diria sobre a minha presença no norte. Ela ficou entristecida e preocupada, acreditando que o resultado seria alguma confusão. Também contei meu plano a tia Nancy para que ela pudesse nos informar o que estava sendo dito na casa do Dr. Flint. Sussurrei a história para ela através de uma rachadura.

— Espero que dê certo — ela cochichou. — Não vai ser tão ruim ser escrava toda a *minha* vida se um dia puder ver você e seus filhos livres.

Havia instruído que minhas cartas fossem postadas em Nova York no dia 20 do mês. Na noite do dia 24, minha tia veio contar que o Dr. Flint e a esposa estavam conversando baixinho sobre uma carta que ele recebera e que ele, ao partir para o consultório, prometeu trazê-la quando voltasse para o chá. Assim, concluí que ouviria minha carta sendo lida em voz alta na manhã seguinte. Disse à minha avó que o Dr. Flint não poderia deixar de vir e pedi que ela o sentasse junto a uma determinada porta, que ela deixaria aberta, para que eu pudesse escutar o que ele tinha a dizer. Na manhã seguinte, assumi meu posto onde poderia escutar a porta e permaneci imóvel como uma estátua. Não demorou para que o portão batesse com força e os passos conhecidos entrassem em casa. Ele se sentou na cadeira destinada para ele e disse:

— Martha, estou trazendo comigo uma carta de Linda. Ela mandou uma para mim também. Sei exatamente onde encontrá-la, mas decidi não ir a Boston atrás dela. Prefiro que ela escolha voltar por conta própria, de maneira respeitável. Seu tio Phillip seria a melhor pessoa para ir até ela. Com *ele*, ela se sentiria perfeitamente livre para agir como quisesse. Estou disposto a pagar suas despesas de ida e volta. Ela vai ser vendida para os amigos. Seus filhos estão livres, ou pelo menos imagino que estão, e serão todos uma família feliz depois que você obtiver a liberdade dela. Não creio, Martha, que você objete à minha leitura da carta que Linda mandou para você.

Ele rompeu o selo e eu o escutei lendo a carta. Que velhaco! Ele roubara a carta que escrevi para a minha avó e preparou outra no seu lugar. O teor da falsa carta era o seguinte:

Estimada Avó:

Quero há muito tempo escrever, mas a maneira desonrosa como deixei a senhora e meus filhos me deixou envergonhada. Se soubesse o quanto sofri desde que fugi, a senhora teria pena de mim e me perdoaria. Paguei caro pela liberdade. Se for possível arranjar meu retorno ao sul sem me tornar escrava, eu voltaria alegremente. Se não, imploro que mande meus filhos para o norte. Não consigo mais viver sem eles. Avise a tempo e eu os encontrarei em Nova York ou na Filadélfia, onde mais conveniente for para o meu tio. Escreva assim que possível para a sua filha infeliz,

Linda.

— É bem o que eu esperava — o velho hipócrita disse, preparando-se para partir. — A menina boba se arrependeu da sua impetuosidade e agora quer voltar. Precisamos ajudá-la, Martha. Converse com Phillip sobre isso. Se ele for até lá, ela vai confiar nele e voltará para cá. Vou esperar sua resposta amanhã. Bom dia, Martha.

Quando saiu pela varanda, o doutor tropeçou na minha filhinha.

— Ah, Ellen, é você? — ele perguntou com toda a gentileza que tinha. — Não vi você aí. Como é que vai?

— Muito bem, senhor. Ouvi o senhor dizer à minha avó que a minha mãe está voltando para casa. Eu queria ver ela.

— Sim, Ellen, eu vou trazer ela para casa em breve — ele respondeu. — E você vai ver ela sempre que quiser, sua crioulinha crespinha.

Para mim, que ouvia tudo, foi como assistir a uma comédia, mas minha avó estava apavorada e aflita, já que o doutor queria que meu tio fosse atrás de mim.

O Dr. Flint apareceu na noite seguinte para discutir o assunto. Meu tio disse que, pelo que ouvira falar sobre o Massachusetts, ele achava que seria atacado por uma multidão se fosse atrás de um escravo fugitivo.

— Pura baboseira, Phillip! — o doutor respondeu. — Você acha que quero provocar rum escândalo em Boston? O negócio todo pode ser concluído discretamente. Linda escreveu dizendo que quer voltar. Você é parente dela, ela confiaria em *você*. O caso seria diferente se eu fosse.

Ela poderia objetar a voltar *comigo*; e os malditos abolicionistas, se soubessem que eu sou seu senhor, não acreditariam se eu dissesse que ela estava implorando para voltar. Eles fariam uma algazarra, e eu não gostaria de ver Linda arrastada pelas ruas feito uma crioula qualquer. Ela foi muito ingrata por todas as bondades que fiz, mas eu a perdoo e quero demonstrar minha amizade. Não tenho nenhum desejo de possuí-la como minha escrava. Seus amigos podem comprá-la assim que ela chegar.

Como seus argumentos não eram capazes de convencer meu tio, o doutor "deu com a língua nos dentes" e disse que havia escrito para o prefeito de Boston para determinar se havia uma pessoa da minha descrição na rua e número do qual minha carta fora postada. Ele omitira essa informação na carta que forjara para ler para a minha avó. Se eu tivesse usado um endereço de Nova York, o velho provavelmente teria feito outra viagem até a cidade. Mas até naquela região sombria onde o conhecimento é tão cuidadosamente escondido dos escravos eu ouvira falar o suficiente sobre Massachusetts para concluir que os escravistas não consideravam o estado um lugar confortável onde procurar fugitivos. Isso foi antes da Lei do Escravo Fugitivo ser aprovada, antes de Massachusetts consentir em se tornar "caça-crioulos" para o sul.

Minha avó, que se tornara receosa por ver sua família sempre em perigo, me procurou parecendo bastante preocupada.

— O que você vai fazer se o prefeito de Boston mandar dizer que você nunca esteve por lá? Ele vai suspeitar que a carta foi um truque, talvez descubra alguma coisa e nos coloque todos em apuros. Ah, Linda, eu queria que você nunca tivesse mandado essas cartas.

— Não se preocupe, vó — eu disse. — O prefeito de Boston não se daria ao trabalho de caçar crioulos para o Dr. Flint. As cartas vão acabar servindo para o bem. Mais cedo ou mais tarde eu saio desse buraco escuro.

— Espero que saia, minha filha — respondeu minha velha amiga, sempre tão boa e paciente. — Você está aqui há muito tempo, quase cinco anos, mas vai partir o coração da sua velha avó no dia que for embora. Todos os dias vou ficar esperando a notícia de que você está em ferros e foi atirada na cadeia. Deus lhe acuda, minha pobre! Sejamos gratas que um dia, mais cedo ou mais tarde, iremos todos para onde "os maus cessam de perturbar e repousam os cansados".

— Meu coração respondeu: Amém.

O fato de o Dr. Flint ter escrito para o prefeito de Boston me convenceu que ele acreditava que minha carta era genuína e, obviamente, que não suspeitava da minha presença nos arredores. Era nosso grande objetivo preservar esse equívoco, pois assim meus amigos e eu ficávamos menos ansiosos, e o fato ainda seria bastante conveniente quando uma oportunidade de fuga aparecesse. Assim, decidi continuar a escrever cartas do norte de tempos em tempos.

Duas ou três semanas passaram sem resposta do prefeito de Boston, então minha avó começou a escutar meus pedidos para que pudesse sair da minha cela de vez em quando para me exercitar, pois sem isso acabaria ficando aleijada. Recebi permissão para descer até o depósito no começo da manhã e ficar ali um pouquinho. O depósito ficava cheio de barris, exceto por um pequeno espaço aberto sob o meu alçapão. Este ficava de frente para a porta, a parte superior da qual era feita de vidro e deixada propositalmente descortinada para que qualquer curioso pudesse olhar para dentro. O ar desse quarto era abafado, mas muito melhor do que a atmosfera da minha cela, para onde eu temia ter de voltar. Eu descia assim que o sol nascia e ficava ali até as oito horas, quando as pessoas começavam a perambular pelas redondezas e surgia o perigo que alguém subisse na varanda. Eu havia tentado diversos métodos para produzir calor e recuperar a sensação dos meus membros, sem nenhum sucesso. Eles estavam tão entorpecidos e entesados que qualquer movimento era um esforço doloroso; se algum inimigo tivesse me surpreendido durante as primeiras manhãs nas quais tentei exercitá-los no espacinho desocupado do depósito, uma fuga teria sido impossível.

Uma era importante na vida do meu irmão

Eu estava com saudades da companhia e da atenção carinhosa de William, meu irmão, que acompanhara o Sr. Sands, seu senhor, a Washington. Recebemos várias cartas dele, escritas sem nenhuma menção a mim, mas expressas de tal forma que eu sabia que ele não se esquecera de mim. Eu disfarçava minha caligrafia e escrevia para ele da mesma forma. Foi uma sessão longa do Congresso e, quando se encerrou, William escreveu para nos informar que o Sr. Sands estava indo para o norte, onde ficaria por algum tempo, e que ele o acompanharia. Eu sabia que o senhor havia prometido sua liberdade, mas sem especificar uma data. Será que William confiaria na sorte de um escravo? Lembrei-me de como costumávamos conversar, quando éramos mais jovens, sobre conquistar nossa liberdade, e duvidei seriamente que ele um dia voltaria para nós.

Minha avó recebeu uma carta do Sr. Sands dizendo que William demonstrara ser um criado de absoluta fidelidade e, mais do que isso, um grande amigo; e que mãe nenhuma jamais criara um menino melhor. Ele contou que viajara pelos estados do Norte e pelo Canadá e que, embora os abolicionistas tentassem seduzi-lo, suas tentativas não haviam tido sucesso. Por fim, ele dizia que logo voltariam para casa.

Estávamos esperando cartas de William descrevendo as novidades da viagem, mas nenhuma chegou. Por fim, fomos informadas que o Sr. Sands voltaria no final do outono, acompanhado de uma noiva. Ainda assim, nenhuma carta de William. Eu tinha quase certeza de que nunca o veria em solo sulista novamente, mas ele não teria nenhuma palavra para confortar os amigos deixados para trás? Ou a cativa em seu calabouço? Minha mente começou a divagar, pensando no passado sombrio e no futuro incerto. Sozinha em minha cela, à vista apenas dos olhos de Deus, chorei lágrimas de amargura. Como eu rezava para que ele me restaurasse meus filhos! Como eu queria ser uma mulher útil e uma boa mãe!

Finalmente chegou o dia do retorno dos viajantes. Minha avó fizera preparações carinhosas para receber seu menino ausente de volta ao lar. Quando a mesa foi posta, o lugar de William ocupava a posição de sempre. O coche passou vazio pela rua. Minha avó esperou para servir o almoço. Talvez ele tivesse sido atrasado pelo seu senhor e não tivesse como evitá-lo. Na minha prisão, eu escutava ansiosa, esperando a cada momento ouvir a voz e os passos do meu querido irmão. Durante a tarde, um menino foi mandado pelo Sr. Sands para informar minha avó que William não voltara com ele, que os abolicionistas o haviam seduzido. Mas ele também implorou que ela não se preocupasse com isso, pois ele tinha certeza de que ela veria William nos próximos dias. Assim que tivesse tempo para refletir, ele voltaria, pois jamais conseguiria uma vida tão boa no norte quanto tivera com ele.

Quem visse as lágrimas e escutasse os soluços imaginaria que o mensageiro trazia notícias de morte, não de liberdade. Minha pobre avó tinha certeza de que jamais veria seu menino querido novamente. E eu era egoísta, pensando mais no que perdera do que em tudo o que meu irmão ganhara. Uma nova ansiedade começou a me assolar. O Sr. Sands gastara bastante dinheiro e naturalmente ficaria irritado com a perda na qual incorrera. Eu temia que isso poderia prejudicar o futuro dos meus filhos, que estavam se tornando uma propriedade valiosa para ele. Eu ansiava para que sua alforria fosse confirmada, ainda mais agora que seu pai e senhor estava casado. Eu conhecia a escravidão bem demais para ignorar que as promessas feita para escravos, por melhores as intenções e por maior a sinceridade original, dependem de inúmeras contingências para que cumprissem.

Por mais que desejasse a liberdade para William, o passo que ele dera me deixou triste e ansiosa. O domingo seguinte foi calmo e límpido, tão lindo que parecia um domingo da vida eterna. Minha avó levou as crianças para a varanda para que eu pudesse escutar suas vozes. Ela achou que isso me reconfortaria no momento de melancolia, e foi que aconteceu. Elas conversavam alegremente, como só as crianças sabem fazer.

— Vó, você acha que o tio Will foi embora para sempre? — Benny perguntou. — Ele não vai voltar nunca mais? Talvez ele ache a nossa mãe. Se achar, ela vai ficar *muito* feliz! Por que você e o tio Phillip e todos nós não vamos lá morar com a minha mãe? Eu ia gostar. Você não ia, Ellen?

— Sim, eu ia gostar — Ellen respondeu. — Mas como é que vamos achar ela? Você sabe onde fica o lugar, vó? Eu não lembro mais como era a nossa mãe. Você lembra, Benny?

Benny estava começando a me descrever quando os três foram interrompidos por uma velha escrava da vizinhança chamada Aggie. Essa pobre criatura assistira seus filhos serem vendidos e levados para o desconhecido sem nenhuma esperança de receber alguma notícia de qualquer um deles.

— O que é que houve, tia Marthy? — ela disse, solidária, quando viu que minha avó estava chorando.

— Ai, Aggie, parece que não vai me sobrar filho nem neto para me dar um copo d'água quando estiver morrendo e colocar meu corpo cansado na terra. Meu menino não voltou com o Sr. Sands, ele ficou no norte.

— Mas é por *isso* que cê tá chorano?! — a pobre Aggie exclamou, batendo palmas de alegria. — Mas cai de joelho e dá bênção pro Sinhô! Eu num sei onde é que os pobre dos meus fio tão e acho que nunca que vô sabê. Cê num sabe onde é que a pobre da Linda foi, mas agora cê sabe *sim* onde é que o irmão dela tá. Ele tá lá na terra dos livre, que é o lugar certo. Não fica aí resmungando com o Sinhô, cai de joelho e agrade ele por essa coisa boa que ele deu.

Meu egoísmo foi repreendido pelas palavras da pobre Aggie. Ela se alegrava com a fuga de alguém que era apenas seu colega de cativeiro, enquanto a própria irmã pensava apenas no que a sua boa sorte poderia custar aos filhos. Eu me ajoelhei, rezei a Deus por perdão e agradeci do fundo do coração que um membro da minha família havia sido resgatado das garras da escravidão.

Não demorou para que recebêssemos uma carta de William. Ele escreveu que o Sr. Sands sempre o tratara com gentileza e que ele tentara cumprir seus deveres fielmente. Contudo, desde menino ele sempre desejara ser livre; e também já vivera o suficiente para saber que não devia desperdiçar a chance que aparecera. Ele concluía dizendo: "Não se preocupe comigo, minha cara avó. Vou pensar em você sempre, o que vai me incentivar ao trabalho árduo e a atitudes corretas. Quando tiver ganhado dinheiro o suficiente para lhe dar um lar, talvez a senhora possa vir para o norte e nós possamos morar todos juntos e felizes".

O Sr. Sands contou a tio Phillip os detalhes de como William o abandonou.

— Confiei nele como se fosse meu próprio irmão e o tratei com bondade. Os abolicionistas falaram com ele em vários lugares, mas eu não fazia ideia de que conseguiriam tentá-lo. Não culpo William, no entanto. Ele é jovem e sem consideração e aqueles salafrários do norte o seduziram. É preciso confessar que o patife foi audacioso. Eu o encontrei descendo as escadas da Astor House com a mala nos ombros e perguntei aonde ele ia. Ele disse que ia trocar sua mala velha por uma nova. Respondi que ela estava em mau estado e perguntei se ele não precisava de algum dinheiro. Ele disse que não, me agradeceu e foi embora. Ele não voltou tão logo eu esperava, mas fui paciente. Finalmente, fui ver se nossas malas estavam feitas e prontas para a viagem. Encontrei-as trancadas, com uma carta selada sobre a mesa me informando onde estavam as chaves. O rapaz tentou até ser religioso. Ele escreveu que esperava que Deus sempre me abençoasse e me recompensasse pela minha bondade; que ele não se opunha à ideia de me servir, mas que queria ser um homem livre; e que se eu achava que ele estava fazendo algo de errado, torcia para que eu o perdoasse. Eu pretendia dar sua liberdade em cinco anos. Ele podia ter confiado em mim. Em vez disso, ele demonstrou ingratidão. Mas não vou ir atrás dele, nem mandar buscá-lo. Tenho certeza de que ele logo vai voltar para mim.

Posteriormente, eu ouvi um relato sobre o caso do próprio William. Nenhum abolicionista tentou convencê-lo a fugir. Ele não precisava de nenhuma informação que eles teriam sobre a escravidão para estimular seu desejo por liberdade. Ele olhou para as próprias mãos e lembrou que um dia elas estiveram agrilhoadas. Que garantia ele teria que isso nunca iria acontecer de novo? O Sr. Sands era bom para ele, mas poderia adiar por tempo indeterminado a promessa de liberdade. Ele poderia sofrer reveses pecuniários e ter suas propriedades confiscadas por credores, ou poderia morrer sem ter feito preparativos em favor de William. Ele sabia de muitos casos em que acidentes desse tipo ocorriam com escravos que tinham senhores bondosos e tomou a sábia decisão de aproveitar a oportunidade de se tornar seu próprio dono. Ele foi escrupuloso em não aceitar dinheiro do seu senhor sob falsos pretextos, então vendeu suas melhores roupas para pagar pela passagem até Boston. Os escravistas declararam que ele era um desgraçado vil e ingrato que se aproveitara da leniência do seu senhor, mas o que *eles* teriam feito sob as mesmas circunstâncias?

Quando ouviu falar que William desertara o Sr. Sands, a família do Dr. Flint deu gargalhadas com a notícia. A Sra. Flint manifestou seu sentimento cristão habitual dizendo:

— Que bom. Espero que nunca pegue ele de volta. Gosto de ver quando alguém é pago com a mesma moeda. Imagino que os filhos da Linda é que vão pagar por isso. Seria bom ver eles nas mãos de um especulador de novo, estou cansada de ver esses crioulinhos andando pela rua.

Um novo destino para os filhos

A Sra. Flint proclamara sua intenção de informar a Sra. Sands sobre quem era o pai dos meus filhos. Ela também afirmou que contaria a ela que eu era um diabo astucioso, que causara muita incômodo para a sua família e que quando o Sr. Sands estava no norte, ela não tinha dúvida alguma que eu o perseguira disfarçada e convencera William a fugir. Ela tinha motivos para considerar essa ideia, pois eu escrevia do norte de tempos em tempos, marcando minhas cartas de diversos locais diferentes. Muitas delas caíam nas mãos do Dr. Flint, como eu esperava, e ele deve ter chegado à conclusão de que eu viajava bastante. Ele mantinha meus filhos sob vigilância constante, imaginando que mais cedo ou mais tarde eles levariam à minha descoberta.

Uma nova provação inesperada me aguardava. Um dia, enquanto passeavam pela rua, o Sr. Sands e sua esposa encontraram Benny e a senhora simpatizou com ele.

— Mas que negrinho bonitinho! De quem ele é?

Benny não respondeu, mas voltou para casa absolutamente indignado com a senhora forasteira por tê-lo chamado de "negrinho". Alguns dias depois, o Sr. Sands visitou minha avó e disse a ela que gostaria de levar as crianças para a sua casa. Ele informara a esposa sobre o parentesco e que eles não tinham mãe e ela disse que gostaria de conhecê-los.

Quando ele foi embora, minha avó foi me perguntar o que eu faria. A pergunta parecia uma piada. O que eu *poderia* fazer, afinal? Eles eram escravos do Sr. Sands e a mãe deles era uma escrava que ele dizia estar morta. Talvez ele achasse que estava mesmo. Eu fiquei muito confusa e ofendida para tomar uma decisão e as crianças foram levadas sem o meu conhecimento. A Sra. Sands tinha uma irmã de Illinois que estava hospedada com a família. Essa senhora, que não tinha filhos seus, ficou tão encantada com Ellen que se ofereceu para adotá-la e criá-la como se fosse sua própria filha. A Sra. Sands queria ficar com Benjamin. Quando minha vó me contou tudo isso, a sensação foi quase insuportável. Era isso tudo o que eu ganharia por tudo o que sofrera para conquistar a liberdade dos meus filhos? Sim, a proposta *parecia* boa, mas eu sabia muito bem quão pouca importância os senhores de escravos davam a esses "parentescos". Se ocorresse um problema pecuniário ou se a nova esposa precisasse de mais dinheiro do que seria conveniente poupar, meus filhos poderiam ser considerados uma maneira fácil de levantar os fundos desejados. Eu não tinha nenhuma confiança em ti, Escravidão! Eu nunca conheceria paz até que meus filhos fossem alforriados com todas as devidas formalidades da lei.

UM NOVO DESTINO PARA OS FILHOS

Eu era orgulhosa demais para pedir ao Sr. Sands que fizesse qualquer coisa em meu benefício, mas ainda era capaz de implorar e mendigar pelos meus filhos. Decidi lembrá-lo da promessa que ele me fizera e confiar na sua honra para cumpri-la. Convenci minha avó a procurá-lo e dizer a ele que não estava morta e que rogava sinceramente que ele cumprisse a promessa que me fizera; que eu ouvira falar das propostas recentes sobre meus filhos e não me sentia à vontade para aceitá-las; que ele prometera alforriá-los e que chegara o momento de honrar sua palavra. Eu sabia que corria o risco de revelar minha presença nos arredores, mas o que uma mãe não se dispõe a fazer pelos filhos? Ele ficou surpreso com a minha mensagem.

— As crianças estão livres. Nunca foi minha intenção reivindicá-los como escravos. Linda pode decidir o que deve ser feito deles. Na minha opinião, seria melhor mandá-los para o norte. Não acho que eles estão de todo seguros por aqui. O Dr. Flint se gaba de ainda tê-los em mãos. Ele diz que os dois são propriedade da sua filha e que, como ela não era maior de idade quando foram vendidos, o contrato não é vinculante.

Então, depois de tudo o que eu sofrera por eles, meus pobres filhos estavam entre a cruz e a espada, entre meu antigo senhor e o seu novo! E eu estava indefesa. Não havia um braço forte da lei que eu pudesse invocar. O Sr. Sands propôs que, por ora, Ellen fosse ficar com os seus parentes, que haviam se mudado para Brooklyn, Long Island. Prometeu-se que ela seria bem tratada e mandada para a escola. Eu consenti, pois era o melhor que poderia arranjar para ela. Minha avó negociou tudo, é claro, e a Sra. Sands não sabia da presença de mais ninguém na transação. Ela propôs que a família levasse Ellen consigo para Washington e a mantivesse lá até ter a oportunidade de mandá-la para o Brooklyn, acompanhada de amigos. Ela tinha uma filha bebê. Eu avistara a menina uma vez, quando a ama passou com ela nos braços. Não foi uma ideia agradável, ter a filha cativa cuidando da irmã livre, mas não havia outra alternativa. Ellen foi preparada para a viagem. Ah, como me doía vê-la indo embora, tão jovem, sozinha, entre estranhos! Sem o amor da mãe para servir de refúgio para as tormentas da vida, quase sem lembrança da mãe! Eu duvidava que ela e Benny teriam por mim o afeto natural que os filhos sentem pelos pais. Eu pensava comigo mesma que talvez nunca mais fosse ver minha filha na vida e desejava ardentemente que ela me visse uma vez antes de ir, para que levasse uma imagem de mim na memória. Parecia uma crueldade levá-la até o meu calabouço. Já era tristeza que chega para um coração tão jovem saber que a mãe era vítima da escravidão sem ter que ver o esconderijo miserável que ela era forçada a habitar. Pedi permissão para passar a última noite em um dos quartos abertos com minha menininha. Todos acharam que seria loucura confiar meu segredo perigoso a uma criança tão pequena, mas respondi que havia observado sua índole e tinha certeza de que ela não me trairia. Além do mais, eu estava decidida a ter essa conversa e que, se eles não a facilitassem, eu daria meu próprio jeito de obtê-la. A família me repreendeu, censurando a impetuosidade do plano, mas após descobrir que era impossível me dissuadir, acabaram por ceder. Desci pelo alçapão até o depósito e, enquanto meu tio montava guarda no portão, saí para a varanda e subi até o quarto do segundo andar que costumava ocupar. Fazia mais de cinco anos desde que eu o via, mas como as lembranças me dominaram quando entrei! Ali eu me refugiara quando minha senhora me expulsara de casa; ali o velho tirano se escarneceu de mim, me insultou, me amaldiçoou; ali segurei meus filhos nos braços pela primeira vez; ali eu os cuidara e vigiara, a cada dia com um amor mais triste e mais profundo; ali eu me ajoelhara perante Deus, meu coração cheio de angústia, para implorar por perdão pelas ofensas que cometera. Como foram vívidas as lembranças! E após um intervalo longo e sombrio, tudo o que sobrava de mim era um farrapo!

Em meio a essas reflexões, ouvi passos nos degraus. A porta se abriu e meu tio Phillip entrou, levando Ellen pela mão.

— Ellen, minha filha querida, eu sou sua mãe — eu disse com meus braços ao redor dela.

Ellen se afastou um pouco e olhou para mim; depois, cheia confiança e doçura, ela colocou o rosto contra o meu e eu apertei a menina contra um coração que passara tanto tempo oprimido. Ela foi a primeira a falar. Erguendo a cabeça, ela indagou:

— Você é *mesmo* a minha mãe?

Respondi que sim, era mesmo; que durante todo o tempo que ela não me vira, eu a amara do fundo do coração; e que agora que ela estava indo embora, eu queria vê-la e conversar com ela para que ela se lembrasse de mim.

— Estou contente que você veio me ver — ela soluçou. — Mas por que você nunca veio antes? Benny e eu queríamos tanto ver você! Ele se lembra de você e às vezes me conta histórias. Por que você não veio para casa quando o Dr. Flint foi lhe buscar?

— Eu não podia vir antes, querida. Mas agora que estou aqui, me conte o que acha de ir embora.

— Eu não sei — ela disse, chorando. — Vovó diz que eu não devia chorar, que estou indo para um lugar bom, onde vão me ensinar a ler e escrever e que logo, logo vou mandar uma carta para ela. Mas eu não vou ter o Benny, nem a vovó, nem o tio Phillip, nem ninguém que me ama. Você não pode vir comigo? *Vem*, mamãezinha, vem comigo!

Eu respondi que não poderia ir ainda, mas que um dia iria com ela e que então nós duas e o Benny moraríamos juntos e teríamos uma vida feliz. Ela queria correr e trazer Benny para me ver agora. Eu contei que ele logo iria para o norte com tio Phillip e que eu o veria antes de ele ir embora. Perguntei se ela gostaria que eu ficasse a noite inteira e dormisse com ela.

— Sim, sim — ela respondeu, então virou-se para o tio e implorou: — *Posso* ficar? Por favor, tio! Ela é a minha mãe.

— Ellen, este é o segredo que você prometeu para a sua avó nunca contar para ninguém — ele disse solenemente, colocando a mão na cabeça dela. — Se falar disso para qualquer pessoa, nunca mais vão deixar você ver a sua avó e sua mãe nunca vai poder ir ao Brooklyn.

— Tio, eu nunca vou contar.

Ele disse que ela poderia ficar comigo e, depois que ele se foi, eu abracei a menina e contei que era escrava e que este era o motivo para ela nunca poder dizer que me vira. Eu a exortei a ser uma boa menina, a tentar agradar às pessoas que encontraria no lugar aonde estava indo e que Deus lhe daria amigos. Eu disse para ela fazer suas orações e a lembrei de sempre rezar pela sua pobre mãe e para que Deus permitisse que nos encontrássemos mais uma vez. Ela chorou, eu não tentei conter suas lágrimas. Talvez fosse a última oportunidade dela de verter lágrimas sobre o seio da mãe. Ela passou a noite inteira aconchegada nos meus braços e em nenhum momento eu senti qualquer vontade de dormir. Cada momento era precioso demais para que eu perdesse um que fosse. Quando achei que ela estava dormindo, eu dei beijo suave na sua testa.

— Não estou dormindo, mamãe — ela respondeu.

Antes de o sol nascer, eles vieram me levar de volta para a toca. Eu abri uma fresta da cortina da janela para espiar minha filha uma última vez. O luar iluminava seu rosto e eu me inclinei sobre ela mais uma vez, como fizera anos atrás, na noite miserável em que fugi. Senti meu coração latejando quando a abracei; e lágrimas tristes demais para olhos tão jovens correram pelo seu rosto. Quando me deu o último beijo, ela cochichou no meu ouvido:

— Mãe, eu não vou contar para ninguém.

E não contou.

Quando voltei para a minha toca, me atirei na cama e fiquei chorando sozinha no escuro. Meu coração parecia prestes a explodir. Quando a hora da partida se aproximou, comecei a escutar os amigos e vizinhos dizendo:

— Tchau, Ellen. Espero que sua pobre mãe encontre você. Você vai ficar feliz de ver ela, né?

— Sim, senhora — ele respondia, sem que seus interlocutores sequer imaginassem o segredo terrível que pesava sobre um coração tão jovem.

Ellen era uma menina afetuosa, mas naturalmente muito reservada, exceto com quem a amava. Assim, eu tinha confiança que meu segredo estaria seguro com ela. Quando ouvi o portão se fechar atrás dela, tive sentimentos que apenas uma mãe escrava pode conhecer. Durante o dia, minhas reflexões eram tristíssimas. Às vezes, eu temia estar sendo egoísta demais ao não abrir mão da menina e deixá-la se mudar para Illinois, onde poderia ser adotada pela irmã da Sra. Sands. Foi minha experiência com a escravidão que me levou a decidir assim. Eu temia que surgissem circunstâncias que forçassem a sua volta. Eu tinha certeza de que eu mesma iria para Nova York, onde poderia vigiá-la e oferecer alguma proteção à menina.

A família do Dr. Flint não soube nada do arranjo até Ellen ir embora e não recebeu a notícia com alegria. A Sra. Flint foi visitar a irmã da Sra. Sands para questioná-la sobre o assunto. Ela expressou sua opinião livremente sobre o respeito que o Sr. Sands demonstrava pela esposa e sobre o caráter do próprio ao reconhecer os "crioulinhos". E quanto a mandar Ellen embora, ela declarou que era um roubo puro e simples, tal e qual se tivesse roubado um móvel da sua sala de estar. Ela disse que a filha ainda não era maior de idade para assinar a escritura de venda e que as crianças eram sua propriedade; e que quando fosse maior de idade, ou se casasse, ela teria o direito de reivindicá-los onde quer que fosse.

A Srta. Emily Flint, a menininha que me herdara, estava no seu décimo sexto ano. Sua mãe considerava correto e honroso da parte dela, ou do seu futuro marido, roubar meus filhos, mas não entendia como alguém poderia mostrar o rosto em uma sociedade de respeito depois de comprar os próprios filhos, como o Sr. Sands fizera. O Dr. Flint nada disse. Talvez ele achasse que seria menos provável que Benny fosse mandado embora se ele próprio se mantivesse calado. Uma das minhas cartas que caiu nas suas mãos teria sido postada do Canadá; ele raramente falava de mim desde então. Essa situação me permitia descer para o depósito com mais frequência, onde eu podia ficar ereta e mover meus braços e pernas livremente.

Dias se passaram, depois semanas e meses, sem nenhuma notícia de Ellen. Eu mandei uma carta para o Brooklyn, escrita no nome da minha avó, perguntando se ela havia chegado. A resposta voltou que ela não chegara. Eu escrevi para Washington, mas ninguém respondeu. Havia alguém naquela cidade que deveria se solidarizar com a ansiedade dos amigos da criança na sua cidade natal, mas os laços que ele havia formado comigo são facilmente rompidos e atirados no lixo. Ah, mas como ele era protetor e convincente quando conversava com a pobre escravinha indefesa! E como ela confiava nele totalmente! Novas suspeitas começaram a invadir minha mente. Minha filha estaria morta? Eu fora enganada e Ellen, vendida?

Se os diários secretos de muitos membros do Congresso fossem publicados, detalhes curiosos seriam revelados. Uma vez vi uma carta de um congressista para uma escrava que era mãe de seis dos seus filhos. Ele escrevia para pedir que ela retirasse seus filhos da casa grande antes do seu retorno, pois ele esperava estar na companhia de amigos. A mulher não sabia ler e foi obrigada a contratar outro para ler a carta para si. A existência das crianças de cor não incomodava esse cavalheiro, apenas o medo de que seus amigos reconhecessem a semelhança entre eles e o pai.

Ao final de seis meses, minha avó recebeu uma carta do Brooklyn. O texto fora escrito por uma jovem da família e anunciava que Ellen havia acabado de chegar. A carta continha a seguinte mensagem dela: "Estou tentando fazer bem como você me disse e rezo por você todos os dias e todas as noites". Eu entendi que essas palavras eram destinadas a mim, e elas foram um grande alívio para o meu coração. A autora encerrava a carta dizendo: "Ellen é uma menininha muito simpática, vamos gostar de tê-la conosco. Meu primo, o Sr. Sands, me deu ela para ser minha camareira. Vou mandá-la para a escola e espero que um dia ela própria possa escrever de volta". Essa carta me deixou perplexa e preocupada. O pai da minha filha havia apenas arranjado um lar para ela até que ela tivesse idade para se sustentar? Ou ele a dera para a prima para ser sua propriedade? Se essa última ideia estava correta, a prima poderia voltar para o sul a qualquer momento e ter Ellen como sua escrava. Tentei afastar de mim a ideia dolorosa de que ele poderia ter cometido uma ofensa tão terrível contra nós.

— *Alguma* justiça ele deve ter dentro de si — eu disse para mim mesma. Então lembrei, com um suspiro, como a escravidão perverte todos os sentimentos naturais do coração humano. Eu senti uma pontada quando olhei para o meu menino inocente. Ele acreditava ser livre. Vê-lo sob o jugo da escravidão seria mais do que meu coração seria capaz de aguentar. Como eu ansiava por vê-lo longe das suas garras!

Tia Nancy

Mencionei minha tia, escrava na família do Dr. Flint e meu refúgio durante as perseguições vergonhosas que sofri nela. Essa tia havia se casado aos vinte anos de idade; ou, melhor dizendo, na medida em que os escravos *podem* casar. Ela tivera o consentimento do seu senhor e senhora e um clérigo havia realizado a cerimônia. Era apenas por aparência, no entanto, sem nenhum valor legal. Seus senhores poderiam anulá-lo quando bem entendessem. Ela sempre dormia no chão da entrada, junto à porta do quarto da Sra. Flint, para que pudesse ser chamada a qualquer momento. Depois que casou, ela foi informada que poderia usar um quartinho de um dos anexos. Sua mãe e o marido mobiliaram o quarto. Ele era um marinheiro e tinha permissão de dormir ali quando não estava no mar. Na noite de núpcias, entretanto, a noiva recebeu a ordem de assumir seu posto tradicional junto à porta, no chão.

A Sra. Flint ainda não tinha filhos na época, mas estava grávida e, caso quisesse um copo de água durante a noite, o que ela poderia fazer sem uma escrava para trazê-lo? Assim minha tia precisou se deitar junto à porta até ser forçada, à meia-noite, a sair para dar à luz um bebê prematuro. Uma quinzena depois, ela precisou voltar ao seu lugar junto à porta de entrada, pois o bebê da Sra. Flint precisava das suas atenções. Ela ficou no seu posto durante inverno e verão até dar à luz seis filhos prematuros, sempre empregada como ama noturna dos filhos da Sra. Flint. Finalmente, trabalhar o dia inteiro sendo privada de descanso à noite fez com que tia Nancy sucumbisse totalmente; o Dr. Flint declarou que seria impossível que ela se tornasse mãe de uma criança viva. O medo de perder uma criada tão valiosa para a morte induziu os dois a permitir que ela dormisse no quartinho do anexo, exceto quando havia uma doença na família. Depois disso, ela teve dois bebês adoentados, um dos quais morreu em poucos dias, o outro em quatro semanas. Ainda me lembro bem da sua tristeza paciente quando segurou o último bebê morto nos braços.

— Como eu queria que ele tivesse sobrevivido. Não foi a vontade de Deus que nenhum dos meus filhos sobrevivessem, mas eu vou tentar ser boa e encontrar suas alminhas no céu.

Tia Nancy era a governanta e camareira da família do Dr. Flint. Na verdade, ela era a faz-tudo da residência. Nada acontecia direito sem ela. Ela era irmã gêmea da minha mãe e, até onde podia, ocupava o lugar de mãe para nós, os órfãos. Eu dormi com ela todo o tempo que morei na casa do meu antigo senhor e o laço entre nós era fortíssimo. Quando meus amigos tentaram desencorajar minha fuga, ela sempre me encorajou. Quando acharam que eu devia voltar e pedir perdão, pois não havia possibilidade de fuga, ela me mandou o recado de nunca me render. Ela disse que se perseverasse, talvez pudesse conquistar a liberdade dos meus filhos; e mesmo que perecesse na tentativa, isso seria melhor do que deixá-los sofrendo as mesmas perseguições que haviam enegrecido minha própria vida. Depois que fui trancada na minha cela escura, ela sempre dava um jeito de me trazer notícias e me alegrar. Quantas vezes eu não me ajoelhei para ouvir suas palavras de consolo, cochichadas por uma fenda!

— Eu sou velha, não tenho muita vida pela frente — ela costumava dizer. — Vou morrer feliz se ver você e as crianças livres. Reze para Deus, Linda, como eu rezo por você, que ele mostre o caminho para a luz.

Eu implorava que ela não se preocupasse por minha conta; que meu sofrimento chegaria ao fim mais cedo ou mais tarde; que se eu vivesse livre ou cativa, sempre lembraria dela como uma boa amiga que fora o conforto da minha vida. Uma palavra dela sempre me fortalecia, e não apenas a mim. A família toda confiava no seu bom senso e se deixava guiar pelos seus conselhos. Eu estava na minha cela havia seis anos quando minha avó foi chamada para o leito dela, sua última filha viva. Ela estava muito doente e disseram que ia morrer. Minha avó não entrava na casa do Dr. Flint havia muitos anos. A família a tratara com crueldade, mas ela não pensou nisso naquele momento. Ela ficou grata pela permissão de sentar junto ao leito de morte da filha. As duas sempre haviam sido muito chegadas, mas agora estavam apenas sentadas, se entreolhando, ansiando por conversar sobre o segredo que havia oprimido o coração das duas por tanto tempo. Minha tia fora acometida de uma paralisia. Ela sobreviveu apenas dois dias, e no último não conseguia falar. Antes de perder essa capacidade, ela disse para a mãe não chorar se elas não pudessem conversar e que tentaria erguer a mão para indicar que estava tudo bem. Até o coração de pedra do doutor se amoleceu quando viu a moribunda tentando sorrir para a mãe idosa ajoelhada ao seu lado. Seus olhos se encheram por um instante quando disse que ela sempre fora uma criada fiel e que nunca seria possível encontrar alguém que pudesse ocupar o seu lugar. A Sra. Flint sofreu um choque tão forte que ficou acamada. Enquanto minha avó estava sentada com a falecida, sozinha, o doutor entrou, trazendo consigo o filho mais jovem, que era o favorito de tia Nancy e que por sua vez a adorava.

— Martha, tia Nancy adorava esse menino. Quando ele chegar aonde você está, espero que seja bondoso com ele, em respeito a ela.

— Sua esposa foi minha filha de criação, Dr. Flint, e irmã de criação da minha pobre Nancy. O senhor não me conhece se acho que tenho qualquer sentimento ruim pelos filhos dela.

— Eu queria que todos nos esquecêssemos do passado e nunca mais pensássemos nele — ele disse. — E eu queria que Linda viesse ocupar o lugar da tia. Ela valeria mais para nós do que todo o dinheiro que se pagaria por ela.

Eu também queria isso pelo seu bem, Martha. Agora que a Nancy foi tirada de você, ela seria um grande conforto na sua velhice.

Ele sabia que estava tocando em um ponto delicado. Quase engasgando de tristeza, minha avó respondeu:

— Não fui eu que fiz Linda fugir. Meus netos todos se foram, dos meus nove filhos, só um sobrou. Deus me acuda!

Para mim, a morte dessa parente querida foi uma tristeza indescritível. Eu sabia que ela fora assassinada lentamente e sentia que meus problemas haviam ajudado a terminar o serviço. Depois que ouvi falar da sua doença, ficava sempre à escuta, em busca de notícias trazidas da casa grande. A ideia de que não podia ir até ela me deixava horrivelmente deprimida. Finalmente, tio Phillip entrou em casa e eu ouvi alguém perguntar:

— Como ela está?

— Ela morreu.

Minha cela minúscula começou a girar e eu não soube de mais nada até abrir os olhos e ver tio Phillip inclinado sobre mim. Não precisei perguntar nada.

— Linda, ela morreu feliz — ele sussurrou.

Eu não conseguia chorar. Meu olhar fixo o deixou preocupado.

— Não fique desse jeito, não piore ainda mais a situação da minha pobre mãe. Lembre-se de tudo o que ela precisa suportar e de que precisamos fazer o possível para confortá-la.

Ah, sim, aquela abençoada avó que enfrentava havia setenta e três anos as tormentas lançadas contra a vida de uma mãe escrava. Ela precisava mesmo de consolo!

A Sra. Flint deixara sua pobre irmã de criação sem filhos, aparentemente sem qualquer pesar, e seu egoísmo cruel arruinara a saúde dela com anos de trabalho incessante e incompensado e nenhum descanso. Mas agora ela ficou sentimental. Imagino que ela achou que estaria oferecendo um belo exemplo da ligação que existe entre escravista e escravo se o corpo acabado da velha criada fosse enterrado aos seus pés. Ela chamou um clérigo e perguntou se haveria alguma objeção ao plano de enterrar Tia Nancy no sepulcro da família do doutor. Nenhuma pessoa de cor jamais recebera permissão de ser sepultada no cemitério dos brancos e o ministro sabia que todos os mortos da família descansavam juntos no velho cemitério dos escravos.

— Eu não tenho nenhuma objeção ao seu desejo — ele respondeu. — Mas talvez a *mãe* de Nancy deva opinar sobre onde quer colocar os restos mortais da filha.

Nunca ocorrera à Sra. Flint que os escravos poderiam ter sentimentos. Quando minha avó foi consultada, ela respondeu imediatamente que queria Nancy com todo o resto da família, onde seu próprio corpo um dia seria enterrado. A Sra. Flint graciosamente aquiesceu ao seu desejo, apesar de dizer que seria doloroso demais ver Nancy enterrada longe de *si*. Ela quase poderia ter complementado, com um toque de emoção: "Eu estava tão *acostumada* a dormir com ela por perto, no chão da entrada".

Meu tio Phillip pediu permissão para enterrar a irmã às próprias custas, e os senhores de escravos estão sempre dispostos a conceder *esses* favores aos escravos e seus familiares. Os arranjos foram bastante simples, mas perfeitamente respeitáveis. Ela foi enterrada no domingo e o ministro da Sra. Flint comandou o serviço fúnebre. Houve uma grande confluência de pessoas de cor, livres e cativas, e também alguns brancos que sempre tiveram relações de amizade com a nossa família. A carruagem do Dr. Flint estava na procissão; quando o corpo foi depositado no seu descanso humilde, a senhora verteu uma lágrima e então voltou para a carruagem, provavelmente imaginando que havia cumprido o seu dever.

Entre os escravos, a ocasião foi considerada um funeral grandioso. Viajantes do norte que passassem pela cidade teria descrito esse tributo de respeito a uma morta humilde como uma bela característica da "instituição patriarcal", uma prova tocante dos laços entre os senhores e seus escravos, e a terna Sra. Flint teria confirmado essa impressão a cada vez que levasse o lenço aos olhos. *Nós* poderíamos ter contado uma história diferente. Poderíamos ter contado uma história de ofensas e sofrimentos que teria tocado seus corações, se é que eles *têm* algum coração quando se trata de gente de cor. Poderíamos ter contado como a pobre mãe escrava trabalhara ano após ano para guardar 800 dólares para comprar para o filho

Phillip o direito aos frutos do próprio trabalho; e como esse mesmo Phillip pagara pelas despesas do funeral, considerado por eles um grande mérito do senhor. Também poderíamos ter contado sobre uma pobre criatura, jovem e sofrida, selada em um túmulo vivo por vários anos para evitar as torturas que lhe seriam infligidas se tivesse ousado sair e olhar uma última vez o rosto da amiga que partira.

Tudo isso e muito mais eu refleti sentada junto à brecha, esperando que a família voltasse do túmulo; às vezes chorando, às vezes caindo no sono, sonhando sonhos estranhos com os mortos e os vivos.

Foi uma triste testemunhar a aflição da minha avó. Ela sempre fora forte e agora, como sempre, a fé religiosa a sustentava. Mas sua vida sombria se tornara ainda mais negra e a idade e os incômodos haviam deixado marcas profundas no seu rosto enrugado. Ela tinha quatro pontos onde podia bater para que eu fosse até o alçapão, cada um dos quais significava algo diferente. Agora ela vinha com mais frequência do que nunca e conversava comigo sobre a filha morta enquanto as lágrimas desciam lentamente pelos sulcos da face. Eu dizia tudo o que podia para confortá-la, mas era triste pensar que em vez de ajudá-la, eu representava uma fonte constante de ansiedade e transtornos. Seus ombros velhos e cansados foram feitos para aquele fardo. Eles se dobravam, mas nunca se quebravam.

Preparações para a fuga

Não espero que a leitora acredite em mim quando afirmo que morei naquele buraco infeliz, quase privada de luz e ar e sem espaço para mover braços e pernas, por quase sete anos. Mas é verdade, e uma verdade que me entristece mesmo hoje, pois meu corpo ainda sofre os efeitos daquele longo período de cativeiro, para não falar da minha alma. Os membros da minha família, hoje moradores de Nova York e Boston, são testemunhas do que digo.

Inúmeras noites eu fiquei sentada junto àquela brecha minúscula, tão pequena que eu mal avistava a luz de uma estrela. Lá, eu escutava as patrulhas e os caçadores de escravos confabulando sobre a captura de fugitivos, sabendo muito a alegria que teriam se conseguissem me pegar.

Mês após mês, ano após ano, espiei os rostos dos meus filhos e escutei suas vozezinhas, meu coração ansiando sempre por poder dizer "mamãe está aqui". Às vezes, parecia que toda uma era se passara desde que eu adentrara aquela existência sombria e monótona. Em alguns momentos, eu ficava entorpecida e desanimada; em outros, ficava impaciente para saber quando aqueles anos de escuridão chegariam ao fim e eu poderia mais uma vez sentir o sol no rosto e respirar ar fresco.

Depois que Ellen foi embora, essa sensação aumentou. O Sr. Sands concordara que Benny poderia ir para o norte assim que seu tio Phillip pudesse acompanhá-lo; e eu estava ansiosa para ir também, para vigiar meus filhos e protegê-los o quanto pudesse. Além disso, eu provavelmente acabaria afogada dentro da toca se permanecesse muito tempo dentro dela, pois o telhado fino estava em péssimo estado e tio Phillip tinha medo de remover as telhas, pois alguém poderia acabar me avistando. Quando caía uma tempestade durante a noite, eles espalhavam pedaços de tapete, que pela manhã pareciam ter sido estendidos para secar; é que cobrir o telhado durante o dia teria chamado a atenção. Por consequência, minhas vestes e cama estavam sempre encharcadas, um processo que aumentava consideravelmente as dores que sentia nos meus membros entesados. Comecei a remoer diversos planos de fuga, alguns dos quais compartilhava com minha avó quando ela vinha cochichar comigo junto ao alçapão. A velha bondosa tinha uma grande simpatia pelos fugitivos, pois conhecia muito bem as crueldades que sofriam aqueles que eram capturados. Sua memória sempre voltava imediatamente a tudo o que sofrera o belo e inteligente Benjamin, o mais novo e mais querido dos seus filhos.

— Ah, não pensa nessas coisas, minha filha — ela gemia sempre que eu tocava no assunto. — Você vai é partir o meu coração.

Eu não tinha mais a velha tia Nancy para me encorajar, mas a presença dos meus filhos e de William, meu irmão William, me chamavam constantemente para o norte.

Agora preciso voltar alguns meses na minha história. Como expliquei, primeiro de janeiro era o dia de vender escravos ou alugá-los para novos senhores. Se o tempo fosse contado por batimentos cardíacos, os pobres escravos contariam anos de sofrimento durante uma festa que é tão alegre para os livres. No dia de Ano Novo anterior à morte da minha tia, uma das minhas amigas, de nome Fanny, foi leiloada para pagar as dívidas do seu senhor. Passei o dia inteiro pensando nela e à noite perguntei ansiosamente sobre o seu destino. Fui informada que ela fora vendida para um senhor e suas quatro menininhas, para outro, muito mais distante; que ela escapara do comprador e ninguém sabia onde estava. Sua mãe era a velha Aggie que mencionei em outro capítulo. Ela morava em uma casinha pertencente à minha avó, construída no mesmo terreno que a sua própria casa. A residência foi vasculhada e colocada sob vigia, o que trouxe as patrulhas tão perto de mim que fui forçada a me manter selada na minha toca. Os caçadores foram frustrados, mas não demorou para que Benny avistasse Fanny acidentalmente na cabana da mãe. Ele contou para a avó, que o fez prometer que nunca falaria daquilo para ninguém, explicando as consequências terríveis que poderiam se suceder; e ele nunca traiu essa confiança. Mal sonhava Aggie que minha avó sabia onde a filha estava escondida e que o corpo alquebrado da vizinha anciã sofria com um fardo semelhante de medo e ansiedade; mas esses segredos perigosos aprofundaram a afinidade entre as duas velhas mães perseguidas.

    Minha amiga e eu passamos semanas escondidas tão perto uma da outra que seria possível conversar, mas Fanny não estava ciente disso. Eu ansiava por compartilhar com ela minha toca, que parecia um refúgio mais seguro que o dela, mas eu tinha causado tanto incômodo para a minha avó que parecia errado pedir que incorresse em riscos ainda maiores. Minha agitação aumentou. Eu vivera tempo demais em um estado de dor física e angústia espiritual, sempre temendo que por algum acidente, algum plano, a escravidão conseguiria arrancar meus filhos de mim. A ideia me deixava praticamente histérica e fiquei decidida a assumir qualquer risco para seguir a Estrela Polar. Nessa crise, a Providência abriu uma estrada inesperada para a minha fuga. Meu amigo Peter veio uma noite e pediu para falar comigo.

    — Seu dia chegou, Linda. Descobri uma chance para você ir para os Estados Livres. Você tem duas semanas para decidir.

    A notícia parecia boa demais para ser verdade, mas Peter explicou seus preparativos e que, da minha parte, bastaria que eu concordasse com a ideia. Eu ia responder com um sim de pura alegria quando me lembrei de Benny. Disse que a tentação era incrivelmente forte, mas que tinha medo terrível do suposto poder do Dr. Flint sobre meu filho e que não poderia deixá-lo para trás. Peter protestou veementemente. Uma chance tão boa poderia nunca aparecer de novo, ele disse; Benny era livre e poderia ser mandado para mim; pelo bem dos meus filhos, eu não deveria hesitar por um instante sequer. Respondi que conversaria com tio Phillip. Meu tio ficou muito feliz com o plano e insistiu que eu fosse. Ele prometeu que, se sua vida fosse poupada, ele levaria ou mandaria meu filho para o norte assim que eu chegasse em um lugar seguro. Decidi ir, mas também que minha avó não deveria ser informada de nada até pouco tempo antes da partida, mas meu tio achava que ela sofreria mais se eu fosse embora tão subitamente.

— Vou falar com ela, convencê-la de que é necessário não só pelo seu bem, mas pelo dela também. Você não pode ignorar o fato de que ela está sucumbindo a esse fardo.

Eu não ignorava. Minha presença oculta era uma fonte constante de ansiedades e, quanto mais velha ela ficava, mais nervosa e temerosa ela ficava com a ideia da minha descoberta. Meu tio conversou com ela e finalmente conseguiu persuadi-la de que seria absolutamente necessário que eu aproveitasse essa oportunidade, oferecida de forma tão inesperada.

A expectativa de me tornar uma mulher livre acabou sendo quase demais para o meu físico enfraquecido. A agitação me estimulou, mas ao mesmo tempo me desnorteou. Fiquei ocupada com os preparativos para a viagem e para que meu filho me seguisse. Decidi que conversaria com ele antes de partir, com a ideia de lhe dar avisos e conselhos e falar da ansiedade com a qual esperaria por ele no norte. Minha avó me procurava sempre que possível para sussurrar novos conselhos. Ela insistia que eu escrevesse para o Dr. Flint assim que chegasse nos Estados Livres e pedisse que ele me vendesse para ela. Ela disse que sacrificaria sua casa e tudo mais que tinha no mundo para que eu ficasse segura com meus filhos onde quer que estivesse. Se ao menos vivesse para saber *isso*, ela morreria em paz. Prometi à minha amiga fiel que escreveria assim que chegasse e que postaria a carta de uma maneira segura, para garantir que a mensagem a alcançasse; mas internamente estava decidida que nenhum centavo do seu dinheiro suado seria gasto para pagar escravistas gananciosos pelo que chamavam de sua propriedade. E mesmo que eu não estivesse indisposta a comprar o que já tinha o direito de possuir, a simples humanidade me impediria de aceitar uma oferta generosa ao custo de expulsar uma parente idosa de casa no momento em que tremia à beira da cova.

Eu fugiria em um navio, mas preciso me abster de mencionar mais detalhes. Eu estava preparada, mas o navio foi detido inesperadamente por vários dias. Enquanto isso, a cidade recebeu a notícia do assassinato horripilante de um escravo fugitivo chamado James. Charity, a mãe desse jovem infeliz, era uma velha conhecida nossa. Os detalhes chocantes dessa morte foram contados anteriormente, na descrição que fiz de alguns senhores de escravos da vizinhança. Minha avó, sempre muito sensível e nervosa quanto à questão dos fugitivos, ficou horrivelmente assustada. Ela tinha certeza de que um destino semelhante me aguardava caso não desistisse do plano. Ela soluçou e gemeu e me implorou para não ir. Seu medo excessivo era contagioso e meu coração não resistiu à sua agonia extrema. Foi uma decepção atroz, mas prometi abrir mão do projeto.

Quando foi informado disso, meu amigo Peter ficou decepcionado e contrariado. Ele disse que, a julgar pela nossa experiência pregressa, demoraria muito para aparecer outra oportunidade para ser desperdiçada. Respondi que ela não precisaria ser desperdiçada, que tinha uma amiga escondida nas redondezas que ficaria muito feliz em ocupar o lugar que fora oferecido a mim. Contei a ele sobre pobre Fanny e ele, nobre e de bom coração como era, alguém que nunca dera as costas a uma pessoa em necessidade, negra ou branca, declarou sua intenção de ajudá-la. Aggie ficou muito surpresa quando descobriu que nós sabíamos do seu segredo, mas também se alegrou em ouvir que havia uma chance para Fanny. Arranjou-se que ela embarcaria na noite seguinte. Ambas supunham que eu estava no norte havia bastante tempo, então ninguém mencionou meu nome na transação. Fanny foi levada a bordo na hora marcada e escondeu-se em uma cabine minúscula. Essa acomodação fora comprada a um preço que pagaria por uma viagem para a Inglaterra. Por outro lado, quando se propõe visitar a velha Inglaterra, a pessoa calcula se pode se dar ao luxo de custear esse prazer; quando está barganhando a fuga da escravidão, a vítima trêmula diz apenas "pode levar tudo o que eu tenho, só não me traia!"

Na manhã seguinte eu espiei pela minha brecha e vi que o tempo estava escuro e nublado. À noite, recebi a notícia de que o vento estava de proa e o navio não zarpara. Eu estava incrivelmente ansiosa com Fanny, e com Peter também, que corria um risco enorme instigado por mim. No dia seguinte, o vento e o clima permaneceram os mesmos. Pobre Fanny estava morta de medo quando a levaram a bordo e era fácil imaginar o quanto devia estar sofrendo. Minha avó visitava minha toca com frequência para dizer que estava muito grata por eu não ter ido. Na terceira amanhã, ela bateu no teto para que eu descesse para o depósito. A pobre anciã estava sucumbindo sob o peso de todos esses problemas. Qualquer coisa a deixava aturdida. Quando desci, vi que ela estava nervosa e agitada, mas não notei que ela esquecera de trancar a porta atrás de si, como sempre fazia. Ela estava horrivelmente preocupada com o fato de o navio ainda estar preso. Ela temia que tudo fosse descoberto e que então Fanny, Peter e eu fôssemos torturados até a morte, que Phillip fosse completamente arruinado e que demolissem a sua casa. Pobre Peter! Se ele tivesse a mesma morte horrível que o pobre escravo James tivera recentemente, e apenas pela bondade de tentar me ajudar, o resultado seria terrível para todos nós! Infelizmente, essa ideia era uma velha conhecida minha, tendo causado inúmeras pontadas no meu coração. Tentei conter minha própria ansiedade e falar com ela em tons mais tranquilizantes. Ela fez alguma menção à tia Nancy, a filha querida que enterrara pouco tempo antes, e então se descontrolou totalmente. Enquanto tremia e soluçava à minha frente, escutei uma voz chamando da varanda:

— Que é que tem, tia Marthy?

Minha avó tomou um susto e, naquele estado agitado, abriu a porta sem pensar em mim. Quem entrou foi Jenny, a criada matreira que tentara entrar no meu quarto quando eu estava escondida na casa da minha benfeitora branca.

— Eu tô correno pra cima e pra baxo atrás da sinhora, tia Marthy. Mia sinhá qué que cê mande umas bolacha pra ela.

Eu havia me abaixado atrás de um barril que me escondia por completo, mas imaginei que Jenny estava olhando diretamente para ele e meu coração disparou. Minha avó percebeu imediatamente o que havia feito e saiu para contar as bolachas com Jenny na mesma hora, trancando a porta atrás de si. Quando voltou alguns minutos depois, seu rosto era um retrato do mais absoluto desespero.

— Pobrezinha! — ela exclamou. — Meu descuido vai ser a sua ruína. O navio ainda não partiu. Se apronte imediatamente e vai com a Fanny. Eu não vou dizer nem mais uma palavra contra a ideia, não dá para saber o que vai acontecer agora.

Chamaram Tio Phillip, e ele concordou com sua mãe que Jenny contaria tudo ao Dr. Flint em menos de vinte e quatro horas. Ele me aconselhou a embarcar, se possível; do contrário, eu precisaria me manter no mais absoluto silêncio na minha toca pois lá só seria possível me encontrar se demolissem toda a casa. Ele disse que levantaria suspeitas imediatas se se envolvesse na questão, mas prometeu se comunicar com Peter. Eu relutava em pedir qualquer outra coisa, pois já havia o envolvido demais, mas parecia não haver outra alternativa. Por mais contrariado que tenha ficado com a minha indecisão, a natureza generosa de Peter prevaleceu. Ele respondeu sem hesitar que faria o possível para me ajudar, confiando na minha capacidade de me revelar uma mulher mais forte nesta nova ocasião.

Ele seguiu imediatamente para o cais, onde descobriu que o vento havia mudado e o navio estava descendo lentamente com a corrente. Com o pretexto de alguma urgência, ele ofereceu a dois barqueiros um dólar cada para alcançar a embarcação. Ele tinha tez mais clara do que os barqueiros que contratara, então quando o capitão viu o barco se aproximando com tanta rapidez, imaginou que era um oficial perseguindo seu navio em busca da escrava fugitiva que ele tinha a bordo. O navio içou as velas, mas o barco o alcançou e Peter, infatigável, deu um salto e subiu a bordo.

O capitão o reconheceu imediatamente. Peter pediu que ele descesse para conversar sobre uma nota falsa que havia dado. Quando contou sua missão, o capitão respondeu:

— Mas ora, a mulher já está aqui, e coloquei ela onde nem você nem o diabo vão conseguir achar.

— Mas eu quero trazer mais uma mulher — Peter disse.

— *Ela* também está em apuros também, e o senhor receberá qualquer preço que pedir, dentro dos limites, se aceitá-la a bordo.

— Qual é o nome dela? — o capitão indagou.

— Linda — ele respondeu.

— Esse é o nome da mulher que já está aqui — o capitão respondeu. — Meu Deus! Você pretende me trair.

— Ah! — Peter exclamou. — Deus sabe que eu não tocaria em fio de cabelo da sua cabeça. Sou muito grato ao senhor. Mas há *mesmo* outra mulher em grave perigo. Pelo amor de Deus, pare o navio e deixe ela embarcar!

Após algum tempo, os dois chegaram a um entendimento. Fanny, que não sonhava que eu estava na região, assumira o meu nome, mas usando o sobrenome Johnson.

— Linda é um nome comum, a mulher que quero trazer a bordo se chama Linda Brent.

O capitão concordou em aguardar em um determinado local até o cair da noite, sendo pago generosamente pela demora.

Obviamente, foi um dia ansioso para todos nós. Contudo, concluímos que se Jenny tivesse me visto, ela não deixaria de contar tudo à sua senhora, mas que provavelmente não teria oportunidade de ver a família do Dr. Flint até o final da tarde, pois eu conhecia muito bem as regras daquela residência. Mais tarde, cheguei à conclusão de que ela não me vira, pois o fato não teve nenhuma consequência, apesar de ela ser uma dessas criaturas vis que se agarraria à qualquer chance de trair um colega em sofrimento em troca de trinta moedas de prata.

Fiz todos os preparativos para embarcar assim que o sol se pusesse. O tempo que me restava ali eu decidi passar com meu filho. Eu não falava com ele havia sete anos, apesar de morar sob o mesmo teto e vê-lo todos os dias quando estava bem o suficiente para me sentar junto à brecha. Eu não ousava me aventurar além do depósito, então eles o levaram até lá e nos trancaram ali juntos, em um lugar escondido da porta da varanda. Foi uma comoção para nós dois. Depois que conversamos e choramos juntos por algum tempo, ele disse:

— Mãe, eu acho bom que você esteja indo embora. Eu queria poder ir junto. Eu já sabia que você estava aqui e estava com *muito* medo de que alguém viesse pegar a senhora!

Eu fiquei chocada com a revelação e perguntei como ele havia descoberto.

— Eu estava parado embaixo do beiral um dia, antes de Ellen ir embora, e escutei alguém tossindo em cima do telheiro. Não sei o que me fez pensar que era você, mas pensei. Eu senti falta da Ellen na noite antes de ela partir, e minha avó a trouxe de volta para o quarto no meio da noite. Pensei que talvez ela tivesse ido ver *você* antes de ir embora, pois eu escutei a vó cochichar "agora vai dormir, e lembre-se de nunca contar para ninguém".

Perguntei se ele alguma vez mencionara suas suspeitas para a irmã. Ele respondeu que nunca, mas que depois de ouvir a tosse, se a via brincando com outras crianças naquele lado da casa, sempre tentava atraí-la para o outro lado, pois temia que também me ouvissem tossindo. Ele disse que ficava atento à presença do Dr. Flint, e que se o via conversando com um oficial de justiça ou uma patrulha, sempre contava para a avó. Lembrei que havia visto o menino demonstrar um certo desconforto quando havia alguém naquele lado da casa e, na época, ficara confusa sobre o que estava provocando aquele comportamento. Tamanha prudência em um menino de doze anos pode parecer extraordinária, mas os escravos, estando cercados de mistérios, trapaças e perigos, logo aprendem a ser desconfiados e vigilantes, e prematuramente astutos e cautelosos. Ele nunca perguntara nada à avó, ou ao tio Phillip, e muitas vezes eu o escutara fazer coro com outras crianças quando diziam que eu estava no norte.

Contei a ele que agora eu realmente estava de partida para os Estados Livres e que se ele fosse um bom menino e honesto, e um filho querido para sua velha avó, o Senhor o abençoaria e o levaria para mim, e nós dois e Ellen poderíamos morar todos juntos. Ele começou a me contar que a avó não comera nada o dia inteiro. Enquanto falava, a porta foi destrancada e ela entrou com um saquinho de dinheiro que queria que eu levasse. Eu implorei que ela ficasse ao menos com parte do dinheiro para pagar a passagem de Benny para o norte, mas ela insistiu, as lágrimas escorrendo pelo rosto, que eu devia levar tudo.

— Você pode adoecer entre estranhos, eles iam mandá-la para um asilo de indigentes para morrer.

Ah, como era boa minha avó!

Entrei no meu cantinho pela última vez. Sua aparência erma não me perturbava mais, pois a luz da esperança se acendera na minha alma. Contudo, mesmo com a perspectiva abençoada da liberdade à minha frente, fiquei muito triste em abandonar para sempre meu velho lar, onde minha querida avó idosa me abrigara por tanto tempo, onde sonhara meu primeiro sonho jovem de amor, onde, depois de este sonho ter se dissipado, meus filhos se prenderam tão firmemente ao meu coração abandonado. Quando estava perto da hora de partir, desci mais uma vez para o depósito. Minha avó e Benny estavam lá.

— Linda, vamos rezar juntas — ela disse, segurando minha mão.

Nós três nos ajoelhamos juntos, com meu filho agarrado contra o meu peito e meu outro braço em torno da amiga fiel que eu estava prestes a abandonar para sempre. Em nenhuma outra ocasião eu tivera o privilégio de escutar uma súplica tão fervorosa por misericórdia e proteção. Meu coração bateu mais forte e meu peito se encheu de fé em Deus.

Peter estava esperando por mim na rua. Eu logo estava ao seu lado, fraca de corpo, mas forte de espírito. Não olhei para trás para observar meu antigo lar, apesar de achar que nunca mais o veria.

A caminho do norte

Nunca soube dizer como chegamos ao cais. Meu cérebro estava girando, minhas pernas fraquejavam e tremiam. No lugar marcado, encontramos meu tio Phillip, que partira antes de nós por um caminho diferente para chegar ao cais primeiro e nos avisar a tempo caso houvesse algum perigo. Um bote estava à nossa espera. Quando estava prestes a entrar, senti algo me puxando fraquinho. Quando me virei, vi Benny, pálido e ansioso.

— Eu estava espiando pela janela do doutor — ele cochichou no meu ouvido. — Ele está em casa. Tchau, mãe. Não chora, eu vou um dia.

Com isso, ele saiu correndo. Eu segurei a mão do meu tio, a quem tanto devia, e a de Peter, o amigo generoso e destemido que se oferecera a correr riscos tão terríveis pela minha liberdade. Ainda lembro de como seu rosto reluzia de felicidade quando me contou que descobrira um método seguro para a minha fuga. Mas esse homem inteligente, arrojado e nobre era propriedade alheia! Sujeito, segundo as leis de um país que se declara civilizado, a ser vendido com os porcos e cavalos! Despedimo-nos em silêncio. Nossos corações estavam pesados demais para falarmos qualquer coisa.

O barco planou sobre a água.

— Não se desespere, minha senhora — um dos marinheiros disse após algum tempo. — Vamos levá-la em segurança até seu marido em ....

No início, não conseguia imaginar o que ele estava dizendo, mas tive a presença de espírito de pensar que provavelmente se referia a algo que o capitão dissera, então agradeci e disse que torcia por um tempo favorável na viagem.

Quando entrei no navio, o capitão apareceu para me cumprimentar. Era um senhor de idade com um rosto simpático. Ele me levou até uma cabine que mais parecia uma caixinha, onde encontrei minha amiga Fanny sentada. Ela deu um salto como se tivesse visto uma assombração e ficou olhando para mim, absolutamente pasma.

— Linda, é mesmo *você*? — ela exclamou. — Ou é o seu espírito?

Quando nos prendemos em um abraço, meu coração esgotado não se conteve. Meus soluços chegaram aos ouvidos do capitão, que desceu e nos lembrou muito gentilmente que, pela sua segurança assim como para a nossa própria, seria prudente que não chamássemos a atenção. Ele disse que quando houvesse uma vela a vista, ele desejava que ficássemos na estiva; de resto, ele não objetaria que subíssemos ao convés. Ele nos garantiu que se manteria vigilante e que, caso nos comportássemos com prudência, ele não previa nenhum perigo. De resto, ele nos apresentava como mulheres viajando de encontro a nossos maridos em.... Nós duas agradecemos e prometemos cumprir diligentemente todas as instruções que nos dera.

Fanny e eu conversávamos entre si, bem baixinho, na nossa cabine minúscula. Ela me contou tudo o que sofrera para efetuar sua fuga e o terror enquanto estava escondida na casa da mãe. Acima de tudo, ela se detinha na agonia de ser separada de todas as filhas no dia terrível do leilão. Ela mal acreditou quando contei sobre o lugar onde havia passado quase sete anos.

— Todos temos nossas tristezas.

— Não — ela respondeu. — Você vai ver seus filhos logo, logo, eu não tenho esperança nenhuma de saber dos meus pelo resto da vida.

O navio não demorou a zarpar, mas teve dificuldades para avançar. O vento estava contra nós, o que não teria me incomodado se não estivéssemos mais à vista da cidade; mas até haver quilômetros de mar entre nós e nossos inimigos, nós duas sofríamos de apreensões constantes de que os oficiais de justiça iriam nos abordar. Nenhuma de nós conseguia ficar totalmente à vontade com o capitão e o resto da tripulação. Eu era completamente estranha a essa classe e ouvira falar que os marinheiros são homens grosseiros, às vezes até cruéis. Estávamos tão completamente nas suas mãos que se fossem homens maus, nossa situação se tornaria aterroradora. Agora que o capitão recebera pela nossa passagem, ele não poderia ficar tentado a ganhar mais dinheiro nos entregando para aqueles que se declaravam nossos proprietários? Minha índole era naturalmente confiante, mas a escravidão me ensinara a suspeitar de todos. Fanny não compartilhava da minha desconfiança em relação ao capitão e seus homens. Ela disse que tivera medo no início, mas ficara três dias a bordo enquanto o navio estava atracado e ninguém a revelara ou a tratara com nada menos que gentileza.

Logo o capitão veio nos sugerir que subíssemos ao convés para respirar um pouco de ar fresco. Seus modos gentis e respeitosos, combinados com o testemunho de Fanny, me deixaram reconfortada, então decidimos acompanhá-lo. Ele nos ofereceu um assento confortável e de tempos em tempos se juntava à conversa. Ele nos contou que era sulista de nascimento, que passara boa parte da vida nos Estados Escravistas e que recentemente perdera um irmão que negociava escravos.

— Mas é um ramo degradante e mesquinho. Sempre tive vergonha de admitir que meu irmão estava ligado a essa atividade.

Quando passamos pelo Pântano das Cobras, ele apontou para a região e disse:

— Lá fica um território escravo contrário a toda lei.

Lembrei-me dos dias terríveis que passara lá. O lugar não se chamava Pântano da Tristeza,[1] mas só de vê-lo eu me entristecia.

---

1. Great Dismal Swamp, um pântano na Costa Leste dos EUA que servia de refúgio para escravizados fugitivos. Uma das suas extremidades está localizada em Edenton, Carolina do Norte, onde Harriet Ann Jacobs viveu como escrava.

Nunca me esquecerei daquela noite. O ar da primavera era tão refrescante! E como descrever minhas sensações enquanto navegávamos de vento em popa pela Baía de Chesapeake? Ah, como era lindo o sol! Como era estimulante a brisa! E agora eu podia aproveitar ambos sem medo e sem restrições. Eu jamais havia percebido como eram maravilhosos o sol e o ar até ser privada de ambos.

Após dez dias no mar, estávamos nos aproximando da Filadélfia. O capitão disse que chegaríamos na cidade à noite, mas achou que seria melhor esperarmos até a manhã seguinte e desembarcar à luz do dia para não levantar suspeitas.

— Você é que sabe — respondi. — Mas vai ficar a bordo e nos proteger?

Ele notou que eu estava desconfiada e lamentou que, agora que havia nos levado ao fim da viagem, eu tinha tão pouca confiança nele. Ah, se tivesse sido escravo, ele teria sabido como era difícil confiar em um homem branco. Ele nos garantiu que poderíamos passar a noite sem medo e que garantiria que não ficaríamos desprotegidas. Justiça seja feita à honra desse capitão, apesar de sulista: se Fanny e eu fôssemos senhoras brancas e nossa passagem tivesse sido adquirida legalmente, ele não poderia ter nos tratado mais respeitosamente. Peter, meu amigo inteligente, estimara corretamente a natureza e a honra do homem a quem nos confiara. Na manhã seguinte, subi ao convés assim que o dia nasceu. Chamei Fanny para ver o sol nascer, pela primeira vez em nossas vidas, em solo livre, pois era o que acreditava *então*. Nós duas assistimos a um céu que se avermelhava e vimos a grande orbe ascender lentamente sobre a água. Logo as ondas começaram a cintilar e tudo adquiriu um brilho magnífico. À nossa frente havia uma cidade cheia de estranhos. Nós nos entreolhamos, os olhos de ambas carregados de lágrimas. Havíamos fugido da escravidão e nos imaginávamos a salvo dos caçadores. Mas também estávamos sozinhas no mundo e havíamos deixado laços queridos para trás, laços rompidos cruelmente pelo demônio Escravidão.

Incidentes na Filadélfia

Eu ouvira falar que o pobre escravo tem muitos amigos no norte e tinha confiança em que encontraria alguns deles. Enquanto isso, partiríamos do princípio de que todos eram amigos até provarem do contrário. Procurei o bom capitão, agradeci suas atenções e disse que nunca deixaria de ser grata pelo serviço que nos prestara. Entreguei a ele uma mensagem para os amigos deixados para trás e ele prometeu entregá-la. Fomos colocadas em um bote e em quinze minutos desembarcamos em um cais de madeira na Filadélfia. Enquanto admirava a vista, o capitão gentil encostou no meu ombro e disse:

— Tem um homem de cor que parece respeitável ali atrás de você. Vou perguntar a ele sobre trens para Nova York e dizer que você quer seguir em frente.

Agradeci e pedi que me indicasse algumas lojas onde poderia comprar luvas e véus. Ele atendeu o pedido e disse que falaria com o homem negro até que eu voltasse. Apressei-me o quanto pude. O exercício constante a bordo do navio quase restaurara o uso dos meus membros, assim como esfregá-los com água salgada. Os ruídos da cidade grande me confundiam, mas encontrei as lojas e comprei alguns véus duplos e luvas para Fanny e para mim. O lojista disse que seriam tantos levies.[1] Eu nunca ouvira a palavra antes, mas não o informei disso. Pensei que se soubesse que era uma forasteira, ele poderia me perguntar de onde vinha. Entreguei uma moeda de ouro e, quando ele me devolveu o troco, contei as moedas e descobri quanto era um levy. Retornei ao cais e lá o capitão me apresentou ao homem de cor com quem conversara, o Reverendo Jeremiah Durham, ministro da Igreja de Bethel. Ele apertou minha mão como se fosse um velho amigo e nos informou que seria muito tarde para o trem matinal para Nova York, então seria preciso esperar até a tarde ou a manhã seguinte. Ele me convidou para acompanhá-lo até a sua casa, garantindo que sua esposa ficaria feliz em nos receber, e que para minha amiga ele arranjaria acomodação entre seus vizinhos. Agradeci pela forte bondade que demonstrava com duas estranhas e disse que, a ficar presa na cidade, gostaria de procurar algumas pessoas que haviam partido da nossa região do país. O Sr. Durham insistiu que almoçássemos com ele e que depois ele nos ajudaria a encontrar meus amigos. Os marinheiros se despediram de nós. Eu apertei suas mãos calejadas com lágrimas nos olhos. Todos haviam sido muito bons para nós e prestado um serviço maior do que jamais seriam capazes de conceber.

Eu nunca vira uma cidade tão grande ou entrara em contato com tanta gente nas ruas. Tive a impressão de que

---

1. Contração de "elevenpence", o "levy" era o real espanhol de um oitavo de dólar.

quem passava nos encarava com um olhar de curiosidade. Meu rosto estava tão escamado e cheio de bolhas, pois eu passara muito tempo no convés, enfrentando o sol e o vento, que achei que eles não conseguiam decidir facilmente a qual nação eu pertencia.

A Sra. Durham me recebeu com calorosas boas-vindas, sem fazer perguntas. Eu estava cansada e sua simpatia foi como um refresco. Deus a abençoe! Eu tinha certeza de que ela havia consolado outros corações cansados antes de ser minha vez de receber sua solidariedade. Ela estava cercada pelo marido e os filhos, em um lar consagrado pela proteção da lei. Pensei nos meus próprios filhos e suspirei.

Após o jantar, o Sr. Durham foi comigo em busca dos amigos que eu mencionara. Eles haviam se mudado da minha cidade natal e eu aguardava ansiosamente o prazer de encontrar rostos conhecidos. Eles não estavam em casa, então refizemos nossos passos através de ruas maravilhosamente limpas. No caminho, o Sr. Durham observou que eu falara de uma filha que esperava encontrar e que estava surpreso, pois eu parecia tão jovem que ele me imaginava solteira. Ele estava tocando em um assunto extremamente delicado para mim. O próximo passo seria perguntar sobre o meu marido, pensei, mas o que ele pensaria de mim se eu respondesse com a verdade? Contei que tinha dois filhos, uma em Nova York e o outro no sul. Ele fez mais algumas perguntas e eu respondi com um relato honesto sobre alguns dos eventos mais importantes da minha vida. Foi uma narração dolorosa, mas eu não poderia enganá-lo. Se ele desejava mesmo ser meu amigo, pensei que ele deveria conhecer meu verdadeiro valor.

— Peço perdão se estou castigando seus sentimentos — ele disse. — Minhas perguntas não foram mera curiosidade. Eu queria entender a sua situação para saber se poderia prestar algum serviço à senhora ou à sua menininha. Suas respostas francas e diretas são motivo de orgulho, mas a senhora não deveria responder tão abertamente a qualquer um. Algumas pessoas desalmadas usariam isso como pretexto para tratá-la com desprezo.

A palavra *desprezo* ardia em mim como um carvão em brasa.

— Só Deus sabe quanto eu sofri e tenho certeza de que Ele vai me perdoar. Se puder ter meus filhos comigo, pretendo ser uma boa mãe e viver de tal modo que ninguém possa me tratar com desprezo.

— Respeito seus sentimentos — ele disse. — Confie em Deus e se deixe governar por bons princípios e você certamente encontrará amigos.

Quando chegamos em casa, eu fui para o meu quarto, feliz em poder me isolar do mundo. As palavras que ele proferira ficaram gravadas na minha mente. Elas traziam à tona sombras terríveis do meu passado negro. Em meio a tais meditações, tomei um susto quando ouvi uma batida na porta. A Sra. Durham entrou com um sorriso que reluzia gentileza e me disse que um amigo antiescravista estava na porta e gostaria de me ver. Superei meu terror de encontrar estranhos e fui com ela. Foram feitas muitas perguntas sobre minhas experiências e minha fuga da escravidão, mas também observei o cuidado que todos tomavam para não dizer nada que pudesse ferir meus sentimentos. Somente consegue entender completamente o quanto essa situação era agradável quem se acostumou a ser tratado como se não estivesse incluído entre os membros da raça humana. O amigo antiescravista viera perguntar sobre meus planos e oferecer auxílio, caso algum fosse necessário. Fanny estava bem acomodada, por hora, com uma amiga do Sr. Durham. A Sociedade Antiescravista concordara em pagar suas despesas até Nova York. O mesmo me foi oferecido, mas eu recusei, dizendo que minha avó me dera o suficiente para pagar minhas despesas até o fim da jornada. Todos insistiram que ficássemos na Filadélfia mais alguns dias, até que uma companhia apropriada pudesse ser arranjada para nós. Aceitei com prazer, pois tinha pavor da ideia de encontrar algum escravista e medo também das ferrovias. Eu nunca entrara em um vagão de trem na vida, o que parecia ser um evento importantíssimo.

    Naquela noite, descansei a cabeça no travesseiro com sentimentos que nunca vivenciara antes. Eu me acreditava piamente uma mulher livre. Fiquei desperta bastante tempo, mas logo que peguei no sono fui acordada pelo alarme de incêndio. Saltei da cama e me vesti às pressas. De onde venho, todos correm para se vestir nessas ocasiões. Os brancos achavam que um grande incêndio poderia ser usado como oportunidade para uma insurreição, então era melhor estar de prontidão, enquanto os negros eram mandados para extinguir as chamas. Havia apenas uma máquina na cidade, e as mulheres e crianças de cor costumavam ser obrigadas a arrastá-la até a beira do rio para enchê-la. A filha da Sra. Durham dormia no mesmo quarto que eu e, visto que continuava a dormir em meio àquela barulheira toda, achei que seria meu dever acordá-la.

— O que é que houve? — ela indagou, esfregando os olhos.

— Estão gritando "fogo" nas ruas e os sinos estão tocando.

— E daí? — ela respondeu, sonolenta. — Estamos acostumados. Nós nunca nos levantamos sem o incêndio estar bem perto. De que ia adiantar?

Fiquei bastante surpresa que não era necessário que nos levantássemos para ajudar a encher a máquina. Eu era uma criança ignorante, recém começando a aprender como as coisas funcionam na cidade grande.

Ao raiar do dia, ouvi mulheres anunciando peixe fresco, frutas, rabanetes e diversas outras coisas. Tudo isso era novidade para mim. À primeira hora, me vesti e fui me sentar junto à janela para observar aquela vida desconhecida fluir pelas ruas. A Filadélfia parecia um lugar enorme e maravilhoso. Durante o desjejum, minha ideia de sair para arrastar a máquina foi motivo de piada, e eu me juntei às gargalhadas.

Quando fui ver Fanny, descobri que ela estava tão contente entre seus novos amigos que não tinha pressa alguma de partir. Eu também estava muito feliz com a minha anfitriã. Ela tivera o benefício da educação e era vastamente superior à minha pessoa. Todos os dias, quase todas as horas, ela acrescentava algo ao meu parco conhecimento. Ela me levou para conhecer a cidade dentro dos limites da prudência. Uma vez, ela me levou até os aposentos de um artista e me mostrou os retratos de alguns dos seus filhos. Eu nunca vira pinturas de pessoas de cor antes. Eram lindas.

Ao final de cinco dias, um dos amigos da Sra. Durham se ofereceu para nos acompanhar até Nova York na manhã seguinte. Segurando a mão da minha bondosa anfitriã em nossa despedida, eu estava ansiosa por saber se o marido havia repetido para ela o que eu o contara. Eu imaginava que sim, mas ela não fez qualquer menção ao assunto. Suponho que foi o silêncio delicado da solidariedade feminina.

Quando nos entregou nossos bilhetes, o Sr. Durham disse:

— Infelizmente, vocês terão uma viagem desagradável, mas foi impossível obter passagem nos vagões de primeira classe.

Imaginando que eu não havia dado dinheiro suficiente, ofereci mais.

— Ah, não, a passagem não poderia ser comprada por qualquer valor. Pessoas de cor não podem entrar nos vagões de primeira classe.

Foi a primeira vez que meu entusiasmo pelos Estados Livres esfriou. No sul, os negros podiam andar em uma caixa imunda, atrás dos brancos, mas não eram obrigados a pagar pelo privilégio. Fiquei triste em ver como o norte imitava os costumes da escravidão.

Fomos empilhadas em vagão amplo e grosseiro, com janelas em ambos os lados que ficavam altas demais para que pudéssemos espiar sem ficar de pé. Ele estava lotado de gente, aparentemente membros de todas as nações. Inúmeras camas e berços continham bebês que gritavam e esperneavam. Metade de todos os homens tinha um charuto ou cachimbo na boca e garrafões de uísque eram passados livremente de mão em mão. Os vapores do uísque e a fumaceira do tabaco eram repugnantes, e minha mente ficou igualmente nauseada com as piadas vulgares e canções obscenas ao meu redor. Foi uma viagem bastante desagradável, mas essas questões têm melhorado desde então.

A reunião entre mãe e filha

Quando chegamos em Nova York, quase enlouqueci com a multidão de cocheiros que não parava de gritar "carruagem, dona?" Negociamos com um deles para nos levar até a Rua Sullivan por doze xelins. Um irlandês corpulento apareceu e disse:

— Eu levo por sês xilins.

A redução de metade do preço foi muito bem recebida e nós perguntamos se ele poderia nos levar imediatamente.

— Dô a minha paravra, sinhoras — ele respondeu.

Percebi que os motoristas estavam sorrindo uns para os outros e indaguei se o seu veículo era decente.

— Sim, sinhora, é muito do decentche. O diabo ia me carregá se eu fosse levá sinhoras num carro qui num fosse decentche.

Entregamos nossos cheques. Ele foi buscar nossa bagagem e logo reapareceu dizendo:

— Por aqui, sim sinhoras, por aqui, por favô.

Fomos atrás dele e encontramos nossas malas em uma carroça aberta, que ele nos convidou para usar de assento. Respondemos que não era isso que havíamos negociado e que ele devia descarregar nossas malas. Ele jurou que ninguém encostaria nelas até que tivéssemos pago os seis xelins. Na nossa situação, não seria prudente chamar a atenção e eu estava prestes a pagar o que ele pedia quando um homem ao nosso lado balançou a cabeça, indicando que eu não entregasse o dinheiro. Depois de muito trabalho, conseguimos nos livrar do irlandês e prendemos nossas malas a uma carruagem. Haviam nos recomendado uma hospedaria na Rua Sullivan, para onde nos dirigimos. Foi lá que Fanny e eu nos despedimos. A Sociedade Antiescravista arranjara um lar para ela, e mais tarde recebi a notícia de que ela estava prosperando. Mandei chamar um velho amigo da minha região de origem, que estava em Nova York a negócios havia algum tempo. Ele veio imediatamente. Disse a ele que queria ver minha filha e pedi sua ajuda para arranjar um encontro.

Eu o avisei para não deixar a família saber que eu acabara de chegar do sul, pois eles me imaginavam no norte havia sete anos. Ele me disse que havia uma mulher de cor no Brooklyn da minha cidade e que eu deveria ir para a casa dela e encontrar minha filha lá. Agradeci o plano de coração e ele concordou em me acompanhar até o Brooklyn. Cruzamos Fulton Ferry, subimos a Avenida Myrtle e paramos na casa que ele indicara. Eu estava prestes a entrar quando vi duas meninas passando. Meu amigo chamou minha atenção para elas. Quando me virei, reconheci a mais velha, Sarah, filha de uma mulher que costumava viver com minha avó e que abandonar o sul anos atrás. Surpresa e animada com esse encontro inesperado, dei um abraço na menina e indaguei sobre a sua mãe.

— Você nem olhou para a outra menina — meu amigo disse.

Olhei para o lado e encontrei minha Ellen! Apertei a menina contra o meu coração e então a afastei para poder observá-la. Ela mudara bastante nos dois anos desde nossa despedida. Os sinais de negligência seriam evidentes para olhos menos atentos do que os de uma mãe. Meu amigo convidou todos nós para entrar na casa, mas Ellen disse que havia sido mandada cumprir uma tarefa, que resolveria o mais rápido possível, e então iria para casa pedir à Sra. Hobbs permissão para me ver. Concordamos que eu mandaria chamá-la no dia seguinte. Sarah, sua companheira, correu para contar à mãe sobre a minha chegada. Quando entrei na casa, sua senhora estava ausente e precisei esperar pelo seu retorno. Antes de vê-la, ouvi-a dizer:

— Onde está Linda Brent? Eu conhecia o pai e a mãe dela.

Sarah logo entrou com a mãe. Nós formávamos um grupo grande, todos da vizinhança da minha avó. Esses amigos se reuniram ao meu redor e começaram a fazer uma pergunta atrás da outra. Eles riam, choravam, gritavam, agradeciam a Deus que eu escapara dos meus algozes e estava segura em Long Island. Foi um dia de muito agito, diferente dos dias silenciosos que eu passava na minha toca sombria.

Era domingo na manhã seguinte. Quando acordei, meus pensamentos se ocuparam com o bilhete que mandaria para a Sra. Hobbs, com quem Ellen estava morando. Que eu chegara recentemente à vizinhança era evidente, pois do contrário teria perguntado antes pela minha filha. Seria uma má ideia deixar que eles percebessem que eu havia recém-chegado do sul, pois isso envolveria a suspeita de que eu fora acolhida e ocultada lá, o que poderia causar problemas para diversas pessoas, ou até arruiná-las.

Eu gosto de ser franca e direta e sempre reluto em me valer de subterfúgios. Na medida em que agi de forma desonesta, a culpa por esses atos é toda da escravidão. Foi esse sistema de violência e afronta que não me deixou qualquer alternativa além da falsidade. Comecei meu bilhete afirmando que havia chegado recentemente do Canadá e que desejava que minha filha viesse me encontrar. Ela veio trazendo uma mensagem da Sra. Hobbs, me convidando para a sua casa e garantindo que eu não teria nada a temer. A conversa que tive com minha filha não apaziguou meu espírito. Quando perguntei se ela era bem tratada, a resposta foi positiva, mas faltava entusiasmo na sua voz. Ela parecia estar respondendo daquela forma porque não queria que eu me preocupasse.

— Mamãe, vamos morar juntas agora? — ela perguntou seriamente antes de se despedir.

Fiquei triste de pensar que não podia dar um lar para minha filha até poder trabalhar e obter os meios para tanto, o que ainda poderia demorar bastante tempo. Quando foi morar com a Sra. Hobbs, o acordo era que Ellen seria mandada para a escola. Dois anos haviam se passado e ela já estava com nove anos, mas mal sabia o alfabeto. Não há desculpa para isso, pois o Brooklyn tem boas escolas públicas, onde ela poderia ter estudado sem nenhum custo.

Ela ficou comigo até escurecer e então eu a acompanhei até em casa. Fui recebida com simpatia pela família e todos concordaram em dizer que Ellen era uma boa menina e muito prestativa. A Sra. Hobbs me encarou friamente e disse:

— Imagino que você sabe que o Sr. Sands, meu primo, *deu* ela para a minha filha mais velha. Ellen vai ser uma bela camareira para ela quando crescer.

Não respondi com uma única palavra. Como ela era capaz de dizer aquilo, alguém que conhecia por experiência própria a força do amor de mãe e que estava perfeitamente ciente do parentesco do Sr. Sands com meus filhos? Como ela era capaz de me olhar nos olhos e enfiar aquela adaga no meu coração?

Eu não estava mais surpresa que eles a haviam mantido em tamanho estado de ignorância. O Sr. Hobbs fora rico no passado, mas falira e posteriormente obtivera um cargo subordinado na alfândega. Talvez eles esperassem voltar para o sul um dia, então o conhecimento que Ellen tinha era mais do que suficiente para uma escrava. Eu estava impaciente por trabalhar e ganhar dinheiro para poder alterar a condição incerta dos meus filhos. O Sr. Sands não cumprira sua palavra de alforriá-los. Eu também fora enganada com relação a Ellen. Que segurança eu teria quanto a Benjamin? Eu sentia que não tinha nenhuma.

Voltei para a casa do meu amigo com a mente perturbada. Para proteger meus filhos, precisava ser dona de mim mesma. Eu me dizia livre, e às vezes me sentia livre, mas sabia estar insegura. Naquela noite, sentei-me e escrevi uma carta bem-educada ao Dr. Flint pedindo que ele informasse o menor preço pelo qual estaria disposto a me vender e, como por direito pertencia à sua filha, escrevi a ela também com um pedido semelhante.

Não me esquecera do meu querido irmão William desde minha chegada ao norte. Eu perguntara diligentemente por ele e, tendo ouvido falar dele em Boston, me dirigi para essa cidade. Quando cheguei lá, descobri que ele se mudara para New Bedford. Escrevi para a cidade e me informaram que ele zarpara em um navio baleeiro e demoraria meses para voltar. Voltei para Nova York para procurar um emprego perto de onde Ellen estava. Recebi uma resposta desencorajadora do Dr. Flint. Ele me aconselhava a voltar e me entregar aos meus proprietários de direito e que assim qualquer pedido que fizesse seria concedido. Emprestei essa carta a um amigo, que a perdeu; se não fosse por isso, eu apresentaria uma cópia dela para as leitoras.

Um novo lar

Agora minha maior ansiedade era obter um emprego. Minha saúde melhorara significativamente, apesar de as minhas pernas continuarem a me incomodar, inchando sempre que eu caminhava demais. A maior dificuldade pela frente era que aqueles que empregam estranhos exigem uma carta de recomendação; na minha posição peculiar, eu, obviamente, não tinha como obter certificados das famílias a quem servira tão fielmente.

Um dia, uma conhecida me contou que uma senhora estava procurando uma ama para o seu bebê, então me candidatei imediatamente para a posição. A senhora me disse que preferia alguém que tivesse sido mãe e estivesse acostumada a cuidar de crianças pequenas. Respondi que havia dado de mamar a dois filhos meus. Ela me fez várias perguntas, mas, para o meu grande alívio, não exigiu uma recomendação de um ex-empregador. Ela me contou que era inglesa, uma circunstância bastante favorável para mim, pois havia ouvido falar que eles têm menos preconceito de cor do que é comum entre os americanos. Concordamos em fazer um experimento de uma semana. O teste se revelou satisfatório para ambas as partes e fui contratada por um mês.

O Pai Celestial foi misericordioso quando me levou a esse lugar. A Sra. Bruce era uma mulher bondosa e gentil e se revelou uma amiga genuína e solidária. Antes de o mês estipulado se esgotar, a necessidade de subir e descer as escadas com frequência causara inchaços dolorosos nos meus membros, a ponto de eu não ser mais capaz de realizar meus deveres. Muitas senhoras teriam me dispensado sem pensar duas vezes, mas a Sra. Bruce fez arranjos para me poupar das escadas e contratou um médico para me atender. Eu ainda não havia contado a ela que era uma escrava fugitiva. Ela percebeu que eu ficava muito triste e perguntou gentilmente qual seria a causa. Falei de estar separada dos meus filhos e de parentes queridos, mas não mencionei a sensação constante de insegurança que oprimia meu ânimo. Eu ansiava por alguém a quem pudesse confessar tudo, mas fora tão enganada por gente branca que perdera toda a confiança nelas. Se uma pessoa branca me dizia uma gentileza, eu imaginava que era com algum fim egoísta. Eu entrara nessa família com os sentimentos de desconfiança que me salvaram da escravidão, mas em menos de seis meses o comportamento gentil da Sra. Bruce e os sorrisos do seu bebê maravilhoso estavam degelando meu coração. Minha mente estreita também começou a se expandir sob a influência da sua conversa inteligente, além das oportunidades de leitura, que me eram dadas com prazer sempre que meus deveres permitiam. De pouco em pouco, fui ficando mais energética e animada.

A velha sensação de insegurança, especialmente com relação aos meus filhos, era uma nuvem negra que cruzava constantemente o meu sol. A Sra. Bruce ofereceu um lar para Ellen; por mais agradável que isso teria sido, não ousei aceitar, por medo de ofender a família Hobbs. Seu conhecimento da minha situação precária me colocava em seu poder e eu acreditava que seria importante não os desagradar até que, à força de muito trabalho e economia, eu pudesse estabelecer um lar para os meus filhos. Eu estava longe de me satisfazer com a situação de Ellen. Não cuidavam bem dela. Às vezes, ela vinha a Nova York para me visitar, mas geralmente trazia um pedido da Sra. Hobbs para que eu comprasse para ela um par de sapatos ou alguma peça de vestuário, acompanhado da promessa de me pagarem de volta quando o Sr. Hobbs recebesse seu salário atrasado da alfândega. Por algum motivo ou por outro, no entanto, a conta nunca era saldada. Assim, muitos dólares da minha renda foram gastos para vestir minha filha confortavelmente. Mas esse era um problema menor em comparação com o medo de que seus apuros pecuniários induzissem a família a vender minha filhinha preciosa. Eu sabia que eles estavam em comunicação frequente com sulistas e tinham oportunidades frequentes para fazer uma venda. Como expliquei anteriormente, quando o Dr. Flint colocou Ellen na cadeia aos dois anos de idade, ela tinha uma inflamação dos olhos causada pelo sarampo. Essa doença ainda a incomodava, então a Sra. Bruce propôs que a menina passasse algum tempo em Nova York para ficar sob os cuidados do Dr. Elliot, um oculista de renome. Não me ocorreu que haveria algo de impróprio em um pedido materno desses, mas a Sra. Hobbs ficou furiosa e se recusou a deixá-la partir. Situada como eu estava, não teria sido nada diplomático insistir na questão. Não reclamei, mas ansiei ainda mais por ficar completamente livre para atuar como mãe dos meus filhos. Na minha visita seguinte ao Brooklyn, a Sra. Hobbs, como que para pedir perdão pela sua raiva, me disse que empregara seu próprio médico para cuidar dos olhos de Ellen e que recusara meu pedido porque não considerava seguro deixar a menina em Nova York. Aceitei a explicação em silêncio, mas o fato é que ela me dissera que a minha filha *pertencia* à dela e eu suspeitava que o verdadeiro motivo era o medo que eu roubasse a propriedade da menina. Talvez eu estivesse sendo injusta, mas com a minha experiência com a índole sulista, era difícil não me sentir assim.

    Doçura e amargura se misturavam na taça da minha vida, mas eu era grata por ela ter deixado de ser completamente amarga. Adorava o bebê da Sra. Bruce. Quando ele ria para mim e dava gritinhos de alegria, ou quando enroscava seus bracinhos delicados ao redor do meu pescoço com tanta confiança, eu me lembrava da época em que Benny e Ellen eram bebês e meu coração partido se aliviava um pouco. Uma manhã de sol, quando estava parada junto à janela, embalando o bebê, percebi um jovem com roupa de marinheiro que observava atentamente cada casa pela qual passava. Olhei para ele com mais atenção. Seria William, meu irmão? *Devia* ser, mas como estava mudado! Coloquei o bebê na cama, desci as escadas voando, abri a porta da frente e chamei o marinheiro. Em menos de um minuto, estava nos braços do meu irmão. Quanto tínhamos a contar um para o outro! Como rimos, e como choramos, escutando as aventuras um do outro! Eu o levei até o Brooklyn e o vi mais uma vez com Ellen, a menina querida que ele tanto amava e da qual cuidara com tanto carinho enquanto eu estava presa na minha toca miserável. Ele ficou uma semana em Nova York. Seu antigo afeto por mim e por Ellen não havia diminuído em nada. Não há laço tão forte como aqueles formados por quem sofre junto.

O antigo inimigo de volta

Minha jovem senhora, a Srta. Emily Flint, não respondera à minha carta solicitando seu consentimento para que eu fosse vendida. Após algum tempo, no entanto, eu recebi uma resposta, supostamente escrita pelo seu irmão mais jovem. Para saborear corretamente o conteúdo dessa carta, a leitora deve manter em mente que a família Flint me imaginava no norte havia muitos anos. Eles não faziam ideia de que eu sabia das três excursões do doutor a Nova York atrás de mim, que eu ouvira sua voz quando ele viera tomar 500 dólares emprestados para esse fim e que eu o vira passar a caminho do vapor. Eles também não sabiam que todos os detalhes da morte e sepultamento de tia Nancy me foram comunicados na época em que ocorreram. Eu guardei a carta, uma cópia da qual se encontra a seguir:

Sua carta para a minha irmã foi recebida alguns dias atrás. Por ela, entendo que você deseja voltar à sua terra natal, entre amigos e parentes. Ficamos todos satisfeitos com o conteúdo da sua carta e gostaria de garantir que se algum membro da família um dia sentiu algum ressentimento de você, não sente mais. Todos nos solidarizamos com a sua condição infeliz e estamos prontos para fazer tudo o que pudermos para torná-la feliz e contente. Seria difícil para você voltar para casa uma pessoa livre. Se fosse comprada pela sua avó, é duvidoso que lhe seria permitido permanecer, embora isso seja permitido pela lei. Se um servo pudesse comprar a si mesmo após se ausentar por tanto tempo de seus donos e voltar livre, o efeito seria danoso. Pela sua carta, creio que sua situação deve ser difícil e desconfortável. Volte para casa. Você tem em mãos a capacidade de recuperar seu lugar em nossos corações e seria recebida de braços abertos e com lágrimas de alegria. Não é preciso temer um tratamento indelicado da nossa parte, pois não incorremos em nenhuma despesa ou incômodo para obtê-la. Se tivéssemos, talvez nossos sentimentos fossem outros. Como sabe, minha irmã sempre foi muito afeiçoada a você e ninguém jamais a tratou como escrava. Você nunca precisou realizar trabalhos árduos nem foi exposta ao trabalho no campo. Pelo contrário, foi levada para dentro de casa e tratada como uma de nós, e quase como se fosse livre; e nós, pelo menos, acreditávamos que você não se rebaixaria a ponto de fugir. A crença de que você pode ser convencida a voltar para casa voluntariamente me leva a escrever em nome de minha irmã. A família vai ficar feliz em vê-la, e sua pobre avó idosa expressou um forte desejo de que volte para casa quando sua carta foi lida para ela. Na velhice, ela precisa do consolo de ter os filhos à sua volta. Você com certeza ouviu sobre a morte da sua tia. Ela era uma criada fiel e um membro fiel da igreja episcopal. Na sua vida cristã, ela nos ensinou a viver; e, ah, como pagamos caro pelo conhecimento, ela também nos ensinou a morrer! Se tivesse nos visto junto ao seu leito de morte, ao lado da sua mãe, com todos misturando suas lágrimas numa só corrente, você teria achado que o mesmo laço sincero existia entre senhor e servo que existe entre mãe e filha. Mas dói demais me deter nesse assunto e é preciso encerrar esta carta. Se está contente em ficar longe da sua avó idosa, do filho e dos amigos que a amam, fique onde está. Nunca nos daremos ao trabalho de tentar apreendê-la. Mas se preferir voltar para casa, faremos todo o possível para garantir a sua felicidade. Se não desejar permanecer na família, sei que poderíamos convencer nosso pai a deixá-la ser comprada por qualquer pessoa que possa escolher em nossa comunidade. Por favor, responda assim que possível e nos informe da sua decisão. Minha irmã manda seu amor. Enquanto isso, pense em mim como seu amigo sincero e que apenas lhe quer bem.

Essa carta foi assinada pelo irmão de Emily, que ainda era um menino. Eu sabia, pelo estilo, que ela não fora escrita por alguém da sua idade e, apesar da caligrafia disfarçada, ela me produzira muita infelicidade em anos passados para que eu não reconhecesse imediatamente a letra do Dr. Flint. Ah, a hipocrisia dos escravistas! Aquela raposa velha imaginava que eu seria boba o suficiente para cair nessa armadilha? Ele confiava demais na "estupidez da raça africana". Não mandei à família Flint nenhum agradecimento pelo convite tão cordial, um descuido pelo qual, sem dúvida nenhuma, fui acusada de vil ingratidão.

Não muito tempo depois, recebi uma carta de um dos meus amigos do sul informando que o Dr. Flint estava prestes a visitar o norte. A carta fora atrasada e eu achei que ele poderia já estar a caminho. A Sra. Bruce não sabia que eu era uma fugitiva. Contei a ela que um assunto importante me levava a Boston, onde meu irmão morava na época, e pedi permissão para que uma amiga me substituísse na função de ama por uma quinzena. Parti em viagem imediatamente; logo que cheguei, escrevi para minha avó dizendo que se Benny viesse, ele deveria ser mandado para Boston. Eu sabia que ela estava apenas esperando a melhor oportunidade de mandá-lo para o norte e, felizmente, poderia fazê-lo legalmente sem pedir permissão de ninguém. Ela era uma mulher livre e, quando meus filhos foram comprados, o Sr. Sands preferiu que a escritura de venda fosse redigida no nome dela. Conjecturou-se que ele fornecera o dinheiro, mas não se sabia com certeza. No sul, um cavalheiro pode ter todo um cardume de filhos negros sem cair em desgraça, mas se corre a notícia de que os comprou e pretende libertá-los, o exemplo é considerado perigoso para a "instituição peculiar" e sua popularidade sofre com a decisão.

Havia uma boa oportunidade para mandar Benny em um navio que viria diretamente para Nova York. Ele embarcou levando uma carta para um amigo, com o pedido de que o levasse a Boston em seguida. Um dia de manhã, ouvi uma batida forte na minha porta e então Benjamin entrou correndo.

— Mamãe! — ele exclamou, esbaforido. — Cheguei! Eu corri até aqui, mãe, e vim sozinho. Como vai você?

Leitora, você consegue imaginar a minha felicidade? Não, não consegue, a menos que tenha sido uma mãe escrava. Benjamin tagarelava tão rápido quanto sua língua permitia.

— Mãe, por que você não trouxe a Ellen para cá? Eu fui até o Brooklyn ver ela e ela ficou muito triste quando eu dei tchau. Ela disse "ah, Ben, eu queria ir também". Eu achei que ela ia saber muitas e muitas coisas, mas ela sabe menos do que eu. Ela não sabe ler, eu sei. E mãe, eu perdi todas as minhas roupas no caminho. Como é que eu consigo mais? Imagino que aqui no norte os meninos livres se dão tão bem quanto os brancos.

Não quis contar àquele rapazinho feliz e corajoso o quanto estava equivocado. Levei-o até um alfaiate e adquiri uma muda de roupas. O resto do dia foi dedicado a fazer e responder perguntas mutuamente, repetindo constantemente o desejo que a velha avó estivesse conosco, e a insistência frequente de Benny que eu escrevesse para ela imediatamente e não esquecesse de contar tudo sobre sua travessia e a jornada até Boston.

O Dr. Flint fez sua visita a Nova York e não poupou esforços para me visitar e me convidar para voltar consigo. Como foi incapaz de determinar onde eu estava, entretanto, suas intenções hospitaleiras foram frustradas e sua família afetuosa, que me esperava de "braços abertos", estava fadada a se decepcionar.

Assim que soube que Benjamin estava seguro em casa, coloquei-o sob os cuidados de William, meu irmão, e voltei para a Sra. Bruce. Lá fiquei durante o inverno e a primavera, esforçando-me para realizar meus deveres fielmente e encontrando alguma felicidade nos atrativos da pequena

Mary, na bondade e consideração de sua excelente mãe e nos encontros ocasionais com minha querida filha.

Quando o verão chegou, no entanto, o velho sentimento de insegurança ainda me assombrava. Seria necessário levar a pequena Mary para a rua todos os dias, para que ela se exercitasse e respirasse ar fresco, e a cidade estava infestada de sulistas, alguns dos quais poderiam me reconhecer. O tempo quente traz à tona cobras e escravistas e eu tenho o mesmo desamor pelos dois tipos de criatura peçonhenta. E que alegria é ser livre para *dizer* isso!

Preconceito de cor

Foi um alívio quando começaram os preparativos para sairmos da cidade. Viajamos para Albany a bordo do vapor *Knickerbocker*.

— Linda, é tarde, é melhor você e o bebê virem comigo para a mesa — a Sra. Bruce disse quando ouvimos o chamado para o chá.

— Eu sei que é hora de o bebê jantar, mas prefiro não acompanhá-la, por favor. Estou com medo de ser insultada.

— Ah, não, não se for *comigo* — ela disse.

Eu vi diversas amas brancas acompanharem suas senhoras e arrisquei fazer o mesmo. Estávamos em uma das extremidades da mesa. Assim que me sentei, escutei uma voz grossa gritando comigo:

— De pé! Você sabe que não pode se sentar aí.

Quando olhei para cima, fiquei surpresa e indignada ao ver que o falante era um homem de cor. Se o seu emprego o obrigava a fazer cumprir o regimento do navio, ele poderia, pelo menos, cumprir seus deveres com alguma polidez.

— Não vou me levantar a menos que o capitão apareça para me colocar de pé — respondi.

Ninguém me ofereceu uma xícara de chá, mas a Sra. Bruce me entregou a sua e pediu outra. Olhei para os lados, tentando ver se as outras amas eram tratadas da mesma forma, mas todas eram atendidas corretamente.

Na manhã seguinte, quando paramos em Troy para fazer nosso desjejum, todos estavam correndo para a mesa.

— Pegue o meu braço, Linda, nós vamos juntas — a Sra. Bruce disse.

O hospedeiro escutou o que ela dissera.

— A senhora permitiria que sua ama e o bebê façam seu desjejum com a minha família?

Eu sabia que a oferta se devia à minha tez, mas ele falou com cortesia, de modo que não me importei.

Em Saratoga, o United States Hotel estava lotado, então o Sr. Bruce alugou uma das cabanas pertencentes ao hotel. Eu imaginara, e ficara contente em imaginar, que estava me dirigindo para a paz do campo, onde não encontraria ninguém, mas o que encontrei foi um enxame de sulistas. Eu olhava para os lados com medo e temor, aterrorizada com a ideia de ver alguém que me reconheceria. Foi uma grande felicidade descobrir que nossa estadia não seria longa.

Logo voltamos a Nova York, onde faríamos preparativos para passar o restante do verão em Rockaway. Enquanto a lavadeira colocava as roupas em ordem, aproveitei a oportunidade para ir até o Brooklyn ver Ellen. Encontrei-a a caminho da mercearia.

— Mamãe, não vá ver a Sra. Hobbs — foram as primeiras palavras que ouvi da boca dela. — O irmão dela, o Sr. Thorne, veio do sul visitá-la. Ele pode contar onde você está.

Aceitei o aviso e disse que iria partir com a Sra. Bruce no dia seguinte, mas tentaria vê-la assim que voltasse.

Por estar em serviço para a raça anglo-saxã, eu não fui colocada em um "vagão Jim Crow"[1] a caminho de Rockaway e não fui convidada a passear pelas ruas sentada em cima de malas em uma carroça, mas por toda parte encontrei as mesmas manifestações do preconceito cruel que desalenta os sentimentos e oprime as energias do povo negro. Chegamos a Rockaway antes de escurecer e nos acomodamos no Pavilion, um hotel grande, com uma linda vista para o mar, um famoso balneário das altas rodas. Trinta ou quarenta amas estavam lá também, membros de uma ampla variedade de nações. Algumas das senhoras tinham camareiras e cocheiros de cor, mas eu era a única ama com sangue africano nas veias. Quando o alarme do chá soou, peguei a pequena Mary no colo e fui atrás das outras amas. O jantar era servido em um salão extenso. Um jovem rapaz, responsável por ordenar a ocasião, circulou a mesa duas ou três vezes e finalmente me indicou um assento na extremidade inferior dela. Como havia apenas uma cadeira, eu me sentei e coloquei Mary no colo. Assim que fiz isso, o jovem veio até mim.

---

[1]. Em geral, "Jim Crow" se refere às leis segregacionistas americanas. Na época em que o livro foi escrito, era um termo derrogatório para pessoas negras.

— Por favor, sente a menininha na cadeira e fique de pé atrás dela para alimentá-la? — ele disse, usando o tom mais brando possível. — Depois disso, a senhora será levada à cozinha, onde terá um bom jantar.

Foi o cúmulo! Tive dificuldade para preservar meu autocontrole, pois olhei para os lados e vi mulheres que eram amas como eu, e que tinham tez apenas ligeiramente mais clara que a minha, me encarando com um olhar de desprezo, como se a minha presença fosse uma contaminação. Eu não disse nada, entretanto. Apenas peguei a menina no colo silenciosamente, fui para o nosso quarto e me recusei a voltar à mesa. O Sr. Bruce mandou que refeições fossem servidas no quarto para mim e Mary. Isso funcionou por alguns dias, mas os garçons do estabelecimento eram brancos e logo começaram a reclamar, dizendo que não haviam sido contratados para servir crioulos. O hospedeiro pediu que o Sr. Bruce me mandasse descer para fazer minhas refeições, pois os criados estavam se rebelando contra a ideia de levá-las até o quarto e os criados de cor dos outros hóspedes estavam insatisfeitos por não estar sendo todos tratados da mesma forma.

Minha resposta foi que os criados de cor deveriam ficar insatisfeitos *consigo mesmos* pela falta de autorrespeito que demonstram ao se submeter a esse tratamento; que não havia diferença no preço da hospedagem para criados negros e brancos e que não havia justificativa para a diferença de tratamento. Ainda fiquei um mês depois disso e, tendo determinado que eu estava decidida a defender meus direitos, eles concluíram que seria melhor me tratar bem. Se todos os homens e mulheres de cor fizerem o mesmo, um dia deixaremos de ser espezinhados pelos nossos opressores.

A fuga por um triz

Depois que voltamos para Nova York, aproveitei a primeira oportunidade para ir ver Ellen. Pedi que ela fosse chamada para baixo, pois imaginava que o irmão sulista da Sra. Hobbs ainda pudesse estar no local e ansiava por evitá-lo, se possível. Mas a Sra. Hobbs desceu até a cozinha e insistiu que eu subisse.

— Meu irmão quer vê-la e está triste que você parece estar fugindo dele. Ele sabe que você mora em Nova York. Ele me mandou dizer que deve muito à boa tia Martha por muitos e muitos atos de bondade e que jamais seria vil o suficiente para trair uma neta dela.

Esse Sr. Thorne se tornara pobre e desregrado muito antes de abandonar o sul e esse tipo de gente prefere muito mais procurar um dos velhos escravos fiéis para tomar um dólar emprestado ou comer uma boa refeição do que pedir a alguém que considera seu igual. Era por atos de bondade como esses que ele se declarava grato à minha avó. Eu preferia que ele tivesse se mantido longe, mas como estava ali e sabia quem eu era, concluí que não teria nada a ganhar se tentasse evitá-lo; pelo contrário, esse comportamento poderia provocar a sua má vontade. Acompanhei sua irmã até o andar de cima. Ele me recebeu com muita simpatia, me parabenizou por ter fugido da escravidão e expressou o desejo de que eu estivesse bem situada e feliz.

Continuei a visitar Ellen sempre que podia. Ela era uma boa menina, muito consciente, que nunca se esquecia da minha situação perigosa e se mantinha sempre vigilante para garantir a minha segurança. Ela nunca reclamava das próprias inconveniências e problemas, mas o olhar atento da mãe percebia imediatamente que a menina não estava feliz. Na ocasião de uma das visitas, ela estava particularmente séria. Quando perguntei qual era o problema, ela disse que nada, mas eu insisti, querendo descobrir o que provocava tamanha sisudez. Finalmente, determinei que ela estava incomodada com a intemperança constante que presenciava dentro daquela casa. Ellen era mandada até a loja o tempo todo para buscar rum e conhaque e sentia vergonha de pedir as bebidas com tanta frequência. O Sr. Hobbs e o Sr. Thorne bebiam bastante e suas mãos tremiam tanto que eles precisavam chamá-la para servir a bebida para eles.

— Mas apesar disso tudo, o Sr. Hobbs é bom comigo, não tenho como não gostar dele. Eu tenho pena dele.

Tentei reconfortá-la, dizendo que havia economizado cem dólares e que logo conseguiria dar um lar a ela e Benjamin e mandar os dois para a escola. Ela sempre se esforçava tanto quanto podia para não aumentar os meus problemas, então foi apenas anos depois que descobri que a intemperança do Sr. Thorne não era o único incômodo que ele sofria dele. Apesar de professar ser grato demais à minha avó para lesar qualquer um dos seus descendentes, ele usava um linguajar asqueroso para encher os ouvidos da sua bisneta inocente.

Eu normalmente passava a tarde de domingo no Brooklyn. Um dia, encontrei Ellen me esperando perto de casa, ansiosa.

— Mãe, mãe, estou esperando aqui faz um tempão. Acho que o Sr. Thorne escreveu para contar ao Dr. Flint onde a senhora está. Vem rápido, a Sra. Hobbs vai contar toda a história!

Logo me contaram a história. Enquanto as crianças brincavam no vinhedo no dia anterior, o Sr. Thorne saiu com uma carta na mão que ele rasgou e atirou ao vento. Ellen estava varrendo o pátio naquele momento e, por estar extremamente desconfiada dele, recolheu os pedaços e levou-os para as outras crianças.

— Para quem será que o Sr. Thorne anda escrevendo? — ela perguntou.

— Não sei e também não me importo — respondeu a mais velha. — E não vejo como é da sua conta.

— Mas é da minha conta — Ellen respondeu. — Estou com medo de que ele anda escrevendo para o sul, falando da minha mãe.

Eles riram dela e disseram que estava sendo boba, mas ainda fizeram o favor de juntar os fragmentos de papel e ler para ela o que dizia. Assim que os retalhos foram organizados, a pequenina exclamou:

— Olha só, Ellen, não é que você está certa?

Até onde consigo lembrar, a carta do Sr. Thorne dizia o seguinte: "Encontrei Linda, sua escrava, e conversamos. Ela pode ser capturada com muita facilidade, desde que o senhor aja prudentemente. Nós estamos em número suficiente aqui para jurar que se trata de Linda e que é sua propriedade. Sou um patriota que ama seu país e com isso faço justiça às suas leis". Ele concluía informando o doutor sobre o endereço onde eu morava. As crianças levaram os pedaços da carta para a Sra. Hobbs, que imediatamente foi até o quarto do irmão pedir explicações, mas ele não estava lá. Os criados disseram que viram ele sair com uma carta na mão e imaginavam que ele fora até o correio. A inferência natural era que ele enviara ao Dr. Flint uma cópia daqueles fragmentos. Quando voltou, sua irmã o acusou e ele não negou nada. Ele foi imediatamente para o quarto e desapareceu na manhã seguinte, tendo partido para Nova York antes de qualquer membro da família acordar.

Era evidente que eu não teria tempo a perder; corri de volta para a cidade com um peso no coração. Mais uma vez eu seria arrancada de um lar confortável, mais uma vez todos os planos para o bem-estar dos meus filhos seriam frustrados pelo demônio da Escravidão! Agora eu me arrependia de nunca ter contado à Sra. Bruce a minha história. Eu não a ocultara apenas por ser uma fugitiva; isso a teria deixado ansiosa, mas também teria conquistado a simpatia do seu coração bondoso. Eu dava muito valor à boa opinião que ela tinha de mim e temia perder seu respeito caso contasse todos os detalhes da minha história de tristezas. Mas agora parecia necessário que ela soubesse qual era a minha situação. Eu já a abandonara abruptamente uma vez, sem explicar o motivo, e não seria correto fazê-lo mais uma vez. Fui para casa decidida a contar tudo na manhã seguinte, mas a tristeza do meu rosto atraiu a sua atenção. Em resposta às suas perguntas gentis, abri meu coração para ela antes de irmos dormir. Ela ouviu tudo com uma solidariedade feminina genuína e disse que faria todo o possível para me proteger. Como dei graças por ela!

Na manhã seguinte, o juiz Vanderpool e um advogado chamado Hopper foram consultados. Eles disseram que eu deveria sair da cidade imediatamente, pois se o caso fosse a julgamento o risco seria grande. A Sra. Bruce me levou de carruagem até a casa de uma das suas amigas, onde me garantiu que ficaria segura até que meu irmão pudesse chegar em alguns dias. Enquanto isso, eu só conseguia me preocupar com Ellen. Ela era minha de nascimento, e também minha pela lei sulista, já que minha avó possuía a escritura de venda que o garantia, mas não conseguiria acreditar na sua segurança até tê-la comigo. A Sra. Hobbs, que estava com vergonha da farsa do irmão, cedeu aos meus pedidos, sob a condição de que ela voltasse em dez dias. Evitei fazer promessas. Ellen veio até mim vestindo roupas fininhas, pequenas demais para si, e com uma sacola escolar no braço contendo alguns artigos. Era fim de outubro e eu sabia que a menina iria sofrer; eu não ousava sair na rua para comprar nada, então tirei minha própria saia de flanela e adaptei-a para a minha filha. A gentil Sra. Bruce veio se despedir e, quando viu que eu tirara minha roupa para dar à menina, seus olhos se encheram de lágrima.

— Espere por mim, Linda — ela disse, e então saiu.

Quando voltou, ela tinha um xale quentinho e um capuz para Ellen. São de almas como a dela que é feito o Reino dos Céus.

Meu irmão chegou a Nova York na quarta-feira. O advogado nos aconselhou a ir para Boston pela estrada de Stonington, pois havia menos viagens para o sul naquela direção. A Sra. Bruce mandou seus criados dizer a quem perguntasse que eu costumara morar ali, mas saíra da cidade. Chegamos ao vapor Rhode Island em segurança. O navio empregava marinheiros negros, mas eu sabia que passageiros de cor não seriam admitidos na cabine. Eu estava ansiosa pelo refúgio de uma cabine, não só pela exposição ao ar frio da noite, mas também para não ser observada. Hopper estava nos esperando a bordo. Ele falou com a hospedeira de bordo e pediu, como um favor especial, que ela nos tratasse bem.

— Vá conversar com o capitão quando puder. Leve a menininha com você, tenho certeza de que ele não vai deixá-la dormir no convés — ele disse e, com essa gentileza e um aperto de mão, foi embora.

O navio logo partiu, levando-me rapidamente para longe do lar querido onde eu esperara encontrar segurança e descanso. Meu irmão me pedira para comprar os bilhetes, imaginando que eu teria mais sucesso do que ele. Quando a hospedeira de bordo me procurou, eu paguei o que ela pediu e ela me entregou três bilhetes com os cantos cortados.

— A senhora cometeu um engano, eu pedi passagem na cabine — eu disse, do alto da minha ingenuidade. — Eu nunca concordaria em dormir no convés com a minha filhinha.

Ela me garantiu que não havia engano algum. Segundo ela, em algumas rotas os negros podiam dormir na cabine, mas não naquela, muito frequentada por passageiros ricos. Pedi que ela me levasse à cabine do capitão e ela respondeu que o faria após o chá. Quando chegou a hora marcada, peguei Ellen pela mão e fui ao capitão pedir educadamente que trocasse nossos bilhetes, pois não ficaríamos confortáveis no convés. Ele disse que isso iria de encontro aos costumes do navio, mas ele nos obteria leitos sob o convés. Ele também tentaria obter assentos confortáveis para nós nos vagões; ele não poderia nos dar certeza, mas conversaria com o chefe de trem quando o navio atracasse. Agradeci e voltei para a cabine das senhoras. Mais tarde, ele me procurou para dizer que o chefe de trem estava a bordo, que os dois haviam conversado e que ele prometera cuidar de nós. Fiquei muito surpresa em receber tamanha gentileza. Não sei se foi o rostinho da minha menina que conquistou seu coração ou se a hospedeira de bordo deduzira pelo comportamento do advogado que eu era uma fugitiva e intercedera em meu nome.

Quando o navio chegou a Stonington, o chefe de trem cumpriu sua palavra e nos levou aos assentos do primeiro vagão, o mais próximo à locomotiva. Ele pediu que nos sentássemos junto à porta, mas quando passou, nos levantamos e fomos nos sentar no outro lado do vagão. Ninguém foi indelicado conosco e chegamos a Boston em segurança.

O dia após a minha chegada foi um dos mais felizes da minha vida. Eu me sentia além do alcance dos cães de caça e, pela primeira vez em muitos anos, tinha meus dois filhos comigo. Eles ficaram felicíssimos com a reunião e ficaram rindo e conversando alegremente. Meu coração se inflou no meu peito. Cada movimento dos dois era uma alegria.

Eu não me sentia segura em Nova York, então aceitei a oferta de uma amiga para dividirmos nossas despesas e morarmos juntas. Comuniquei à Sra. Hobbs que Ellen precisava de ensino e deveria ficar comigo com esse fim. Ela tinha vergonha de não saber ler nem escrever na sua idade, então, em vez de mandá-la para a escola com Benny, eu mesma a instruí até ela estar preparada para entrar em uma escola intermediária.[1] Passamos um inverno agradável, eu ocupada com a agulha, meus filhos com os livros.

---

1. *Intermediate school*: Escola equivalente à segunda metade do ensino fundamental no Brasil, abrangendo algumas séries entre 4 e 9, com diversas variações regionais.

Visita à Inglaterra

Recebi uma notícia triste na primavera. A Sra. Bruce morrera. Neste mundo, nunca mais eu veria seu rosto gracioso ou escutaria sua voz caridosa. Eu perdera uma amiga excelente e a pequena Mary, uma mãe carinhosa. O Sr. Bruce queria que a menina visitasse alguns dos parentes da mãe na Inglaterra e desejava que eu cuidasse da menina. A pequena órfã estava acostumada comigo e era muito afeiçoada a mim, de modo que pensei que ela ficaria melhor sob os meus cuidados do que com uma estranha. Eu também ganharia mais dinheiro dessa forma do que seria possível com a minha agulha. Assim, arranjei uma posição de aprendiz para Benny e deixei Ellen em casa com a minha amiga, onde poderia ir para a escola.

Partimos de Nova York e chegamos em Liverpool após uma viagem agradável de doze dias. De lá, seguimos diretamente para Londres e nos acomodamos no Adelaide Hotel. O jantar me pareceu menos luxuoso do que os que eu encontrara nos hotéis americanos, mas minha situação era indescritivelmente mais aprazível. Pela primeira vez na vida, eu estava onde seria tratada de acordo com a minha conduta, sem referência à minha tez. Era como se um fardo gigantesco tivesse sido retirado do meu peito.

Abrigada em um quarto simpático com minha querida protegida, descansei a cabeça no travesseiro tendo, pela primeira vez na vida, a consciência maravilhosa de usufruir da mais pura liberdade.

Como a menina estava sob o meu cuidado constante, não tive muitas oportunidades para observar as maravilhas daquela grande cidade, mas ainda pude assistir à vida que fluía e borbulhava pelas ruas e ponderar sobre o estranho contraste com a estagnação das nossas cidades sulistas. O Sr. Bruce levou sua filhinha para passar alguns dias com amigos em Oxford Crescent, e obviamente era necessário que eu a acompanhasse. Eu ouvira falar muito sobre o método sistemático de educação da Inglaterra e estava ansiosa para que minha querida menina se comportasse corretamente em meio a tanta etiqueta. Observei atentamente seus amiguinhos e amas, sempre preparada para aceitar qualquer lição que me fosse oferecida na ciência da boa administração. As crianças eram mais rosadas do que as americanas, mas não observei nenhum aspecto significativo no qual elas diferissem. Eram como todas as crianças: às vezes obedientes, às vezes travessas.

Nossa próxima parada foi Steventon, em Berkshire. Era uma cidade pequena, supostamente a mais pobre do condado. Vi homens trabalhando no campo por seis ou sete xelins por semana e mulheres por seis ou sete pence ao dia, e com esse valor garantiam seu sustento. Obviamente, eles levavam a vida mais primitiva possível; não poderia ser diferente, quando a renda de uma mulher por todo um dia de trabalho não basta para comprar meio quilo de carne. Eles pagavam aluguéis baixíssimos e suas roupas eram feitas dos tecidos mais baratos, apesar de muito melhores do que se poderia obter nos Estados Unidos pela mesma quantia. Eu ouvira falar muito sobre a opressão dos pobres na Europa. Muitas das pessoas que vi ao meu redor eram as mais pobres entre eles. Mas quando os visitava em suas cabaninhas com telhado de colmo, minha impressão era que a condição dos piores e mais ignorantes entre eles era vastamente superior àquela dos escravos mais bem situados na América. Seu trabalho era árduo, mas ninguém os mandava trabalhar enquanto as estrelas estavam no céu, castigados e açoitados por um feitor, no frio ou no calor, até as estrelas brilharem de novo. Seus lares eram humildes, mas protegidos pela lei. Nenhuma patrulha insolente poderia entrar na calada da noite e chicoteá-los quando bem entendesse. O pai, quando fechava a porta da cabana, se sentia seguro com a família à sua volta. Não havia um senhor ou feitor que poderia tirá-lo da mulher ou da filha. Eles precisavam se separar para ganhar o pão, mas os pais sabiam aonde os filhos iam e podiam trocar cartas com eles. As relações de marido e mulher, pai e filho, eram sagradas demais para que até mesmo o nobre mais rico da região as violasse com impunidade. Havia um grande esforço em prol do esclarecimento dessa pobre gente. Escolas eram fundadas entre eles, sociedades benevolentes trabalhavam para aliviar suas condições. Não havia lei que os proibisse de aprender a ler e escrever; e se ajudavam uns aos outros a ler passagens da Bíblia, ninguém corria o risco de receber trinta e nove chibatadas, como aconteceu comigo e o pobre tio Fred, aquele senhor idoso e fiel. Repito mais uma vez: o mais ignorante e miserável desses camponeses vivia mil vezes melhor do que o escravo mais mimado dos Estados Unidos.

Não nego que os pobres sejam oprimidos na Europa. Não é minha intenção pintar um retrato da sua condição tão otimista quanto a ilustre Srta. Murray[1] pinta da condição dos escravos nos Estados Unidos. Uma pequena parcela da *minha* experiência permitiria que ela lesse suas próprias páginas com olhos ungidos. Se ela deixasse de lado seu título de nobreza e, em vez de visitar apenas a alta classe, fosse domesticada e se tornasse uma pobre governanta em uma fazenda da Louisiana ou do Alabama, ela veria e ouviria coisas que a levariam a contar uma história muito diferente.

Minha visita à Inglaterra é um evento memorável em minha vida, pois lá recebi fortes influências religiosas. A maneira desprezível como a comunhão era distribuída às pessoas de cor na minha região natal, a participação do Dr. Flint e de outros como ele na igreja e a compra e venda de escravos por supostos ministros do evangelho tinham criado em mim um preconceito contra a igreja episcopal. Os cultos pareciam todos uma farsa e uma impostura. Mas

---

1. Amelia Matilda Murray (1795-1884), escritora inglesa, autora de *Letters from the United States, Cuba, and Canada* (1856), livro de viagens que defende a escravidão americana.

em Steventon eu me hospedei com a família de um clérigo que era um verdadeiro discípulo de Jesus. A beleza do seu cotidiano inspirou em mim uma fé na veracidade da confissão cristã. A graça divina adentrou meu coração e eu me ajoelhei perante a mesa de comunhão com, assim espero, humildade genuína em minha alma.

Permaneci dez meses no estrangeiro, muito mais do que esperava originalmente. Durante todo esse tempo, não encontrei o menor sintoma de preconceito de cor. Na verdade, eu o esqueci por completo até chegar o momento de voltarmos para a América.

Novos convites para voltar ao sul

Nossa travessia de inverno foi tediosa e, ao longe, espectros pareciam se erguer das praias americanas. É triste ter medo da própria terra natal. Chegamos a Nova York em segurança, e de lá fui às pressas para Boston cuidar dos meus filhos. Ellen estava bem, e melhorando na escola, mas Benny não estava lá para me receber. Ele fora deixado em um bom lugar para aprender uma profissão e tudo correra bem por vários meses. Ele tinha a simpatia do senhor e era um favorito entre os colegas aprendizes, mas um dias eles descobriram acidentalmente um fato que eles jamais haviam suspeitado antes: ele era negro! Isso o transformou imediatamente em uma criatura diferente. Alguns dos aprendizes eram americanos, outros eram irlandeses nascidos na América, e ofendia a sua dignidade ter um "crioulo" entre eles depois de ser informados de que ele *era* um "crioulo". Eles começaram a tratá-lo com desprezo silencioso e, quando ele os pagou na mesma moeda, passaram a recorrer a insultos e ataques. Benny era um menino muito orgulhoso para suportar isso e decidiu ir embora. Por desejar fazer alguma coisa para se sustentar e não tendo ninguém para aconselhá-lo, ele zarpou em um navio baleeiro. Derramei muitas lágrimas quando recebi essas notícias e me censurei por tê-lo deixado por tanto tempo. Mas eu fiz o que fiz pelo bem deles e agora tudo o que podia fazer era rezar para que o Pai Celestial o guiasse e o protegesse.

Pouco depois da minha chegada, recebi a seguinte carta da Srta. Emily Flint, que agora era a Sra. Dodge:

Você reconhecerá nesta carta a letra de sua amiga e senhora. Tendo ouvido a notícia de que você acompanhou uma família à Europa, tenho esperado ouvir sobre o seu retorno antes de escrever-lhe. Eu deveria ter respondido à carta que me escreveu muito tempo atrás, mas como não podia agir independentemente de meu pai, sabia que não havia nada que pudesse fazer que lhe fosse satisfatório. Havia pessoas aqui que estavam dispostas a comprá-la e a correr o risco de obtê-la. Com isso eu não poderia consentir. Sempre fui afeiçoada a você e não gostaria de vê-la escrava de outrem ou que fosse maltratada. Agora estou casada e posso protegê-la. Na primavera, meu marido pretende se mudar para a Virgínia, onde estamos pensando em nos estabelecer. Desejo muito que você venha morar comigo. Se não estiver disposta a vir, você poderá comprar a si mesma, mas eu prefiro que me acompanhe. Se vier, você poderá, se quiser, passar um mês com a sua avó e os amigos e depois ir comigo para Norfolk, Virgínia. Reflita sobre essa oferta e me escreva assim que possível para me informar sobre a sua conclusão. Esperando que seus filhos estejam bem, continuo sempre sua amiga e senhora.

Obviamente, não escrevi de volta para agradecer ao convite tão cordial. Era um insulto ser considerada tão estúpida a ponto de cair nessas promessas.

"Come up into my parlor," said the spider to
[the fly;
"Tis the prettiest little parlor that ever you
[did spy."[1]

Era óbvio que a família do Dr. Flint estava sendo informada dos meus movimentos, pois sabia da minha viagem para a Europa. Eu esperava enfrentar mais problemas por causa deles mas, tendo me evadido deles por tanto tempo, também esperava ser bem-sucedida no futuro. O dinheiro que ganhara eu desejava dedicar à educação dos meus filhos e à obtenção de um lar para eles. Mais do que difícil, parecia injusta pagar por mim mesma. Seria impossível considerar a mim mesma uma posse de alguém. Além do mais, eu trabalhara muitos anos sem receber salário e, durante esse tempo, fora obrigada a depender da minha avó para diversos confortos em termos de alimentação e vestuário. Meus filhos certamente me pertenciam, mas, apesar do Dr. Flint não ter incorrido em nenhuma despesa para sustentá-los, ele ainda recebera uma grande quantia em troca deles. Eu sabia que a lei decidiria que eu era propriedade dele e provavelmente ainda daria à sua filha o direito de reivindicar meus filhos, mas a meu ver tais leis eram regras feitas entre ladrões, que não possuíam direito algum que seria meu dever respeitar.

---

1. Tradução: "Entra na minha sala", disse a aranha para a mosca./ "É a salinha mais bonita que você já viu na vida". Paráfrase de *The Spider and the Fly*, de Mary Howitt.

A Lei do Escravo Fugitivo ainda não havia sido aprovada. Os juízes do Massachusetts ainda não se curvavam sob grilhões para entrar nos supostos tribunais de justiça. Eu sabia que meu antigo senhor tinha um certo receio do Massachusetts. Eu confiava no amor desse estado pela liberdade e me sentia segura no seu solo. Hoje sei que honrava aquela terra além do que ela merecia.

A confissão

Minha filha e eu nos sustentamos confortavelmente em Boston por dois anos. Ao final desse período, meu irmão William se ofereceu para mandar Ellen para um internato. Foi preciso um grande esforço da minha parte para me despedir da menina, pois eu tinha poucos laços próximos e era a sua presença que transformava meus dois quartinhos em um lar. Contudo, meu bom senso prevaleceu sobre meus sentimentos egoístas e comecei os preparativos para a viagem. Durante os dois anos em que moramos juntos, eu muitas vezes tomara a decisão de contar a ela algo sobre o pai, mas nunca fora capaz de reunir a coragem necessária. Tinha um pavor terrível de reduzir o amor que minha filha tinha por mim. Eu sabia que ela devia ter alguma curiosidade sobre o assunto, mas ela nunca perguntara nada. Ellen sempre tomara muito cuidado para não falar nada que me lembrasse dos meus problemas. Agora que ela estava se despedindo de mim, pensei que se eu morresse antes de ela voltar, era possível que ela ouvisse a história de alguém que não entenderia as circunstâncias atenuantes; e que se ela permanecesse completamente ignorante sobre o assunto, sua natureza delicada poderia sofrer um choque.

— Mamãe, é muito difícil deixar você sozinha — ela disse quando nos recolhemos à noite. — Eu tenho pena de ir, apesar de querer melhorar. Mas você vai me escrever bastante, né, mãe?

Não atirei meus braços ao redor da menina. Não respondi. Calma e solenemente, pois o esforço para tanto era enorme, eu disse:

— Escute Ellen, tenho que lhe contar uma coisa!

Recontei meus sofrimentos sob a escravidão na juventude e como quase sucumbira a eles. Comecei a contar como aquilo me levara a um grande pecado, mas então ela me deu um abraço apertado.

— Não, mamãe, não! — ela exclamou. — Por favor, não conte mais.

— Mas, minha filha, eu quero que você saiba sobre o seu pai.

— Eu sei de tudo, mãe — ela respondeu. — Eu não sou nada para o meu pai e ele não é nada para mim. Todo o meu amor é para você. Passei cinco meses com ele em Washington e ele nunca se importou comigo, nunca falou comigo como falava com a Fannyzinha. Sempre soube que ele era o meu pai, a ama da Fanny me disse, mas ela falou que eu não podia contar para ninguém, então nunca contei. Antigamente eu queria que ele me abraçasse e me beijasse que nem fazia com a Fanny, ou que às vezes sorrisse para mim que nem ele sorria para ela. Eu achava que se ele era meu pai, devia me amar. Mas eu era uma menininha, não sabia das coisas. Agora eu nunca penso nada sobre o meu pai. Todo o meu amor é para você.

Ela me abraçou mais forte enquanto falava e eu agradeci a Deus pelo fato de que a informação que eu tanto temia fornecer não diminuiu o afeto da minha filha. Eu não fazia a mínima ideia de que ela conhecia essa parte da minha história. Se soubesse, teria falado com ela muito antes, pois meus sentimentos reprimidos estavam sempre querendo se derramar e se revelar para alguém em quem eu pudesse confiar. Amei minha queridinha ainda mais pela delicadeza que expressou para sua pobre mãe infeliz.

Na manhã seguinte, ela e o tio partiram em sua jornada para a vila no interior de Nova York onde ela entraria na escola. Era como se a luz do sol tivesse sumido da minha vida. Meu quartinho ficou horrivelmente solitário. Fiquei grata quando recebi uma mensagem de uma senhora acostumada a me contratar, pedindo que eu fosse costurar em sua família por várias semanas. Quando voltei, encontrei uma carta de William, meu irmão. Ele estava pensando em abrir um salão de leitura antiescravista em Rochester, combinado com a venda de alguns livros e material de papelaria, e queria que me juntasse a ele. Tentamos, mas o empreendimento não teve sucesso. Encontramos diversos amigos e simpatizantes da causa antiescravista na cidade, mas o sentimento não era disseminado o suficiente para sustentar o comércio. Passei quase um ano com a família de Isaac e Amy Post, praticantes da doutrina cristã da irmandade humana. Eles medem o valor de um homem pelo seu caráter, não pela tez. A memória desses amigos honrados e queridos permanecerá comigo até meu último instante.

A Lei do Escravo Fugitivo

Meu irmão, tendo se decepcionado com o projeto em Rochester, decidiu se mudar para a Califórnia, e combinamos que Benjamin iria com ele. Ellen gostava da sua escola, onde era bastante popular. Eles não conheciam sua história, e ela não contava, pois não queria se aproveitar da sua solidariedade. Quando alguém descobriu acidentalmente que ela era filha de uma escrava fugitiva, entretanto, não foram poupados meios para aumentar suas vantagens e reduzir suas despesas.

Fiquei sozinha mais uma vez. Era necessário ganhar dinheiro e eu preferia fazê-lo entre quem me conhecia. Ao voltar de Rochester, fui à casa do Sr. Bruce para ver Mary, o bebezinho querido que derretera o meu coração quando ele estava congelando em uma desconfiança sombria contra todos os seres humanos. Ela estava se tornando uma menina alta e grande, mas eu a amava como sempre. O Sr. Bruce se casara novamente e foi proposto que eu fosse a ama de um novo bebê. Eu tinha apenas um motivo para hesitar: a sensação de insegurança em Nova York, muito maior desde a aprovação da Lei do Escravo Fugitivo. Contudo, decidi aceitar o experimento. Mais uma vez, tive sorte na escolha de empregadora. A nova Sra. Bruce era americana, educada sob influências aristocráticas e ainda vivendo entre elas; mas se tinha algum preconceito de cor, eu jamais tive ciência disso; e quanto à escravatura, ela tinha um ódio profundo dela. Os sofismas sulistas eram incapazes de fazê-la ignorar a sua monstruosidade. Ela era uma pessoa de princípios excelentes e nobreza de coração e tem sido uma amiga genuína e solidária desde aquele primeiro instante. Abençoadas sejam ela e toda a sua família!

Na mesma época que voltei à família Bruce, ocorreu um evento desastroso para o povo negro. O escravo Hamlin, o primeiro fugitivo a sofrer a nova lei, foi entregue pelos cães do norte para os cães do sul. Foi o início de um reino de terror para a população de cor. A metrópole estava em polvorosa, sem perceber "os símplices anais da pobre gente". Mas enquanto a alta roda vibrava com a voz de Jenny Lind no Metropolitan Hall, as vozes vibrantes do pobre povo negro perseguido clamavam súplicas de agonia para o Senhor na igreja do Sião. Muitas famílias que haviam morado na cidade por vinte anos tiveram que fugir. Muitas pobres lavadeiras que haviam feito para si um lar confortável ao custo de muito trabalho árduo foram forçadas a sacrificar sua mobília, se despedir dos amigos às pressas e buscar sua sorte entre estranhos no Canadá. Muitas esposas descobriram um segredo do qual jamais haviam desconfiado: seu marido era um fugitivo e precisaria ir embora para garantir sua própria segurança. Pior ainda, muitos maridos descobriram que a esposa fugira da escravidão anos atrás e que, como "o filho segue a condição da mãe", o fruto do seu amor poderia ser confiscado e escravizado. A angústia e a consternação invadiram todos esses lares humildes, sem exceção. Mas e lá se importavam os legisladores da "raça dominante" com o sangue que estavam espremendo de corações sofridos?

Quando meu irmão passou sua última noite comigo antes de ir para a Califórnia, quase toda a nossa conversa foi sobre o sofrimento que a aprovação dessa lei injusta causava para o nosso povo oprimido. Eu nunca vi William demonstrar tamanha amargura, tamanha hostilidade contra os nossos opressores. Ele próprio não estaria sujeito à lei, pois não fugira de um Estado Escravista, tendo sido levado aos Estados Livres pelo próprio senhor. Mas eu estava, assim como centenas de pessoas inteligentes e trabalhadoras à nossa volta. Eu raramente saía para a rua. Quando era necessário fazer alguma coisa pela Sra. Bruce ou qualquer outro membro da família, eu seguia, sempre que possível, por becos e travessas. Que desgraça para uma cidade que se diz livre que seus habitantes, inocentes de qualquer crime, quando buscam cumprir seus deveres escrupulosamente, sejam condenados a viver em medo constante e não tenham onde encontrar proteção! Esse estado deu, obviamente, origem a muitos comitês de vigilância improvisados. Todas as pessoas de cor e todos os amigos da raça perseguida ficavam de olhos abertos. Todas as noites eu analisava os jornais com muito cuidado para ver quais sulistas haviam se hospedado nos hotéis.

Eu fazia isso por mim mesma, imaginando que minha jovem senhora e seu marido poderiam estar na lista, mas também desejava repassar a informação para outros, se necessário. Se muitos estavam "correndo de uma parte para outra", eu estava decidida a garantir que "o conhecimento se multiplicará".

Isso me lembra um caso do sul, que narrarei aqui. Eu conhecia um escravo chamado Luke que pertencia a um homem rico da nossa vizinhança. O senhor morreu, deixando uma grande fortuna para o filho e a filha. Na divisão dos escravos, Luke foi incluído na parcela do filho. Esse jovem sucumbiu ao vício quando foi para o norte completar sua educação e trouxe seus vícios de volta consigo. Quando chegou no sul, a intemperança excessiva havia lhe roubado o uso das pernas. Luke foi escolhido para cuidar do senhor acamado, cujos hábitos despóticos haviam se expandido consideravelmente por causa da frustração com a própria incapacidade. Ele mantinha um chicote de couro ao seu lado e, pelas menores trivialidades, mandava seu atendente retirar a camisa e ajoelhar junto ao sofá para ser açoitado até a exaustão. Alguns dias, ele não tinha permissão para vestir nada além de uma camisa, pois assim estaria pronto para o castigo. Era raro que um dia passasse sem Luke ser castigado, às vezes mais, às vezes menos. Se a menor resistência era oferecida, o oficial de justiça era chamado para executar o castigo, e Luke aprendera por experiência o quão mais terrível o braço forte do oficial era do que o braço comparativamente fraco do seu senhor. O braço do tirano foi enfraquecendo até finalmente se paralisar, de modo que os serviços do oficial de justiça passaram a ser requisitados constantemente. O fato de ele depender completamente dos cuidados de Luke, que precisava tratá-lo como se o senhor fosse um bebê, em vez de inspirar gratidão ou compaixão pelo pobre escravo, parecia apenas aumentar sua irritação e crueldade. Preso à cama, transformado em um farrapo de homem, o senhor tinha as ideias mais bizarras e despóticas possíveis; e se Luke hesitava em se sujeitar às suas ordens, o oficial de justiça era chamado imediatamente. Algumas dessas ideias bizarras eram imundas demais para ser repetidas. Quando fugi do cativeiro, deixei o pobre Luke ainda acorrentado ao leito desse infeliz cruel e asqueroso.

Um dia, quando me pediram para realizar uma pequena missão para a Sra. Bruce, fui correndo pelos becos e travessas como sempre fazia quando vi se aproximar um jovem cujo rosto me era familiar. Quando se aproximou, reconheci que era Luke. Eu sempre ficava feliz de ver ou conversar com qualquer um que conseguira escapar do calabouço, mas fiquei especialmente feliz em vê-lo no solo do norte, apesar de não chamá-lo mais de solo *livre*. Eu lembrava muito bem a sensação deprimente de estar sozinha entre estranhos e cumprimentei Luke com um sorriso no rosto. No princípio, ele não me reconheceu, mas quando mencionei meu nome ele lembrou toda a minha história. Contei para ele sobre a Lei do Escravo

Fugitivo e perguntei se ele não sabia que Nova York se tornara uma cidade de sequestradores.

— O pirigo pra mim num é assim tão ruim que nem é pr'ocê. Eu fugi foi do especuladô e cê fugiu do sinhô. Os especuladô num gastam o dinhêro deles vino pra cá atrás dum fujão se num tem certeza que vão botá as mão nele. E, ó, eu dei um belo dum jeito nisso. Eu passei mal demais por lá prá dexá eles pegá esse criôlo aqui, hein.

Em seguida, ele me contou dos conselhos que recebera e os planos que preparara. Perguntei se ele tinha dinheiro o suficiente para chegar ao Canadá.

— Pó sabê que tenho, sim. Disso eu cuidei bem direitinho. Eu trabaiei a vida toda pr'esses branco duma figa e só ganhei foi soco e pontapé, então eu pensei que o criôlo aqui tinha direito a pegá o seu dinheiro e ir pros Estados Livres. O Sinhô Henry ficô vivo até todo muno querê vê ele morto, então quano morreu eu sabia que o diacho é que ia levá o sinhô e num ia querê que ele levasse o dinheiro junto não. Então o que eu fiz foi que eu peguei umas notas dele e botei tudo no bolso duma calça véia. Quando enterraram ele, o criôlo aqui pediu a calça véia de presente e eles me deram ela. Tá entendeno? Eu não *robei* nada, ele me *deram*! — ele completou com uma risada baixinha. — Vou te contá, num foi fácil me escondê do especuladô, mas ele num achou, não.

É um belo espécime de como a escravidão educa a moralidade. Quando um homem tem seu salário roubado, ano após ano, e a lei protege e garante o roubo, como esperar que ele tenha mais respeito pela honestidade do que quem o rouba? Eu obtive algum esclarecimento, mas confesso que concordo com o pobre, ignorante e castigado Luke em pensar que ele tinha *direito* àquele dinheiro, que representava uma parcela do seu salário confiscado. Luke foi para o Canadá imediatamente e não recebi notícias dele desde então.

Passei todo aquele inverno em um estado de ansiedade. Quando levava meus filhos para respirar ar fresco, eu observava atentamente o semblante de todos que encontrava. Eu temia a chegada do verão, quando as cobras e os escravistas fazem sua aparição. Eu era, na verdade, uma escrava em Nova York, sujeita às mesmas leis da escravatura que encontrara em um Estado Escravista. Que estranha incongruência, em um estado que se diz livre!

Quando a primavera chegou, recebi um aviso do sul de que o Dr. Flint fora informado que eu voltara à minha antiga posição e estava realizando preparações para me capturar. Mais tarde, descobri que minhas roupas e as dos filhos da Sra. Bruce haviam sido descritas para ele por alguns lacaios nortistas que os senhores de escravos contratam para os seus fins mais vis e então zombam da sua cupidez e servilidade.

Informei a Sra. Bruce imediatamente do perigo que eu estava correndo e ela agiu sem hesitar para garantir minha segurança. Minha posição de ama não podia ser substituída imediatamente, então essa senhora generosa e solidária sugeriu que eu levasse seu bebê. Era um grande conforto ter a criança comigo, pois o coração reluta em se afastar de tudo que ama. Mas poucas mães teriam consentido em transformar um dos próprios filhos em fugitivo pelo bem de uma pobre ama perseguida, contra a qual os legisladores da nação mandaram seus cães de caça! Quando falei do sacrifício que ela fazia ao se privar da presença do bebê, ela me respondeu:

— É melhor para você se levar o bebê junto, Linda. Se conseguirem rastreá-la, vão ser obrigados a trazer a criança de volta. Então se isso acontecer e se houver alguma possibilidade de salvá-la, você vai ser salva.

Essa senhora possuía um parente riquíssimo, um cavalheiro benevolente em diversos aspectos, mas um aristocrata e pró-escravatura. Ele a admoestara por dar refúgio a uma escrava fugitiva, disse que ela estava descumprindo as leis do país e perguntou se ela estava ciente de qual seria a punição por essa conduta.

— Estou perfeitamente ciente — ela respondeu. — Prisão e uma multa de mil dólares. Que vergonha para o meu país que seja assim! Estou pronta para incorrer nessa pena. Prefiro ir para a prisão estadual do que ver uma pobre vítima ser arrancada da *minha* casa e levada de volta para a escravidão.

Quanta nobreza! Quanta coragem! Meus olhos se enchem de lágrimas enquanto escrevo sobre ela. Que o Deus dos desvalidos a pague pela solidariedade com o meu povo perseguido!

Fui enviada para a Nova Inglaterra, onde fui protegida pela esposa de um senador, a quem sempre lembrarei com gratidão. Esse cavalheiro honrado não teria votado pela Lei do Escravo Fugitivo, como fez o senador em "A Cabana do Pai Tomás"; pelo contrário, ele foi seu opositor ferrenho; mas ainda estava sob a sua influência o suficiente para temer minha presença na sua casa por mais de algumas horas. Assim, fui mandada para o interior, onde fiquei um mês com o bebê. Quando se concluiu que os emissários do Dr. Flint haviam perdido meu rastro e abandonado a busca, eu voltei para a Nova York.

Livre afinal

A Sra. Bruce e todos os membros da sua família foram incrivelmente gentis comigo. Eu era grata pelas bênçãos recebidas, mas nem sempre conseguia ter alegria em meu semblante. Eu não feria a ninguém; pelo contrário, estava fazendo todo o bem que podia, do meu próprio jeito; ainda assim, não tinha como respirar o ar fresco de Deus sem meu coração se encher de trepidações. Era uma grande dificuldade, e eu não aceitava que essa situação poderia ser direita em um país civilizado.

De tempos em tempos eu recebia notícias da minha avó idosa. Ela não sabia escrever, mas empregava outros para escrever por ela. A seguinte passagem foi extraída de uma das suas últimas cartas:

Querida Filha: Não tenho esperanças de vê-la de novo nesta terra, mas rezo a Deus para nos reunir nos céus, onde a dor não assolará mais este corpo frágil, onde a tristeza se esvai e eu não me despeço mais dos meus filhos. Deus prometeu isso se tivermos fé até o fim. Minha idade e a saúde frágil me impedem de ir à igreja agora, mas Deus está comigo aqui em casa. Agradeça ao seu irmão pela sua gentileza. Diga a ele que o amo e peça que se lembre do Criador nos dias da sua juventude e que se esforce para me encontrar no reino do nosso Pai. Meu amor para Ellen e Benjamin. Não se esqueça dele.

Diga a ele, por mim, para ser um bom menino. Lute, minha filha, para ensiná-los a serem filhos de Deus. Que ele a proteja e a sustente é a oração desta sua mãe idosa e querida.

Essas cartas me animavam e me entristeciam ao mesmo tempo. Eu sempre ficava feliz em receber notícias dessa velha amiga fiel da minha juventude infeliz, mas suas mensagens de amor faziam meu coração ansiar pela chance de vê-la antes de morrer e eu deplorava o fato de isso ser impossível. Alguns meses depois que voltei da minha fuga para a Nova Inglaterra, recebi uma carta dela que dizia: "O Dr. Flint morreu e deixou sua família em dificuldades. Pobre homem! Espero que tenha feito as pazes com Deus".

Lembrei-me de como ele ludibriara minha avó e roubara o dinheiro suado que ela lhe emprestara; como ele tentara roubá-la da liberdade que sua senhora prometera e como perseguira seus filhos; e pensei comigo mesma que, se ela era capaz de perdoá-lo por completo, ela era mais cristã do que eu. Para ser honesta, não posso dizer que saber da morte do meu antigo senhor atenuou meus sentimentos com relação a ele. Certas ofensas nem o túmulo é capaz de sepultar. O homem me repugnava quando vivia e a memória dele me repugna ainda hoje.

Sua partida deste mundo não diminuiu minha raiva. Ele ameaçara minha avó dizendo que seus herdeiros me manteriam sob o jugo da escravidão depois que ele se fosse e que eu nunca seria livre enquanto um filho seu vivesse. Quanto à Sra. Flint, eu a vira sofrer aflições mais profundas do que imaginava que a morte do marido causaria, pois ela enterrara diversos filhos, mas nunca vira nenhum sinal de que seu coração estivesse se amolecendo. O doutor morrera em circunstâncias financeiras desfavoráveis e deixou poucas propriedades para os herdeiros, com exceção de propriedades cuja posse ele não tinha como garantir. Eu estava perfeitamente ciente do que teria a esperar dos Flints, e meus medos foram confirmados por uma carta do sul me avisando para ficar atenta, pois a Sra. Flint declarara abertamente que sua filha não poderia se dar ao luxo de perder uma escrava tão valiosa quanto eu.

Mantive-me atenta aos jornais, cuidando as chegadas, mas por estar muito ocupada em uma noite de sábado, me esqueci de examinar o Evening Express. Desci até a sala no início da manhã seguinte e vi que um menino estava prestes a acender a lareira com ele. Tirei o jornal da mão dele e analisei a lista de chegadas. Leitora, se nunca foi escrava, você não consegue imaginar a sensação aguda que atravessou meu coração quando li os nomes do Sr. e Sra. Dodge em um hotel na Rua Courtland. Era um hotel de terceira categoria, circunstância essa que me convenceu da verdade do que ouvira, que eles estavam em dificuldades financeiras e precisariam do meu valor, ou melhor, do valor que *eles* viam em mim, em dólares e centavos. Levei o jornal correndo para a Sra. Bruce, que tinha as mãos e o coração sempre abertos para quem está em apuros e que sempre se solidarizava com a minha situação. Era impossível saber se o inimigo estava próximo ou não. Ele poderia ter passado e repassado pela casa enquanto dormíamos. Naquele mesmo instante, ele poderia estar à espera, pronto para saltar sobre mim caso saísse de casa. Eu nunca vira o marido da minha jovem senhora, então não teria como distingui-lo dos outros estranhos. Uma carruagem foi chamada às pressas e eu, sob um véu cerrado, acompanhei a Sra. Bruce, levando o bebê para o exílio comigo mais uma vez. Depois de várias curvas e cruzamentos e reviravoltas, a carruagem parou na casa de um dos amigos da Sra. Bruce, onde fui recebida gentilmente. A Sra. Bruce voltou imediatamente, pronta para instruir a criadagem sobre o que dizer caso alguém perguntasse por mim.

Foi sorte minha que o jornal vespertino não foi queimado antes de eu ter a oportunidade de analisar a lista de chegadas. Pouco depois que a Sra. Bruce voltou para casa, vários homens apareceram para perguntar por mim. Um perguntou por mim, outro pela minha filha, outro ainda disse que tinha uma carta da minha avó que ele precisaria entregar pessoalmente.

— Ela *morou* aqui, mas foi embora — foi a resposta que receberam.

— Há quanto tempo?

— Não sei, senhor.

— Você sabe aonde ela foi?

— Não sei, senhor — e a porta se fechou.

Esse Sr. Dodge, que reivindicava a minha propriedade, começara como mascate nortista no sul, depois se tornou um comerciante e, finalmente, um senhor de escravos. Ele conseguiu ser introduzido à chamada alta sociedade e se casou com a Srta. Emily Flint. Em uma ocasião, ele discutiu com o irmão da esposa, que por sua vez chicoteou o cunhado. Isso provocou uma rixa familiar e ele decidiu se mudar para a Virgínia. O Dr. Flint não lhe deixara nenhuma propriedade e seus próprios recursos haviam ficado reduzidos, mas ele ainda tinha mulher e filhos que dependiam dele para o seu sustento. Sob essas circunstâncias, era muito natural que ele fizesse um esforço para me recuperar.

Eu tinha um amigo de cor, um homem da minha região de origem, no qual tinha a mais absoluta confiança. Mandei chamá-lo e contei que o Sr. e a Sra. Dodge haviam chegado em Nova York. Sugeri que ele os visitasse para indagar sobre os amigos que deixara no sul, os quais a família do Dr. Flint conhecia muito bem. Ele decidiu que não haveria nada de impróprio nessa conduta e consentiu com o pedido. Ele se dirigiu até o hotel e bateu na porta do Sr. Dodge, que abriu-a em pessoa.

— O que você está fazendo aqui? — ele indagou com rispidez. — Como é que você soube que eu estava na cidade?

— A sua chegada foi noticiada nos jornais vespertinos, senhor, então vim pedir à Sra. Dodge notícias sobre meus amigos. Não imaginei que estaria ofendendo ninguém.

— Onde está aquela negra? A que pertence à minha esposa?

— Quem, senhor?

— Você sabe muito bem. Estou falando da Linda, que fugiu da fazenda do Dr. Flint alguns anos atrás. Você deve ter visto ela e sabe onde está.

— Sim, senhor, eu a vi e sei onde está. Ela está além do seu alcance, senhor.

— Diga onde ela está, ou traga ela aqui, e vou dar a ela a chance de comprar sua alforria.

— Acho que não adiantaria nada, senhor. Já ouvi ela dizer que prefere ir aos confins da terra do que pagar a homem ou mulher que seja pela sua liberdade, pois ela acha que é seu direito. Além disso, ela não poderia pagar mesmo que quisesse, pois gastou todo o seu dinheiro na educação dos filhos.

Isso deixou o Sr. Dodge furioso e os dois acabaram elevando a voz. Meu amigo tinha medo de ir até onde eu estava, mas conseguiu me enviar um bilhete durante o dia. Eu não imaginava que eles haviam vindo do sul, no meio do inverno, em uma excursão de lazer, e agora a natureza dos seus negócios estava evidente.

A Sra. Bruce me procurou e sugeriu que eu saísse da cidade pela manhã. Ela disse que a sua casa estava sendo vigiada e era possível que alguma pista fosse obtida. Recusei o conselho. Ela implorou com tanto carinho e sinceridade que eu deveria ter me comovido, mas eu estava amargurada e sem ânimo. Eu estava cansada de correr de um lado para o outro. Eu fora perseguida durante metade da minha vida e parecia que a caça nunca chegaria ao fim. Ali estava eu, naquela grande cidade, inocente de qualquer crime, mas seu ousar visitar uma igreja para adorar a Deus. Escutei os sinos chamando para o culto vespertino e disse, cheia de sarcasmo e desprezo:

— Qual será o sermão de hoje? "Proclamar liberdade aos cativos, e a abertura de prisão aos presos"? Ou quem sabe o sermão será "façam aos outros o que vocês querem que eles lhes façam"?

Os poloneses e húngaros oprimidos encontrariam refúgio nessa cidade. John Mitchell teve liberdade para ir à Prefeitura e proclamar seu desejo por "uma fazenda cheia de escravos";[1] mas cá estou eu, uma americana oprimida que não ousa mostrar a cara. Deus perdoe os pensamentos negros e amargos que tive naquele domingo! As Escrituras dizem que "a opressão transforma o sábio em tolo", e eu não era sábia.

Informaram-me que o Sr. Dodge dissera que sua esposa nunca abriria mão dos seus direitos aos meus filhos e que, se não pudesse me capturar, iria atrás deles. Foi isso, mais do que qualquer outra coisa, que provocou uma tormenta na minha alma. Benjamin estava com seu tio William na Califórnia, mas minha filhinha inocente viera passar as férias comigo. Eu pensei em tudo o que sofrera

---

[1]. John Mitchel (1815-1875), jornalista e ativista nacionalista irlandês. Após sua fuga para os EUA na década de 1850, se tornou um apoiador radical da causa escravista e, posteriormente, da Confederação. Dois de seus filhos morreram lutando pelo Sul na Guerra Civil.

na escravidão quando tinha a idade dela e meu coração se transformou no de uma tigresa quando um caçador tenta roubar seus filhotes.

Ainda me lembro da expressão no rosto da Sra. Bruce quando ela se afastou, desanimada com a minha obstinação. Frente à inutilidade das suas admoestações, ela mandou Ellen tratar comigo. Quando bateu dez da noite e Ellen ainda não havia voltado, minha vigilante e incansável amiga ficou ansiosa. Ela veio até nós de carruagem, trazendo consigo uma mala lotada para a minha viagem, confiando que desta vez eu daria ouvido à razão. Cedi ao seu pedido, como deveria ter feito antes.

No dia seguinte, o bebê e eu partimos sob uma nevasca terrível, mais uma vez com destino à Nova Inglaterra. Recebi cartas da Cidade da Injustiça, endereçadas a mim sob um nome falso. Em alguns dias chegou uma da Sra. Bruce informando que meu novo senhor ainda estava à minha procura e que ela pretendia comprar minha liberdade para dar fim a essa perseguição. Fiquei grata pela bondade que levara a essa oferta, mas a ideia não era tão agradável para mim quanto seria de esperar. Quanto mais minha mente se esclarecera, mais difícil passara a ser me considerar um item de propriedade, então pagar dinheiro a quem me oprimira tão cruelmente parecia roubar do meu sofrimento a glória do triunfo. Escrevi à Sra. Bruce agradecendo pela oferta, mas dizendo também que ser vendida de um dono para outro ainda me parecia escravidão; que tamanha obrigação não poderia ser compensada facilmente; e que eu preferia me mudar para a Califórnia com o meu irmão.

Sem o meu conhecimento, a Sra. Bruce empregara um cavalheiro em Nova York para negociar com o Sr. Dodge. Ele propôs pagar 300 dólares à vista se o Sr. Dodge me vendesse e firmasse a obrigação de abrir mão de todos os direitos sobre mim ou meus filhos em perpetuidade. O homem que se dizia meu senhor disse que ria de uma oferta tão pequena por uma criada tão valiosa.

— O senhor faz como desejar — o cavalheiro respondeu. — Se rejeitar esta oferta, nunca vai receber nada, pois a mulher tem amigos que levarão ela e os filhos para fora do país.

O Sr. Dodge concluiu que "um pássaro na mão era melhor que dois voando" e concordou com as condições oferecidas. No próximo paquete, recebi a seguinte carta da Sra. Bruce: "Fico feliz em informá-la que o dinheiro pela sua liberdade foi pago ao Sr. Dodge. Volte para casa amanhã. Estou ansiosa para vê-la e também meu bebê amado".

Meu cérebro começou a girar quando li essas frases.

— É verdade, eu vi a escritura de venda — disse um cavalheiro ao meu lado.

"A escritura de venda!" As palavras foram como um soco. Então eu fora *vendida* afinal! Um ser humano *vendido* na cidade livre de Nova York! A escritura de venda foi registrada em cartório e as gerações futuras descobrirão por ela que mulheres eram artigos comerciais em

Nova York na segunda metade do décimo nono século da religião cristã. No futuro, ela poderá ser um documento útil para os antiquários que desejarem medir o avanço da civilização nos Estados Unidos. Conheço muito bem o valor desse papel, mas por mais que ame a liberdade, não gosto de pôr os olhos nele. Sou profundamente grata à amiga generosa que o obteve, mas desprezo o facínora que exigiu pagamento por algo que jamais lhe pertenceu de direito.

Eu objetara à compra da minha liberdade, mas preciso confessar que quando a transação foi finalizada senti um fardo sendo levantado dos meus ombros cansados. Quando voltei para casa, não tive mais medo de desvelar meu rosto no trem e observar os transeuntes. Eu teria ficado feliz em encontrar o próprio Daniel Dodge, em fazer com que me visse e conhecesse para chorar as circunstâncias infelizes que o forçavam a me vender por 300 dólares.

Quando cheguei em casa, recebi um forte abraço da minha benfeitora e nossas lágrimas verteram juntas.

— Ah, Linda, *que* bom que terminou! — ela disse assim que conseguiu falar. — Do jeito que escreveu para mim, parecia que você achava que estava sendo transferida de um dono para o outro. Mas eu não comprei você pelo seu serviço. Eu teria feito isso mesmo que você zarpasse para a Califórnia amanhã. Ao menos eu teria a satisfação de saber que seria uma mulher livre me deixando.

Meu coração se encheu de felicidade. Lembrei-me de como meu pobre pai tentara me comprar quando era pequena e como se decepcionara. Eu esperava que seu espírito se alegrasse comigo naquele momento. Lembrei-me de como minha avó idosa poupara sua renda para me comprar anos depois e com que frequência seus planos foram frustrados. Aquele velho coração fiel e amoroso bateria forte se ela pudesse nos ver, a mim e a meus filhos, agora que éramos livres! Meus parentes foram frustrados em todos os seus esforços, mas Deus me deu uma amiga entre estranhos que me concedeu essa dádiva preciosa, há tanto tempo desejada. Amiga! É uma palavra comum, muito usada sem pensar, que pode ser manchada pelo uso descuidado, assim como outras coisas boas e belas. Quando chamo a Sra. Bruce de minha amiga, no entanto, a palavra é sagrada.

Minha avó viveu para se alegrar com a minha liberdade, mas não muito tempo depois recebi uma carta com um selo negro. Ela havia partido para onde "os maus cessam de perturbar e (...) repousam os cansados".

O tempo passou e um jornal me foi enviado do sul contendo o obituário do meu tio Phillip. Foi o único caso que conheço em que tal honra foi concedida a uma pessoa de cor. O texto foi escrito por um dos seus amigos e continha a seguinte passagem: "Agora que a morte o deitou por terra, ele é chamado de bom homem e de cidadão útil; mas o que é uma são encômios para o negro quando o mundo desaparece da sua visão? Não é preciso o elogio dos homens para obter o descanso no reino de Deus". Chamaram um homem de cor de *cidadão*! Estranhas palavras para se ouvir naquela região!

Leitora, minha história termina com a liberdade, e não da maneira tradicional, com o casamento. Eu e meus filhos somos livres! Estamos tão livres do poder dos escravistas quanto os brancos do norte; e embora isso, até onde me consta, não signifique muito, é uma enorme melhoria na *minha* situação. O sonho da minha vida ainda não se realizou. Não estou sentada com meus filhos na minha própria casa. Eu ainda anseio pelo meu próprio lar, por mais humilde que seja. É algo que desejo mais pelo bem dos meus filhos do que do meu próprio. Mas Deus ordenou as circunstâncias de modo que eu permaneça com a minha amiga, a Sra. Bruce. Amor, dever e gratidão também me colocam ao seu lado. É um privilégio servir a ela, que tem piedade do meu povo oprimido e que a mim e a meus filhos concedeu a dádiva inestimável da liberdade.

Em muitos aspectos, foi doloroso relembrar os dias sombrios que passei no cativeiro. Eu ficaria feliz em esquecê-los se pudesse. Mas a retrospectiva não é completamente privada de consolos, pois essas lembranças pesarosas vêm acompanhadas da memória querida da minha avó, como nuvens brancas e macias que sopram sobre um mar negro e turbulento.

Apêndice

L. MARIA CHILD

A declaração a seguir foi dada por Amy Post, membro da Sociedade dos Amigos do Estado de Nova York, muito conhecida e respeitada pelos amigos dos pobres e dos oprimidos. Como foi afirmado nas páginas acima, a autora desde volume foi beneficiária da sua hospitalidade.

A autora deste livro é uma amiga que tenho em alta estima. Se a conhecessem como eu conheço, as leitoras não deixariam de se interessar profundamente pela sua história. Ela foi companheira íntima e adorada de nossa família durante todo o ano de 1849. Ela nos foi apresentada pelo seu irmão afetuoso e consciencioso, que no passado já havia nos relatado alguns dos eventos quase inacreditáveis da vida da irmã. Fiquei imediatamente interessada por Linda, pois sua aparência era cativante e sua conduta indicava uma incrível delicadeza de sentimento e pureza mental.

À medida que fomos nos conhecendo, de tempos em tempos ela me relatava alguns dos incidentes na sua experiência amarga de escrava. Apesar de motivada pela sede natural por solidariedade humana, ela atravessara um batismo de sofrimento até mesmo quando me recontava seus ordálios durante conversas privadas e confidenciais. O fardo dessas lembranças pesava sobre o seu espírito, tão naturalmente virtuoso e refinado. Insisti diversas vezes que ela consentisse em publicar sua narrativa, pois era minha opinião que esta encorajaria muita gente a trabalhar com mais afinco pela desescravização dos milhões que ainda padecem sob essa condição desalmada e que foi tão insuportável para ela. Seu espírito sensível fugia da publicidade, entretanto. "Você sabe que uma mulher consegue cochichar seus agravos cruéis no ouvido de um amigo querido com muito mais facilidade do que pode colocá-los no papel para que todo mundo os leia", ela dizia. Mesmo enquanto conversava comigo, ela chorava muito e parecia sofrer de uma angústia mental tremenda, de forma que eu considerava sua história sagrada demais para ser extraída por meio de perguntas incisivas. Assim, eu a deixava livre para contar tanto, ou tão pouco, quanto preferia. Contudo, eu continuava a insistir que seria um dever publicar sua experiência, por todo o bem que poderia fazer, até que ela finalmente passou a se dedicar a tal missão.

Tendo sido escrava durante um período tão extenso da sua vida, ela tem pouca educação; ela é obrigada a ganhar a vida com o próprio trabalho, tendo labutado incansavelmente para garantir a educação dos filhos; diversas vezes, ela foi obrigada a abandonar seu emprego para escapar dos caçadores de homens e de mulheres que infestam nossa terram; mas ela enfrentou todos esses obstáculos e os superou. Depois que os trabalhos de cada dia se encerravam, ela traçava, em segredo, à luz de um lampião, um relato verdadeiro da sua vida atribulada.

Este estado é um refúgio andrajoso para os oprimidos, mas aqui, em meio a ansiedade, tumulto e desespero, a liberdade de Linda e seus filhos finalmente foi conquistada pelos esforços de um amigo generoso. Ela foi grata pela dádiva, mas a ideia de ter sido comprada sempre irritou um espírito que nunca se reconheceu reles propriedade. Logo após a ocasião, ela nos escreveu o seguinte: "Agradeço suas manifestações gentis em referência à minha liberdade; mas a liberdade que eu tinha antes de o dinheiro ser pago me era mais cara. Deus me deu aquela liberdade; mas o homem colocou a imagem de Deus na balança contra a mera soma de 300 dólares. Eu servi pela minha liberdade, tão fielmente quanto Jacó serviu por Raquel. Ao final, ele detinha posses consideráveis, mas eu fui roubada da minha vitória, obrigada a renunciar à coroa para me livrar de um tirano".

Sua história, escrita por ela mesma, com certeza irá interessar a leitora. Ela é uma triste ilustração do estado deste país, que se gaba de ser civilizado ao mesmo tempo que sanciona leis e costumes que torna as experiências do presente mais estranhas do que as ficções do passado.

Amy Post. Rochester, Nova York, 30 de outubro de 1859.

O testemunho a seguir foi dado por um cidadão de cor respeitadíssimo em Boston.

Esta narrativa contém alguns incidentes tão extraordinários que, indubitavelmente, diversas pessoas sob cujos olhos ela poderá se encontrar estarão dispostas a acreditar que ela foi deveras falseada com o intuito de atender a um propósito especial. Mas não importa como ela será tomada pelos incrédulos, pois sei que ela está repleta de verdades vivas. Conheço a autora muito bem desde a infância e estou perfeitamente familiarizado com as circunstâncias recontadas na sua história. Conheço o tratamento que ela recebia do senhor, o cativeiro dos filhos, a

venda e redenção destes, o ocultamento por sete anos e a fuga subsequente para o norte. Hoje sou morador da cidade de Boston e sirvo de testemunha para a verdade desta interessante narrativa.
George W. Lowther.

HEDRA EDIÇÕES

1. *Iracema*, Alencar
2. *Don Juan*, Molière
3. *Contos indianos*, Mallarmé
4. *Auto da barca do Inferno*, Gil Vicente
5. *Poemas completos de Alberto Caeiro*, Pessoa
6. *Triunfos*, Petrarca
7. *A cidade e as serras*, Eça
8. *O retrato de Dorian Gray*, Wilde
9. *A história trágica do Doutor Fausto*, Marlowe
10. *Os sofrimentos do jovem Werther*, Goethe
11. *Dos novos sistemas na arte*, Maliévitch
12. *Mensagem*, Pessoa
13. *Metamorfoses*, Ovídio
14. *Micromegas e outros contos*, Voltaire
15. *O sobrinho de Rameau*, Diderot
16. *Carta sobre a tolerância*, Locke
17. *Discursos ímpios*, Sade
18. *O príncipe*, Maquiavel
19. *Dao De Jing*, Lao Zi
20. *O fim do ciúme e outros contos*, Proust
21. *Pequenos poemas em prosa*, Baudelaire
22. *Fé e saber*, Hegel
23. *Joana d'Arc*, Michelet
24. *Livro dos mandamentos: 248 preceitos positivos*, Maimônides
25. *O indivíduo, a sociedade e o Estado, e outros ensaios*, Emma Goldman
26. *Eu acuso!*, Zola | *O processo do capitão Dreyfus*, Rui Barbosa
27. *Apologia de Galileu*, Campanella
28. *Sobre verdade e mentira*, Nietzsche
29. *O princípio anarquista e outros ensaios*, Kropotkin
30. *Os sovietes traídos pelos bolcheviques*, Rocker
31. *Poemas*, Byron
32. *Sonetos*, Shakespeare
33. *A vida é sonho*, Calderón
34. *Escritos revolucionários*, Malatesta
35. *Sagas*, Strindberg
36. *O mundo ou tratado da luz*, Descartes
37. *O Ateneu*, Raul Pompeia
38. *Fábula de Polifemo e Galateia e outros poemas*, Góngora
39. *A vênus das peles*, Sacher-Masoch
40. *Escritos sobre arte*, Baudelaire
41. *Cântico dos cânticos*, [Salomão]
42. *Americanismo e fordismo*, Gramsci
43. *O princípio do Estado e outros ensaios*, Bakunin
44. *História da província Santa Cruz*, Gandavo
45. *Balada dos enforcados e outros poemas*, Villon
46. *Sátiras, fábulas, aforismos e profecias*, Da Vinci
47. *O cego e outros contos*, D.H. Lawrence

48. *Rashômon e outros contos*, Akutagawa
49. *História da anarquia (vol. 1)*, Max Nettlau
50. *Imitação de Cristo*, Tomás de Kempis
51. *O casamento do Céu e do Inferno*, Blake
52. *Cartas a favor da escravidão*, Alencar
53. *Utopia Brasil*, Darcy Ribeiro
54. *Flossie, a Vênus de quinze anos*, [Swinburne]
55. *Teleny, ou o reverso da medalha*, [Wilde et al.]
56. *A filosofia na era trágica dos gregos*, Nietzsche
57. *No coração das trevas*, Conrad
58. *Viagem sentimental*, Sterne
59. *Arcana Cœlestia e Apocalipsis revelata*, Swedenborg
60. *Saga dos Volsungos*, Anônimo do séc. XIII
61. *Um anarquista e outros contos*, Conrad
62. *A monadologia e outros textos*, Leibniz
63. *Cultura estética e liberdade*, Schiller
64. *A pele do lobo e outras peças*, Artur Azevedo
65. *Poesia basca: das origens à Guerra Civil*
66. *Poesia catalã: das origens à Guerra Civil*
67. *Poesia espanhola: das origens à Guerra Civil*
68. *Poesia galega: das origens à Guerra Civil*
69. *O pequeno Zacarias, chamado Cinábrio*, E.T.A. Hoffmann
70. *Tratados da terra e gente do Brasil*, Fernão Cardim
71. *Entre camponeses*, Malatesta
72. *O Rabi de Bacherach*, Heine
73. *Bom Crioulo*, Adolfo Caminha
74. *Um gato indiscreto e outros contos*, Saki
75. *Viagem em volta do meu quarto*, Xavier de Maistre
76. *Hawthorne e seus musgos*, Melville
77. *A metamorfose*, Kafka
78. *Ode ao Vento Oeste e outros poemas*, Shelley
79. *Oração aos moços*, Rui Barbosa
80. *Feitiço de amor e outros contos*, Ludwig Tieck
81. *O corno de si próprio e outros contos*, Sade
82. *Investigação sobre o entendimento humano*, Hume
83. *Sobre os sonhos e outros diálogos*, Borges | Osvaldo Ferrari
84. *Sobre a filosofia e outros diálogos*, Borges | Osvaldo Ferrari
85. *Sobre a amizade e outros diálogos*, Borges | Osvaldo Ferrari
86. *A voz dos botequins e outros poemas*, Verlaine
87. *Gente de Hemsö*, Strindberg
88. *Senhorita Júlia e outras peças*, Strindberg
89. *Correspondência*, Goethe | Schiller
90. *Índice das coisas mais notáveis*, Vieira
91. *Tratado descritivo do Brasil em 1587*, Gabriel Soares de Sousa
92. *Poemas da cabana montanhesa*, Saigyō
93. *Autobiografia de uma pulga*, [Stanislas de Rhodes]
94. *A volta do parafuso*, Henry James
95. *Ode sobre a melancolia e outros poemas*, Keats
96. *Teatro de êxtase*, Pessoa
97. *Carmilla — A vampira de Karnstein*, Sheridan Le Fanu

98. *Pensamento político de Maquiavel*, Fichte
99. *Inferno*, Strindberg
100. *Contos clássicos de vampiro*, Byron, Stoker e outros
101. *O primeiro Hamlet*, Shakespeare
102. *Noites egípcias e outros contos*, Púchkin
103. *A carteira de meu tio*, Macedo
104. *O desertor*, Silva Alvarenga
105. *Jerusalém*, Blake
106. *As bacantes*, Eurípides
107. *Emília Galotti*, Lessing
108. *Viagem aos Estados Unidos*, Tocqueville
109. *Émile e Sophie ou os solitários*, Rousseau
110. *Manifesto comunista*, Marx e Engels
111. *A fábrica de robôs*, Karel Tchápek
112. *Sobre a filosofia e seu método — Parerga e paralipomena (v. II, t. I)*, Schopenhauer
113. *O novo Epicuro: as delícias do sexo*, Edward Sellon
114. *Revolução e liberdade: cartas de 1845 a 1875*, Bakunin
115. *Sobre a liberdade*, Mill
116. *A velha Izerguil e outros contos*, Górki
117. *Pequeno-burgueses*, Górki
118. *Primeiro livro dos Amores*, Ovídio
119. *Educação e sociologia*, Durkheim
120. *Elixir do pajé — poemas de humor, sátira e escatologia*, Bernardo Guimarães
121. *A nostálgica e outros contos*, Papadiamántis
122. *Lisístrata*, Aristófanes
123. *A cruzada das crianças/ Vidas imaginárias*, Marcel Schwob
124. *O livro de Monelle*, Marcel Schwob
125. *A última folha e outros contos*, O. Henry
126. *Romanceiro cigano*, Lorca
127. *Sobre o riso e a loucura*, [Hipócrates]
128. *Hino a Afrodite e outros poemas*, Safo de Lesbos
129. *Anarquia pela educação*, Élisée Reclus
130. *Ernestine ou o nascimento do amor*, Stendhal
131. *Odisseia*, Homero
132. *O estranho caso do Dr. Jekyll e Mr. Hyde*, Stevenson
133. *História da anarquia (vol. 2)*, Max Nettlau
134. *Eu*, Augusto dos Anjos
135. *Farsa de Inês Pereira*, Gil Vicente
136. *Sobre a ética — Parerga e paralipomena (v. II, t. II)*, Schopenhauer
137. *Contos de amor, de loucura e de morte*, Horacio Quiroga
138. *Memórias do subsolo*, Dostoiévski
139. *A arte da guerra*, Maquiavel
140. *O cortiço*, Aluísio Azevedo
141. *Elogio da loucura*, Erasmo de Rotterdam
142. *Oliver Twist*, Dickens
143. *O ladrão honesto e outros contos*, Dostoiévski
144. *O que eu vi, o que nós veremos*, Santos-Dumont

145. *Sobre a utilidade e a desvantagem da história para a vida*, Nietzsche
146. *Édipo Rei*, Sófocles
147. *Fedro*, Platão
148. *A conjuração de Catilina*, Salústio

«SÉRIE LARGEPOST»

1. *Dao De Jing*, Lao Zi
2. *Escritos sobre literatura*, Sigmund Freud
3. *O destino do erudito*, Fichte
4. *Diários de Adão e Eva*, Mark Twain
5. *Diário de um escritor (1873)*, Dostoiévski

«SÉRIE SEXO»

1. *A vênus das peles*, Sacher-Masoch
2. *O outro lado da moeda*, Oscar Wilde
3. *Poesia Vaginal*, Glauco Mattoso
4. *Perversão: a forma erótica do ódio*, Stoller
5. *A vênus de quinze anos*, [Swinburne]
6. *Explosao: romance da etnologia*, Hubert Fichte

COLEÇÃO «QUE HORAS SÃO?»

1. *Lulismo, carisma pop e cultura anticrítica*, Tales Ab'Sáber
2. *Crédito à morte*, Anselm Jappe
3. *Universidade, cidade e cidadania*, Franklin Leopoldo e Silva
4. *O quarto poder: uma outra história*, Paulo Henrique Amorim
5. *Dilma Rousseff e o ódio político*, Tales Ab'Sáber
6. *Descobrindo o Islã no Brasil*, Karla Lima
7. *Michel Temer e o fascismo comum*, Tales Ab'Sáber
8. *Lugar de negro, lugar de branco?*, Douglas Rodrigues Barros

COLEÇÃO «ARTECRÍTICA»

1. *Dostoiévski e a dialética*, Flávio Ricardo Vassoler
2. *O renascimento do autor*, Caio Gagliardi

«NARRATIVAS DA ESCRAVIDÃO»

1. *Incidentes da vida de uma escrava*, Harriet Jacobs
2. *Nascidos na escravidão: depoimentos norte-americanos*, WPA
3. *Narrativa de William W. Brown, escravo fugitivo*, William Wells Brown

Adverte-se aos curiosos que se imprimiu este livro em nossas oficinas, em 15 de junho de 2020, em tipologia Libertine, com diversos sofwares livres, entre eles, LuaLaTeX, git & ruby.
(v. e727ac1)